CATALOGUE

DU

MUSÉE ORIENTAL

I

Matières dures. — Bronzes. — Métaux. — Émaux.

PARIS

AU SIÉGE DE L'UNION CENTRALE

15, PLACE ROYALE, 15

1869

UNION CENTRALE DES BEAUX-ARTS

APPLIQUÉS A L'INDUSTRIE

EXPOSITION DE 1869

CATALOGUE

DU

MUSÉE ORIENTAL

PARIS

AU SIÉGE DE L'UNION CENTRALE

15, PLACE ROYALE, 15

—

1869

UNION CENTRALE DES BEAUX-ARTS

APPLIQUÉS A L'INDUSTRIE

Siége de la Société : Place Royale, n° 15

L'UNION CENTRALE a été fondée en 1864 par un Comité d'organisation qui administre, en toute gratuité, les œuvres diverses qui composent l'institution. Celle-ci comprend :

1° Un musée et une bibliothèque ouverts gratuitement aux travailleurs, tous les jours, de 10 heures du matin à 10 heures du soir, au siége de la Société ;

2° Des cours spéciaux, des lectures et des conférences publiques ayant rapport à l'art appliqué à l'industrie ;

3° Des expositions périodiques réunissant à des concours ouverts entre les diverses écoles de dessin et de sculpture de Paris et des départements, des musées d'objets d'art empruntés aux collections particulières, et les produits industriels présentant les applications les plus intéressantes de l'art à l'industrie.

En résumé, le but de l'*UNION CENTRALE* est de chercher à élever, tous les moyens possibles, le niveau des industries d'art en France et de contre-balancer, par les forces vives de l'initiative individuelle, l'influence des grands établissements fondés à grands frais dans le même but à l'étranger.

ANNÉE 1869

COMITÉ D'ORGANISATION

MM. E. Guichard, ✲, architecte-décora-
teur, président de l'*Union centrale*.

Sajou, ✲, vice-président de l'*Union
centrale*, ancien maire-adjoint du
13ᵉ arrondissement.

W. Chocqueel, ✲, fabricant de tapis.

A. Falize aîné ✲, joaillier-bijoutier,
présid. de la chambre syndicale des
orfèvres, joailliers, bijoutiers, etc.

Geneste fils, constructeur d'appa-
reils de chauffage, adjoint au maire
du 11ᵉ arrondissement.

Hermann, ✲, ingénieur-mécanicien.

E. Lefébure, fabricant de dentelles.

Mazaroz-Ribalier, fabricant de
meubles d'art.

MM. Marienval (Louis), ✲, fabricant de
fleurs artificielles, président du
Conseil des prud'hommes (tissus).

Mourey, doreur et argenteur sur
métaux.

Renard aîné, ✲, entrepreneur de
travaux publics.

Rousseau (Eugène), fabricant de
porcelaines.

Turquetil, fabricant de papiers (de
la maison Turquetil et Malzard).

A. Veyrat, orfèvre, ancien membre
du Tribunal de Commerce de la
Seine.

M. Gérome, O. ✲, de l'Institut, peintre d'histoire, est nommé à l'unanimité conser-
vateur du Musée de l'*Union centrale des Beaux-Arts appliqués à l'industrie*.

NOTA. — M. Gérome a bien voulu accepter ces fonctions, qui sont toutes gratuites.

MEMBRES DU COMITÉ DE PATRONAGE DE L'UNION CENTRALE

MM. Dariste, C. ✲, sénateur.

Brouty, ✲, architecte.

Cardaillac (comte de), O. ✲, directeur des bâtiments civils au minis-
tère de la maison de l'Empereur
et des Beaux-Arts.

Caffe, O. ✲, docteur-médecin.

Adrien de Longpérier, O. ✲,
membre de l'Institut.

Barye, O. ✲, sculpteur-statuaire,
membre de l'Institut.

Dalloz (Paul), ✲, directeur du *Moni-
teur universel*.

MM. Guillaume, O. ✲, sculpteur-statuaire, membre de l'Institut, directeur de l'École impériale des
Beaux-Arts.

Du Sommerard, C. ✲, directeur du
Musée des Thermes et de l'hôtel
de Cluny.

Jacquemart (Albert). ✲

Monville (baron de).

Allain Niquet, ancien président du
comité général de l'*Union nationale
du Commerce et de l'Industrie*.

Michel Chevalier, G. O. ✲, sénateur, membre de l'Institut.

Leroy de Saint-Arnaud, C. ✲,
sénateur.

Ont été nommés, pour 1869, membres de la COMMISSION CONSULTATIVE DES BEAUX-ARTS APPLIQUÉS A L'INDUSTRIE, et ont accepté :

MM. G. DAVIOUD, ✳, architecte de la ville, président.

MANTZ (Paul), ✳, homme de lettres, rédacteur à la *Gazette des Beaux-Arts*, vice-président.

LOUVRIER DE LAJOLAIS, art. peintre, vice-président.

MINORET (Camille), avocat, officier d'académie, secrétaire.

SALIN (Patrice), chef de bureau au Conseil d'État, officier d'académie, secrétaire-adjoint.

TILLIER, artiste-peintre, président du Cercle des Beaux-Arts, secrétaire-adjoint.

BARTHOLDI, ✳, sculpteur-statuaire.

BENARD (Paul), architecte.

BIAIS, dessinateur-ornemaniste.

BURTY, homme de lettres, rédacteur au journal *la Liberté* et à la *Gazette des Beaux-Arts*.

CHESNEAU (Ernest), ✳, homme de lettres, rédacteur au journal le *Constitutionnel*.

CHOISELAT, sculpteur-statuaire-ornemaniste.

GATTIKER, dessinateur pour étoffes.

GÉROME, O. ✳, de l'Institut, peintre d'histoire.

GONELLE (Joseph), dessinateur pour cachemires.

MM. J. GRANGEDOR, peintre, homme de lettres, rédacteur au journal le *Temps* et à la *Gazette des Beaux-Arts*.

HERMANT, architecte.

LENARIVEL DUROCHER, sculpteur-statuaire.

LIÈVRE (Edouard), artiste-peintre.

LOISON (Pierre), ✳, sculpteur-statuaire.

LUCHET (Auguste), homme de lettres rédacteur au journal *le Siècle*.

MILLET (Aimé), ✳, sculpt.-statuaire.

MORAND, expert-arbitre près le Tribunal de Commerce.

MOTET (Léonce), ingénieur civil.

PETIT (Eugène), architecte.

POPELIN (Claudius), artiste-peintre, émailleur.

POTERLET (Victor), dessinateur pour papiers peints.

RIESTER (Martin), dessinateur et graveur.

ROUSSEL (Alcide), dessinateur pour dentelles.

SAUVAGEOT (Claude), architecte, directeur de *l'Art pour tous*.

SIMONET, architecte, chef d'atelier à l'Ecole centrale et spéciale d'architecture.

WILLEMINOT, sculpt.-ornemaniste.

En ouvrant cette année son Exposition des produits de l'Industrie française, l'*Union centrale des Beaux-Arts* ne pouvait renoncer à l'heureuse pensée qui, en 1865, lui avait fait rapprocher les ouvrages modernes de ceux des siècles passés au moyen d'un *musée rétrospectif*. Mais, cette fois, il ne fallait pas se répéter : il s'agissait de trouver pour les artistes un enseignement nouveau; l'*Union* songea aux œuvres de l'Orient, et elle chargea du soin de développer sa pensée, une Commission composée ainsi :

MEMBRES DU COMITÉ DE PATRONAGE DU MUSÉE ORIENTAL

MM. le comte de BUTENVAL,
DU SOMMERARD,
l'amiral JAURÈS,
ADRIEN de LONGPÉRIER,
le baron de MONVILLE,
le comte de NIEUWERKERKE,
MM. le baron ALPH. de ROTHSCHILD,
le baron GUST. de ROTHSCHILD,
le vicomte de ROUGÉ,
SCHEFER,
le comte de VOGÜÉ.

MEMBRES DE LA COMMISSION DU MUSÉE ORIENTAL

MM. ALFRED DARCEL, Président,
ALBERT JACQUEMART, Vice-Président,
SAJOU, Vice-Président de l'*Union centrale*, délégué du Comité d'organisation,
CAMILLE MINORET, Secrétaire,
MM. DAVIOUD,
GASNAULT,
GÉROME,
FRANÇOIS LENORMANT,
A. LOUVRIER de LAJOLAIS,
PAUL MANTZ,
PATRICE SALIN.

MEMBRES DE LA SOUS-COMMISSION DU CATALOGUE

M. ALBERT JACQUEMART,   M. GASNAULT.

Ce qu'est le *Musée oriental*, il n'est pas besoin de le dire; la nombreuse énumération des trésors qu'il renferme suffira pour consacrer son importance.

Ce que nous voulons constater ici, c'est l'empressement avec lequel les curieux ont répondu à l'appel de l'*Union centrale ;* nous ne rappellerons pas seulement que la liste inscrite à la fin de ce catalogue contiendra cent cinquante-cinq noms, nous ajouterons encore qu'une foule de collectionneurs, absents au moment où le palais des Champs-Élysées a pu être mis à notre disposition, sont venu nous exprimer le regret de ne point figurer parmi nos généreux prêteurs.

Au surplus, ce dévouement portera ses fruits ; nous en avons pour garant l'ardeur avec laquelle les artistes profitent des autorisations données par la presque unanimité des exposants, de dessiner les merveilles qui leur appartiennent.

Que ces bienfaiteurs des arts utiles veuillent bien recevoir l'expression de la gratitude de l'*Union centrale* et de la Commission chargée par elle de l'organisation du *Musée.*

NOTA. — La Commission s'est surtout appliquée, en formulant ce catalogue, à rendre les recherches faciles ; indépendamment des grandes divisions, indiquées par les titres, elle a groupé chaque genre de produits dans l'ordre suivant : les figures, les animaux sacrés, les objets symboliques, les choses purement ornementales.

Toutes les fois que la matière le comportait, elle a mis en première ligne les vases sacrés ou d'usage domestique, puis les plats, assiettes, plateaux, bols, coupes, théières, tasses, objets divers.

Pour éviter de fastidieuses répétitions, le nom général de la matière a été mis en *capitales* une première fois, en sorte que les numéros qui suivent soient compris sous la même rubrique ; il en est de même des provenances ; là où les objets de Chine sont en grand nombre on n'a désigné que les pièces du Japon, de l'Inde, etc.

La Commission a, d'ailleurs, maintenu celles de ces désignations qui lui étaien fournies par les curieux ayant résidé ou voyagé dans les contrées orientales.

MUSÉE ORIENTAL

SCULPTURES ET MATIÈRES DURES

1 — Tête de guerrier en calcaire blanc coiffée d'un casque pointu avec jugulaires étroites ramenées sur les joues. Spécimen de l'art chypriote avant l'influence grecque (viiiᵉ-viiᵉ siècles av. J.-C.).

M. le capitaine de vaisseau B. Jaurès.

2 — Figurines et fragments de terres cuites antiques trouvées dans l'île de Chypre. La figurine tenant un enfant dans ses bras représente la déesse Astarté. Les fragments appartiennent à l'art grec et proviennent pour la plupart de figurines de la Vénus Astarté de Paphos, assise sur un trône, coiffée d'une haute tiare et tenant dans sa main une grenade, emblème de fécondité.

Au Même.

3 — Une tête antique de femme en granit gris, provenant des ruines d'Angkor (Inde).

Département de la Marine.

4 — Statue en marbre blanc debout, représentant Gaudoma (Bouddha des Birmans), datant du xviᵉ siècle, venant d'une pagode d'Omérapoura, empire des Birmans. (Le signe distinctif des statues de Gaudoma du rite birman est l'égalité de longueur dans les doigts de la main.)

M. Hureau de Villeneuve.

5 — Une autre statue de la même divinité, assise et dorée en partie.

Au même.

6 — Une autre en marbre blanc portant des traces de dorure.

Département de la Marine.

7 — Chimère sculptée en pierre de couleur; travail siamois.

M. Eugène Cornu.

8 — Deux théières en marbre à anses supérieures mobiles en cuivre. Siam.

M. de Gréhan.

9 — Une autre théière ovoïde en marbre. Siam.

Au même.

10 — Trois tasses à anses en marbre. Siam.

Au même.

11 — Un petit bol couvert en marbre. Siam.

Au même.

12 — Vase à trois pieds en pierre sculptée, gravures dorées, travail chinois; couvercle en bois de fer, monture en bronze doré style Louis XIV.

M. Eugène Cornu.

13 — Bijou en prisme de rubis monté en filigrane d'or et perles fines.

M. le capitaine de vaisseau B. Jaurès.

14 — Cristal de roche. Cheou-lao, dieu de longévité, tenant la pêche. Il est posé sur un bloc de malachite; travail chinois.

M. le duc de Martina.

15 — Cristal de roche. Vase gravé, imitant le calice d'une fleur, et une clochette dont deux têtes d'animaux forment, par leur réunion, l'attache de suspension.

M. Delaherche.

16 — Petit vase piriforme, à couvercle, taillé et évidé, décoré d'un dragon en relief. Socle en bois de fer.

M. du Boys.

17 — Éléphant couché, d'une excessive pureté; il porte sur le dos un tapis quadrillé, maintenu par une courroie à glands. Travail de l'Inde.

M. le duc de Martina.

18 — Sceptre, affectant la forme d'un lyng-tchy.

M. Désoye.

19 — Petite coupe en forme de fruit.

M. Evans.

20 — Vase couvert avec ornements sculptés et à jour.

Au même.

21 — Petite boîte de forme octogone.

Au même.

22 — Petite coupe couverte, ayant la forme d'un fruit entouré de ses tiges feuillées. Support en soie bleue.

Mᵐᵉ Riant.

23 — Flacon ovoïde à anses composées de têtes chimériques.

M. Délicourt.

24 — Vase sphérique entouré de groupes de Lyng-tchy. Double pied.

Au même.

25 — Groupe composé d'un vase double et de Lyng-tchy. Pied en bois de fer.

Au même.

26 — Groupe composé d'un vase, de Lyng-tchy et d'un oiseau chimérique. Pied en bois de fer.

Au même.

27 — Un Groupe composé d'un flacon posé sur un rocher chargé de Lyng-tchy. Pied en ivoire teinté de vert sur soie mandarine. Socle en bois sculpté.

Au même.

28 — Groupe composé d'un vase à couvercle et à anse entouré de pêcher du longévité et d'un oiseau teinté en vert. Pied en bois de fer.

Au même.

29 — Boule sur un pied en ivoire, décoré de poissons gravés.

M. Désoye.

30 — Cristal de roche enfumé. — Chien de Fo posé sur une base ovale.

Mᵐᵉ Riant.

31 — Vase représentant une carpe dressée, avec double socle en bois de fer sculpté.

M. Délicourt.

32 — Figurine de philosophe portant le rouleau manuscrit. Le pied est un dragon pris dans une racine de mandragore. — Travail chinois.

M. le duc de Martina.

33 — Trois morceaux de **quartz rose**.

M. Carlt

34 — Prime d'améthyste. — Figurine représentant Pou-Taï, avec socle en bois sculpté.

M. Du Boys.

35 — Groupe en **améthyste** formant un paysage rocheux avec un temple, des arbres et des oiseaux. Pied en bois sculpté à jour.

M. le duc de Martina.

36 — Pendeloque chinoise gravée en relief.

M. Evans.

37 — Calcédoine. Tasse et soucoupe à bords lobés.

M. de Vassoigne.

38 — Sardoine. Coupe à huit lobes.

Au même.

39 — Coupe ronde à anse plate.

Au même.

40 — Cornaline représentant un immortel accroupi ; le vêtement et le bonnet sont entièrement rouges, la face et la poitrine sont d'un blanc pur. Pied en bois rustique à jour.

M. le duc de Martina.

41 — Coupe **nuancée** de blanc et de rouge vif représentant les flots de la mer. Elle est posée sur un pied en ivoire teinté de vert imitant aussi les flots.

Au même.

42 — Fleur en **sardoine orientale**, avec socle en bois sculpté.

M. Evans.

43 — Coupe en **calcédoine à deux couches**, en forme de grenade, entourée de fleurs, branchages et chauves-souris. Socle en bois.

M. Dutuit.

44 — Petite coupe hémisphérique, sur piédouche octogone, **agate.**

M. Du Boys.

45 — Morceau d'**agate** taillé en forme de coquillage.

De la Faulotte.

46 — Agate de deux tons, groupe de feuilles.

M. Burty.

47 — Agate. Enfant sur un bateau.

Au même.

48 — Branche de bambou, portant un oiseau.

Au même.

49 — Coupe en **agate orientale**, à deux anses.

M. Evans.

50 — Deux coupes chinoises, anse en relief sculptée.

Au même.

51 — Flacon en **agate rubanée**, avec têtes de lion latérales, monture moderne.

M. le capitaine de vaisseau B. Jaurès.

52 — Paire de pendants d'oreilles en **cornaline**, représentant un dragon se mordant la queue.

Au même.

53 — Broche en **agate** en forme de cœur, gravée d'inscriptions ; monture en filigrane d'or et turquoises.

Mme Schefer.

54 — Broche **camée** représentant un centaure, monture en filigrane d'or.

À la même.

55 — Broche **camée** représentant un enfant, monture en filigrane d'or.

À la même.

56 — Broche ovale en **agate**, gravée d'inscriptions arabes, monture en filigrane d'or.

Mme Schefer.

57 — Broche ovale allongée, gravée d'inscriptions arabes, monture en filigrane
d'or.

A la même.

58 — Grande Broche ovale en **agate noire** gravée d'inscriptions, monture
en filigrane d'or.

A la même.

59 — Broche ronde, **agate à deux couches**, gravée d'inscriptions,
monture en or.

A la même.

60 — Collier formé de vingt pierres gravées et d'un **camée** central portant
trois pendeloques ornées de pierres.

A la même.

61 — Collier composé d'**agates** ovales gravées d'inscriptions, monture en filigrane d'or.

A la même.

62 — Bracelet formé de six médaillons quadrangulaires en **agate** gravés
d'inscriptions, monture en or.

A la même.

63 — Bracelet formé de sept pierres gravées montées en or.

A la même.

64 — Bracelet avec médaillon central en forme de cœur, en **agate** gravée
d'inscriptions, pendeloques de perles.

A la même.

65 — Deux coupes en **jaspe universel** ayant la forme de deux poissons
chimériques, dont les yeux sont formés par des cabochons œil de chat. Travail
chinois.

M. le duc de Martina.

66 — Vase en **albâtre oriental**, de forme carré et orné des Koua de
Fou-hi sculptés en relief.

M. Evans.

67 — Plaque en **lapis-lazuli** à jour, formée de deux dragons.

M. La Faulotte.

68 — **Malachite**. Coupe en forme de feuille de nélumbo, avec pied en bois
de fer.

Au même.

69 — Groupe représentant un chien de Fo, et trois petits jouant avec une boule,
pied en bois de fer.

M. l'amiral Jaurès.

70 — **Pierre de lard**. Figurine de Pou-Taï, assis, tenant un chapelet dans
sa main droite; elle est gravée et peinte.

Mlle Granjean.

71 — Figurine d'enfant.

M. Gasnault.

72 — Boîte carrée ajourée.

M. Riocreux.

73 — Deux petites Coupes oblongues, élevées, formées par une fleur de nélumbo
portée sur des branchages sculptés à jour.

M. Valpinçon.

74 — Porte-bouquets entouré de branchages et de figures en relief.

Au même.

75 — Ecran en forme d'éventail, sculpté à jour, décoré de fleurs et d'oiseaux. Pied élevé en bois de fer.

M. Valpinçon.

76 — **Pierre de lard**. Trois Statuettes sur pieds en bois.

M. Bigot.

77 — Deux Cachets chinois, ornés de dragons sculptés en relief.

M. Evans.

78 — Deux Vases couverts; sur le corps, des tiges de pivoines sculptées et détachées en partie. Sur le couvercle, un fong-hoang sur des rochers.

Mᵐᵉ Riant.

79 — Groupe de fleurs de chrysanthèmes, portant un fong-hoang. **Pierre de lard veinée de rouge et de blanc.**

A la même.

80 — Théière de forme sphérique surbaissée, à couvercle bombé, surmonté d'un bouton formé par deux chiens de Fo; décor en relief de fleurs et d'oiseaux sur fond gravé et doré.

A la même.

81 — Boîte à thé, hexagone, à col cylindrique et couvercle capsulaire en **Pierre de lard blanche**. Sur chaque face un médaillon rectangulaire décoré de paysages, emblèmes et fruits en relief, rehaussés de peintures.

A la même.

82 — Ecran rectangulaire en **Schiste à deux couches, veiné de gris,** sculpté, représentant un paysage montueux, de monture en bois de fer.

A la même.

83 — Ecran rectangulaire décoré de paysages en relief, monture en bois de fer.

M. Délicourt.

84 — **Turquoise**. Groupe formant un rocher. Un Philosophe vient rendre hommage à l'éléphant blanc renfermé dans une grotte ; de l'autre côté un pin et le Cerf de longévité.

M. le duc de Martina.

85 — Coupe en **Ambre translucide**, formée d'un groupe de fleurs. Pied en bois de fer.

M. La Faulotte.

86 — Morceau d'**Ambre translucide**, représentant deux chiens de Fo jouant avec une boule sur un rocher. — Base en ivoire sculpté et peint en vert.

M. le comte de Butenval.

87 — Morceau d'**Ambre mat**. Grappe de raisin sur laquelle court un écureuil. — Base en ivoire sculpté, peint en vert, représentant des pampres.

Au même.

88 — Morceau d'**Ambre** représentant le chien de Fo.

M. Delaherche.

89 — **Jade impérial**. Plaque représentant une Jonque chinoise au milieu des flots. Support en bronze doré de travail européen.

M. le duc de Martina.

90 — Coupe couverte en **Jade impérial, blanc nuancé** de quelques taches d'émeraude. Pied en bois sculpté à jour.

Au même.

91 — Deux Coupes campanulées à couvercle, en **Jade impérial vert veiné de blanc**. Pied en bois de fer.

M. l'Amiral Coupvent des Bois.

92 — Deux Anneaux en **Jade vert impérial**, montés en boucles d'oreille. -

M. B. Jaurès.

93 — Boucles d'oreilles en **Jade impérial**, montées en or.

M. Baur.

94 — Grand Sceau impérial en **Jade blanc**, surmonté d'un dragon en relief. Gland en soie jaune.

M. de Vassoigne.

95 — Sceau impérial en **Jade vert**, surmonté d'un dragon en relief.

Au même.

96 — Petit Sceau en **Jade gris veiné de blanc**, portant un dragon en relief.

M. B. Jaurès.

97 — Statuette de guerrier en **Jade vert**.

M. Evans.

98 — Figurine d'enfant en **Jade blanc**.

Bellenot.

99 — Trois petites Figurines **Jade laiteux** représentant des personnages accroupis, à têtes d'animaux.

M. le capitaine de vaisseau B. Jaurès.

100 — Cheval couché en **Jade blanc**. Pied en bois de fer.

M. La Faulotte.

101 — Deux Flambeaux à plateau médian, en **Jade gris** gravé.

M. Gaudet.

102 — Garniture composée d'une boîte, d'un ting au milieu et d'un flacon, **Jade vert** sculpté sur étagère à trois places.

M. Délicourt.

103 — Idem en lapis.

Au même.

104 — Deux tubes en **Jade** sculpté à jour, sur leur support en bois sculpté, garni d'ivoire teint en vert, et de colonnettes en bronze doré. Ces deux pièces réunies sur un socle commun sculpté à jour servent à contenir les baguettes odorantes qui brûlent sur l'autel.

Au même.

105 — Vase à quatre pans de forme aplatie à piédouche et ouverture rectangulaire, deux anses latérales saillantes portent des anneaux mobiles, **Jade blanc veiné de jaune**, couvercle et double pied en bois de fer sculpté à jour.

M. l'amiral Coupvent des Bois.

106 — Vase en **Jade verdâtre**, couvert et à chaînettes, suspendu dans une monture en bois sculpté.

M. Délicourt.

107 — Deux Pi-tong à couvercle, de forme cylindrique, en **Jade vert**, réunis par des animaux chimériques, le tout d'une seule pièce.

M. Evans.

108 — Vase et son couvercle, de forme carrée, à angles arrondis en forme de tourelles; il est à quatre pieds et à anses, le couvercle est orné d'un dragon enroulé sur lui-même et sculpté à jour.

Au même.

109 — Petit Vase couvert en **Jade blanc**, de forme aplatie, sur socle en Jade de couleur.

Au même.

110 — Petite Gourde avec une chauve-souris en relief.

M. B. Jaurès.

111 — Jade. Cassolette en forme de fruit sculpté à jour, glands de soie jaune. vient du Palais d'été.

M. Bigot.

112 — Cassolette de forme hémisphérique surbaissée, à deux anses dressées. Couvercle à jour, surmonté d'un bouton.

M. Desoye.

113 — Cornet quadrangulaire à renflement médian et arêtes saillantes aux angles et sur les quatre faces.

M. de Vassoigne.

114 — Vase à couvercle, en forme de gourde, décoré de feuillages et fruits en relief.

Au même.

115 — Vase cylindrique à couvercle surmonté d'un bouton plat, les anses prises dans la masse formées par des aigles chimériques qui soutiennent des anneaux mobiles. Il repose sur trois pieds formés également par des têtes chimériques; le tout est ornementé de frises diverses. Pied en bois sculpté.

M. le duc de Martina.

116 — Buire hexagone à anse avec des découpures sur les angles, à l'imitation des vieux bronzes ; décor archaïque à oiseaux chimériques et insectes ; sur le couvercle un insecte détaché et la tête aux yeux aunes. Une inscription indiquant le règne de Kien-Long et les mots Fan-Kou, *semblable à l'antique;* pied en bois.

Au même.

117 — Urne bursaire couverte, ovoïde aplatie ; anses composées de têtes chimériques, supportant des anneaux mobiles, pris dans la masse ; décor en relief formé de rinceaux terminés par des têtes de serpents; en dessous est une inscription indiquant le règne de Kieng-Long et les mots Fan-Kou, *semblable à l'antique.*

Au même.

118 — Gourde, **jade vert**, de forme circulaire aplatie, avec col évasé, flanquée de deux anses en S; elle est décorée du signe longévité, entouré des objets sacrés. Pied en bois.

M. Du Boys.

119 — Double Pi-tong en **jade de couleur**, orné d'animaux, de fleurs et de fruits sculptés en relief et pris dans la masse.

M. Evans.

120 — Coupe élevée et à anse en forme de dragon; elle porte trois zônes d'ornements en relief, parmi lesquels figure la tête de dragon. Elle est posée sur un pied à jour, portant une inscription qui indique son usage pour les sacrifices du palais. **Jade vert,**

M. le docteur Piogey.

121 — Coupe libatoire à anse formée d'un dragon, en **jade blanc verdâtre** à taches brunes.— Pied en bois sculpté.

M. Evans.

122 — Petite coupe en forme de fleur d'hibiscus; elle est entourée de branches détachées prises dans la masse et d'un dragon qui mord le bord du vase. —**Jade gris.**

M. le docteur Piogey.

123 — Jade vert. Petite coupe campanulée, à deux anses formées de plantes fleuries prises dans la masse et percées à jour. Elle porte trois inscriptions, indiquant qu'elle a servi successivement aux empereurs Kien-Long, Kia-King, et Hièn-Fong.

Au même.

124 — Coupe en forme de feuilles repliées, posée sur un rocher percé à jour et supportant des Ling-Chy, un pêcher à fleurs et des oiseaux ; pied rustique finement sculpté à jour.

M. le duc de Martina.

125 — Deux coupes montées en brûle-parfums. La monture à jour est de fabrication européenne.

M. le duc de Martina.

126 — Coupe en **jade nébuleux transparent**, d'une extrême finesse ; à l'extérieur une grecque et des rinceaux fleuris de travail persan. Elle est montée en orfévrerie émaillée européenne sur une base en cristal de roche, supportant un chien de Fo, en même matière.

Au même.

127 — **Jade vert**, coupe basse dont les anses prises dans la masse sont des bouquets de pivoines à jour. La coupe elle-même représente une pivoine ouverte et le dessus est la même fleur fermée. Pied à console en bois sculpté.

Au même.

128 — Petites coupes en **jade blanc laiteux** uni.

Au même.

129 — Coupe hémisphérique à piédouche, en **jade vert**, à deux anses formées par des têtes de dragons et portant des anneaux mobiles. Couvercle bombé à jour, surmonté d'un bouton.

M. Dutuit.

130 — Coupe trilobée à couvercle sculpté à jour, et trois anses formées par des roses en relief. Socle en bois, élevé sur trois pieds.

Au même.

131 — Coupe à couvercle sculpté à jour en **jade blanc**, montée sur un socle en jade vert, le tout porté sur un support en bois sculpté, avec parties en ivoire peint en vert.

Au même.

132 — Coupe formée par une fleur de pivoine, pourvue de son feuillage, en **jade gris**. Support en bois sculpté.

Au même.

133 — Coupe à deux compartiments, composée d'un groupe de pêches de longévité, avec feuillages sculptés en relief. Pied en bois sculpté.

Au même.

134 — Coupe formée par une fleur de nélumbo entourée de branchages avec boutons et feuilles.

Au même.

135 — Coupe analogue à la précédente.

Au même.

136 — Coupe oblongue, à quatre lobes, élevée sur quatre petits pieds, en **jade vert**, pied élevé à console en bois sculpté.

M. Du Boys.

137 — Petite coupe octogone, avec bordure gravée de grecques, et deux anses latérales portant des dragons en relief. **Jade gris.**

Au même.

138 — Coupe en **jade verdâtre**, en forme de feuille de nélumbo.

Au même.

139 — Coupe en **jade blanc**, en forme de fleur entourée de branchages fleuris en relief, pied en bois de fer sculpté.

Au même.

140 — Bol campanulé en **jade blanc laiteux.**

Au même.

141 — Coupe ovoïde à couvercle surmonté d'une fleur, **jade gris** finement sculpté d'ornements en relief, travail indien. Elle est sur un pied en bois de fer sculpté à jour.

M. l'amiral Coupvent des Bois.

142 — Coupe en **jade laiteux**, portant la date de Kia-King 1796 à 1820, pied en bois de fer à cinq branches.

M. B. Jaurès.

143 — **Jade blanc**. Coupe à deux compartimens, supportée par des tranches et entourée de fleurs de nélumbo. Pied en bois de fer sculpté.

M. B. Jaurès.

144 — **Jade vert**. Coupe avec pied decoré d'un dragon dans les nuages.

M. Gaudet.

145 — Coupe à trois pieds et deux anses formées de rinceaux à jour. Décor de rinceaux en relief.

M. Galichon.

146 — Coupe basse élevée sur quatre petits pieds, à 2 anses formées de papillons et supportant chacune deux anneaux mobiles. Décor archaïque en relief.

M. de Vassoigne.

147 — **Jade blanc**. Coupe hémisphérique surbaissée, élevée sur six petits pieds, et pourvue de trois anses portant des anneaux mobiles. Décor archaïque gravé.

Au même.

148 — Coupe de forme surbaissée, à trois pieds et deux anses formées par des dragons en relief, avec couvercle bombé, surmonté d'un bouton à jour.

Au même.

149 — **Jade laiteux**. Petite coupe en forme de pêche de longévité. Socle en bois de fer.

M. Burty.

150 — Coupe composée d'une fleur de Yu-lan, entourée de boutons et supportée par des tiges détachées.

Mᵐᵉ Riant.

151 — Grande coupe couverte, gravée en relief, de forme ronde et à lobes ; les anses représentent des têtes de dragons auxquelles tiennent des anneaux mobiles détachés dans la masse ; au couvercle, aussi quatre anneaux mobiles. Double support en bois sculpté.

M. Evans.

152 — Grande coupe et son couvercle de forme ronde, les anses et le bouton du couvercle représentent des têtes de dragons ; deux anneaux mobiles tiennent aux têtes des anses, pied en bois sculpté.

Au même.

153 — **Jade vert**. Grande coupe de forme ronde, sculptée à l'intérieur et à l'extérieur ; anses à anneaux mobiles. Socle en bois sculpté à jour.

Au même.

154 — **Jade blanc**. Coupe entourée de fleurs, etc. ; sur socle en jade vert.

Au même.

155 — Coupe formée d'une fleur avec branchages. Sur socle.

Au même.

156 — Petite coupe, formée d'une fleur avec branchages autour, sur socle en ivoire, teint en vert.

Au même.

157 — Petite coupe formée d'un fruit avec branchages, pied en bois sculpté.

Au même.

158 — Petite coupe.

Au même.

159 — Petite tasse en **jade gris**.

Au même.

160 — Plateau en **jade verdâtre** excessivement mince. Il est gravé intérieurement de Ling-thy de pêches de longévité et dessus du caractère *Chéou*, longévité.

M. le duc de Martina.

161 — Plateau à angles lobés, en **jade nébuleux**, orné d'une grecque au pourtour et portant deux dragons en relief, travail très-ancien. Provient de la vente Morny.

M. le duc de Martina.

162 — Plateau en **jade vert** godronné en forme de fleur de chrysanthème, à l'intérieur un bouquet de la même plante sculpté en relief. Provient de la vente Montigny.

Au même.

163 — **Jade blanc verdâtre**. Jonque dans les flots et conduite par deux personnages, socle en bois.

Au même.

164 — Groupe de fleurs, tiges et feuilles, en **jade verdâtre**.

Mme Riant.

165 — Deux écrans circulaires en **jade blanc veiné de jaune**, décorés de paysages en relief; encadrements et pieds en bois de fer, sculpté à jour.

M. l'Amiral Coupvent des Bois.

166 — Plaque circulaire en **Jade vert** sculpté représentant un paysage.

M. le comte de Malherbe.

167 — Deux écrans en **jade verdâtre** sculpté à paysages, temples et personnages, supports en bois de fer à moulures et consoles.

Mme Fleuriot.

168 — Écrans en **jade blanc** sculpté, portant, d'un côté, une assemblée de personnages et de l'autre une longue inscription. Support en bois sculpté.

M. Evans.

169 — Sceptre en **jade vert** sculpté, portant le signe longévité.

M. Désoye.

170 — Théière en **jade serpentine** avec son couvercle à six lobes, anse portant un dragon en relief; sur le couvercle, figurine d'un personnage assis.

M. le comte de Malherbe.

171 — Boîte à couvercle présentant la forme de la fleur d'hibiscus en **jade laiteux**, en dessous une inscription en caractères Ta-tchouan.

M. B. Jaurès.

172 — Deux boîtes **jade blanc** en forme de canard.

M. de Vassoigne.

173 — Boîte en **jade verdâtre**, en forme d'oiseau chimérique.

Au même.

174 — Boîte en **jade à plusieurs couches**, en forme d'oiseau.

Au même.

175 — **Jade blanc**. Boîte figurant un lapin dont les yeux sont formés de rubis.

Au même.

176 — Fleur en **jade gris veiné de blanc et de jaune**, avec socle en bois et ivoire peint en vert.

Au même.

177 — **Jade blanc**. Quatre pièces pour jeu d'échecs; caractères gravés et peints en rouge.

M. B. Jaurès.

178 — Deux Poissons.

Au même.

179 — Petit groupe en **jade verdâtre**, représentant un Éléphant et son cornac auprès d'un rocher.

M. Evans.

180 — Deux bracelets en **jade blanc**.

M. Evans.

181. — Bracelet en **jade laiteux**, forme de sceptre sculpté à jour.

M. B. Jaurès.

182 — Boucle de ceinture en **jade vert** sculpté à jour.

Au même.

183 — Boucle de ceinture en **jade à deux couches**, sculpté.

M. de Vassoigne.

184. — Agrafes de ceinturon en **jade blanc** sculpté, forme de médaillon.

M. Evans.

185 — Plaque de ceinture en **jade** percé à jour et monté en orfévrerie, relevée de pierres précieuses.

Mme Riant.

186 — Plaque de ceinture, sculptée à jour.

M. Délicourt.

187 — Deux agrafes de ceinturon sculptées.

M. Evans.

188 — Bouton circulaire repercé à jour.

M. de Vassoigne.

189 — Bouton formé par un groupe de fleurs, dans lequel serpente un dragon.

M. Du Boys.

190 — Pendeloque en **jade** percé à jour, représentant le signe de longévité, deux glands, rouge et vert.

M. B. Jaurès.

191 — Pendeloque en forme d'anneau, représentant un dragon se mordant la queue.

Au même.

192 — Epingles de coiffure en jade sculpté à jour.

Au même.

193 — Epingle à cheveux en **jade gris**, sculpté à jour.

M. Délicourt.

194 — Huit épingles de chevelure en **jade**.

M. de Vassoigne.

195 — Anneau en **jade laiteux**, gravé.

M. le capitaine de vaisseau Jaurès.

196 — Anneau en **jade vert**.

Au même.

197 — Etagère en bois sculpté, chargée au sommet d'une pièce en porcelaine de troisième qualité, représentant une maison chinoise; des deux côtés des groupes de jade figurant des fruits, au milieu un **jade vert** à cinq divisions, et sur le bord une boîte lenticulaire en **jade blanc** avec un bouquet de fleurs et un petit vase à eau, formé d'un fruit avec sa tige et ses feuilles.

M. l'amiral Coupvent des Bois.

198 — Miroir en **jade blanc** incrusté d'un réseau en **jade vert foncé**, chargé de rubis Chaque compartiment renferme un bouquet de fleurs en hyacinthe avec feuilles de **jade vert pâle**. Toutes les pièces de cette mosaïque sont serties d'or. — La pièce est montée en écran sur un pied de fabrication moderne. — Inde.

M. Ed. André.

199 — Chasse-mouches à manche de **jade**, incrusté de rinceaux d'or, de rubis et d'émeraudes, monté en plumes de paon. — Inde.

Mme la baronne Salomon de Rothschild.

200 — Petite boîte en **jade gris** à quatre lobes, quatre petits pieds et un couvercle, surmontée d'un bouton orné de turquoises. — Inde.

M. La Faulotte.

201 — Boîte de forme octogone allongée, à fond à jour, en **jade blanc**; côtés formés par des médaillons rectangulaires, en cristal de roche sculpté de fleurs en relief, encadré de jade incrusté de rubis. — Inde.

Au même.

202 — Petite urne couverte quadrangulaire, aplatie, à deux anses prises dans la masse; décor de feuilles d'eau sur les angles arrondis et de bouquets de style ornemental sur les faces; le pied est finement godronné et le bouton du couvercle est formé par une fleur entr'ouverte. Travail indien.

M. le duc de Martina.

203 — Boîte quadrilobée couverte, à quatre compartiments intérieurs; au pourtour des rinceaux fleuris et sur le couvercle quatre bouquets de fleurs portant une rosace surmontée par le bouton fleuri, travail de l'Inde. Provient de la vente Rougemont.

Au même.

204 — Coupe couverte à anses formées par une fleur prise dans la masse; **jade blanc nébuleux**, excessivement mince et décoré en relief de bordures à rinceaux de fleurs détachées et de perles; le dessus du pied est une marguerite en intaille. Travail de l'Inde.

Au même.

205 — Plateau en **jade vert**, incrusté de rubis sertis d'or. Inde.

M. André.

206 — Boîte à quatre lobes incrustés de rubis sertis d'or. Inde.

Au même.

207 — Boîte ronde incrustée de rubis et d'or. Inde.

Au même.

208 — Vase à anse et goulot en **jade** finement sculpté. Inde.

M. le baron Gustave de Rothschild.

209 — Petite boîte lenticulaire en **jade blanc**, excessivement mince, godronnée en forme de fleur de chrysanthème. Inde.

M. le duc de Martina.

210 — Petite boîte à deux lobes et à deux compartiments, en **jade nébuleux**, très-mince. Le couvercle porte quatre feuilles en relief surmontées d'un bouton de fleur et des rubis cabochons. Monture et travail de l'Inde.

Au même.

211 — Petite boîte en **jade blanc** excessivement mince, en forme de chaussure, terminée par un oiseau chimérique. Travail indien.

Au même.

212 — Coupe oblongue à deux anses, et à couvercle peu bombé, surmonté d'un bouton **jade nébuleux** persan, incrusté de filets d'or et de rinceaux à fleurs rehaussées de pierres précieuses. Travail très-ancien.

Au même.

213 — Petit pot à anse en **jade verdâtre**, à couvercle bombé, et à anse rattachée à la panse par une monture en or. — Perse.

M. Ch. Schefer.

214 — Coupe hémisphérique surbaissée à ombilic en **jade gris**, incrusté d'or. — Perse.

M. La Faulotte.

BRONZES

—

CHINE ET JAPON

215 — Statuette de Boudha en **bronze laqué**, à l'exception de la tête et de la main. Le dieu, vêtu d'une robe à ornements rouges et or et tenant un rouleau à la main, est assis sur un buffle noir.

M. Gasnault.

216 — Statuette de Çakya-Mouni accroupi sur un bœuf.

M. le docteur Mentzer.

217 — Le dieu Cheou-lao sur un cerf, socle en bois de fer.

M. Gaudet.

218 — La déesse Kouan-in assise; bronze à patine lavée.

M. le duc de Martina.

219 — Statuette de Kouan-in assise; pied en bois de fer.

M. Bigot.

220 — Sphère à jour, en **bronze** partiellement **doré**, flanquée de cinq figurines de divinités. Sur la partie supérieure le signe des deux forces de la nature entouré des huit Koua. Piédestal en marbre.

M. Gasnault.

221 — Statuette en bronze du dieu de la guerre assis. Base en bois sculpté.

M. le comte de Butenval.

222 — Statuette représentant un immortel assis. Siége à marche-pied en bois de fer sculpté.

Mme Furtado.

223 — Statuette, représentant un immortel, assis sur un rocher. Pied en bois de fer.

M. l'Amiral Coupvent des Bois.

224 — Un immortel assis, bronze à patine brune.

M. le duc de Martina.

225 — Statuette de femme, tenant élevée au-dessus de sa tête une pierre inscrite des mots : **Pierre des anciennes générations**. — Japon.

M. le comte de Butenval.

226 — Divinité debout sur un nuage, pied en bois sculpté à jour, représentant des dragons dans les nuages.

M. l'amiral Coupvent des Bois.

227 — Statuette représentant le Génie du mal.

M. le capitaine de vaisseau B. Jaurès.

228 — Deux statuettes de démons portant des vases et des attributs.

M. le comte de Butenval.

229 — Deux figures représentant le Génie du bien et le Génie du mal.

M. Beurdeley.

230 — Statuette de personnage tenant d'une main un crapaud et de l'autre une perle et portant une gourde à la ceinture ; il est debout sur un rocher.

M. Dugléré.

231 — Statuette de personnage debout, tenant une massue de la main gauche. Pied en bois de fer, représentant des nuages.

Au même.

232 — Statuette d'enfant, tenant un disque à la main et dansant sur le dos d'un animal monstrueux à trois pattes.

M. Dugléré.

233 — Statuette de femme debout vêtue d'une longue robe et de banderolles flottantes, le bras droit élevé et portant une coupe.

Au même.

234 — Statuette de Divinité guerrière.

M. B. Jaurès.

235 — Statuette de guerrier assis. Bronze portant des traces de dorure.

M. Dugléré.

236 — Statuette représentant un homme debout sur un rocher.

M. de Vassoigne.

237 — Statuette de prêtre portant la coupe à sacrifice, patine noire en partie dorée.

M. B. Jaurès.

238 — Statuette de personnage à longue chevelure, assis, et le pied droit posé sur une tortue.

M. Dugléré.

239 — Statuette de personnage à longue chevelure, assis et vêtu d'une robe richement ornée de dragons en relief. A ses pieds une tortue.

Au même.

240 — Statuette de personnage vêtu d'une robe à dragons gravés.

Au même.

241 — Statuette de personnage chinois, debout sur un rocher. **Bronze doré**.

Au même.

242 — Statuette d'un personnage accroupi, vêtu d'une longue robe.

Au même.

243 — Figurine de philosophe chinois accroupi.

Au même.

244 — Statuette de philosophe accroupi.

M. B. Jaurès.

245 — Statuette représentant un philosophe accroupi les bras croisés sur sa poitrine.

M. Gasnault.

246 — Groupe en bronze doré et laqué, représentant une jeune fille et un enfant.

M⁽ˡˡᵉ⁾ Grandjean.

247 — Un groupe analogue.

M. La Faulotte.

248 — Deux grandes figures, représentant un personnage japonais, vêtu d'une longue robe ornée de dragons à trois griffes en relief et armé de deux sabres.

M. Evans.

249 — Deux statuettes représentant l'une un guerrier et l'autre une femme portant un éventail. Élevées sur des socles surmontés d'une galerie et décorés à la base des flots de la mer.

Désoye.

250 — Figure d'homme assis, portant sur la tête un crapaud monstrueux.

Au même.

251 — Statuette. Femme japonaise.

M. Jules Jacquemart.

252 — Dragon à trois griffes en bronze japonais.

M. B. Jaurès.

253 — Figure de dragon. Japon.
M. Burty.

254 — Animal chimérique, bronze incrusté d'argent, sur socle en bois de fer.
M. de Vassolyne.

255 — Animal fantastique. Bronze incrusté d'or et d'argent.
M. Taigny.

256 — Le **Kilin**. Pied en bois de fer sculpté.
M. de Vassoigne.

257 — Chien de *Fo*, brûle-parfums en bronze maculé d'or.
M. J. Isidore.

258 — Un chien de *Fo*, jouant avec une boule à jour. Bronze laqué et doré.
M. Désoye.

259 — Chien de *Fo*, en bronze, à patine brune partiellement dorée.
Au même.

260 — Une Chimère.
M. Cornu.

261 — Deux Chimères bronze doré, ciselé et incrusté de pierres dures. Travail chinois.
M. le baron Alphonse de Rothschild.

262 — Chien de *Fo*, portant sur le dos un cornet lobé posé sur une draperie, bronze chinois incrusté de cabochons.
M. La Faulotte.

263 — Deux chimères portant sur le dos des cornets ornementés en relief. Socles en bois de fer.
M. Gaudet.

264 — Petit vase représentant un personnage monté sur une chimère.
M. Eugène Cornu.

265 — Vase en forme de poisson fantastique dont la queue dressée forme couvercle, écailles et nageoires saillantes.
M. Taigny.

266 — Vase en forme de poisson, sur pied en bois.
M. Bigot.

267 — Deux grues montées sur des tortues sacrées.
M. l'amiral Jaurès.

268 — Deux grues portant des fruits (*main de Fo* et pêche de longévité).
M. Gaudet.

269 — Crapaud portant sur le dos un personnage assis tenant un livre.
M. Taigny.

270 — Un crapaud.
M. Burty.

271 — Grande tortue d'eau. Japon.
Au même.

272 — Une tortue.
Au même.

273 — Rocher portant plusieurs tortues en relief.
M. Taigny.

274 — Paon la queue éployée. Brûle-parfums.
M. Burty.

275 — Oiseau impérial japonais sur un rocher.
M. Jules Jacquemart.

276 — Une pieuvre tenant un éventail dans un de ses tentacules.
M. Burty.

277 — Un crabe.

M. Burty.

278 — Poisson sur un socle en bois.

Au même.

279 — Groupe d'oiseaux sur blocs en cristal de roche, pied en bronze niellé et parties argent gravé.

M. Marcellin.

280 — Pomme de pin. Presse-papier. — Japon.

M. Burty.

281 — Vase antique en bronze chinois, rectangulaire, orné de crêtes découpées ; fond mosaïque chargé d'insectes et de têtes fantastiques, avec incrustations d'argent, d'or et de quelques turquoises. En dedans une inscription honorifique.

Mᵐᵉ la baronne Salomon de Rothschild.

282 — Grand vase libatoire antique à panse et piédouche rectangulaires et ouverture évasée à bec ; anse formée par une tête de dragon, décor de grecques et dragons en relief avec incrustations d'or et d'argent. Dans l'intérieur une inscription honorifique.

M. Taigny.

283 — Vase libatoire couvert, ayant la forme d'un animal chimérique ; bronze à reliefs incrusté d'or et d'argent. Pied en bois sculpté.

Mᵐᵉ Riant.

284 — Vase en bronze antique ayant la forme d'un oiseau chimérique portant sur le dos une urne à anses ; des ornements incrustés en or et argent relèvent le vase, le corps et les ailes de l'oiseau.

M. le duc de Martina.

285 — Coupe Tsio pour le sacrifice ; elle est ovoïde, portée sur trois pieds avec une anse latérale et deux quillons ; fond ornementé en relief.

M. le docteur Piogey.

286 — Une autre : elle est portée sur trois pieds avec un anneau latéral et deux quillons, la base entourée de grecques en relief.

Au même.

287 — Deux petites coupes Tsio bronze doré à trois pieds pour verser le vin des sacrifices.

M. Délicourt.

288 — Coupe de sacrifice à une anse formée de nuages ; bordure de grecques, médaillons formés par deux dragons fantastiques. Inscription indiquant la fonderie impériale japonaise.

M. Gasnault.

289 — Une autre à bec échancré à quatre pieds et une anse figurant l'écume de la mer, décorée de deux poissons volants en relief. Etroite bordure ornementale.

Au même.

290 — Une autre à quatre pieds et à anse formée de flots de la mer. Autour quatre poissons volants.

Au même.

291 — Petit brûle-parfums ayant la forme d'un animal fabuleux. Bronze incrusté d'or et d'argent.

Mᵐᵉ Riant.

292 — Brûle-parfums à trois pieds élevés sortant de têtes de dragons et deux anses latérales formées par des têtes de lion. Décor d'ornements en relief et d'incrustations d'argent. En dessous une inscription incrustée en argent.

M. Dugléré.

293 — Petit brûle-parfums tripode à ouverture évasée et deux anses dressées, décor de grecques en incrustations d'or et d'argent. Couvercle et socle en bois de fer.

M. Galichon.

294 — Brûle-parfums sphérique à trois pieds et couvercle à jour. Deux anses latérales portant des anneaux mobiles en argent. Incrustations d'argent représentant les flots de la mer et des grues. Pied en bois.

M. Carli.

295 — Brûle-parfums à ouverture ovale, élevé sur quatre pieds formés par des têtes chimériques; deux anses dressées; bronze incrusté d'argent, couvercle en bois sculpté à jour, surmonté d'un bouton en cornaline.

M. Délicourt.

296 — Brûle-parfums en forme de bourse nouée et posé sur une base élevée à quatre pieds et deux anses formées par des serpents. Bronze incrusté d'argent. Japon.

M. Laurens.

297 — Brûle-parfums avec couvercle surmonté d'une tortue. Bronze gris niellé d'argent.

M. Villot.

298 — Brûle-parfums à trois pieds courts, bronze incrusté d'argent. Couvercle et pied en bois sculpté.

M. H. Valentin.

299 — Petit brûle-parfums bas à trois pieds et deux anses latérales, bronze laqué incrusté de fins ornements d'argent; en dessous un cachet Siouen-te des Ming et deux caractères incrustés signifiant que le vase a été donné en récompense.

M. le duc de Martina.

300 — Brûle-parfums en bronze laqué.

M. Villot.

301 — Beau brûle-parfums en bronze laqué, les anses formées de deux têtes de lion. Il est sur un support en bronze; sous la pièce la marque de Siouen-te (1426 à 1435).

M. le duc de Sangro.

302 — Ting à trois pieds courts et deux anses dressées en bronze aventurine, avec socle en bois sculpté.

M. Dutuit.

303 — Brûle-parfums de forme surbaissée à trois pieds courts et deux anses dressées. Bronze aventurine monté sur un pied en bronze de même nature.

M. Désoye.

304 — Ting en bronze aventurine à deux anses dressées et trois pieds cylindriques élevés. Socle en bronze en forme de fleur d'hibiscus; couvercle en bois.

M.Carli.

305 — Brûle-parfums à deux anses latérales, bronze à gouttelettes d'or, daté de Siouen-te (1426 à 1435). Pied en bois de fer.

M. le comte de Malherbe.

306 — Brûle-parfums, bronze pailleté d'or, ancienne fabrication.

M. Burty.

307 — Brûle-parfums de forme oblongue campanulé. Aux deux extrémités des têtes de lion dorées. Au pourtour les flots de la mer, portant des animaux symboliques. Couvercle en forme de dôme percé à jour, décoré de dragons et de fong-hoangs dans les nuages. Au-dessus un bouton en forme de fruit de nélumbo avec ses graines mobiles.

M. Dugléré.

308 — Brûle-parfums de forme élevée, campanulé et godronné, à deux anses latérales formées par des têtes chimériques. Couvercle bombé, percé à jour, décoré d'un dragon et d'un fong-hoang dans les nuages et surmonté d'un fruit de nélumbo à graines mobiles.

Au même.

309 — Brûle-parfums en bronze en forme de dragon, socle en bois.

M. Carli.

2

310 — Brûle-parfums représentant une chimère, pied en bois de fer.

M. le capitaine de vaisseau B. Jaurès.

311 — Deux brûle-parfums formés par des animaux fantastiques en bronze avec socles en bois de fer.

M. de Monbel.

312 — Brûle-parfums de forme sphérique surbaissée à col peu saillant, porté sur trois pieds formés par des singes accroupis. Deux dragons en haut-relief forment les anses. Daté de Sioun-te, (1426-1435).

M. Gasnault.

313 — Deux brûle-parfums représentant des éléphants caparaçonnés et portant sur le dos une pagode héxagone à jour surmontée d'un coq.

Mme Furtado.

314 — Deux éléphants caparaçonnés portant des pavillons quadrangulaires à deux étages à jour. — Brûle-parfums ornés du dragon et du fong-hoang.

M. Evans.

315 — Petit brûle-parfums en forme de nélumbo, supporté par trois tortues et surmonté d'une grue.

M. Laurens.

316 — Brûle-parfums bronze japonais, un lion joue sur une boule formée de branches de chrysanthèmes.

M. Jules Jacquemart.

317 — Brûle-parfums composé de trois aubergines.

M. Gasnault.

318 — Coq en bronze formant brûle-parfums.

M. Villot.

319 — Grand brûle-parfums antique à trois pieds formés de têtes de dragons, deux anses élevées, décor gaufré en relief. Couvercle en jade percé à jour, représentant des dragons se jouant dans des fleurs.

M. Gasnault.

320 — Brûle-parfums de forme évasée à trois pieds; au pourtour, trois personnages en relief; au bord galerie à jour. Couvercle plat surmonté d'un chien de Fo.

M. Taigny.

321 — Brûle-parfums hémisphérique à deux anses dressées et à trois pieds élevés à têtes chimériques; au pourtour six ornements formant relief et se détachant sur un fond de grecques avec insectes. Pied et couvercle en bois sculpté. Vieux travail chinois.

M. le duc de Sangro.

322 — Brûle-parfums à trois petits pieds et deux anses dressées formées par des dragons. Décor, au pourtour, de dragons alternant avec le signe longévité.

M. Dugléré.

323 — Brûle-parfums de forme sphérique surbaissée, à trois pieds formés par des têtes de lion. Couvercle plat percé à jour, surmonté d'un chien de Fo entouré de ses petits. Bronze à patine brune, daté de Siouen-te (1426 à 1435).

Au même.

324 — Petit brûle-parfums tripode à deux anses, pied en bois de fer; daté de Siouen-te.

M. le comte Malherbe.

325 — Brûle-parfums à pied cylindrique à panse godronnée, et deux anses latérales formées par des têtes d'éléphants. Couvercle à jour en forme de dôme, décoré de dragons et surmonté d'une fleur de nélumbo. Bronze partiellement doré, daté de Siouen-te. Pied en bois de fer.

M. Dugléré.

326 — Ting à deux anses courbes et trois pieds courts, formés par des têtes chimériques. Socle et couvercle en bois.

M. Carli.

327 — Un Brûle-parfums cylindrique à piédouche et à deux anses. Couvercle surmonté d'un chien de Fo.

M. Laurens.

328 — Un autre à trois pieds. Couvercle surmonté d'un chien de Fo.

Au même.

329 — Brûle-parfums sphéroïdal, à deux anses dressées et couvercle sculpté à dragons; il est sur trois pieds découpés et porte une frise en relief.

M. G. Brion.

330 — Brûle-parfums à deux anses et trois pieds formés par des chauves-souris; au pourtour le signe *bonheur* entouré de nuages; le couvercle à jour est composé de chauves-souris dans les nuages et d'un groupe de nuages formant bouton. Pied en bois sculpté à jour.

M. l'amiral Coupvent des Bois.

331 — Brûle-parfums à trois petits pieds et deux anses dressées, à cinq godrons aplatis. Bronze à patine brune, à décor de fleurs gravées; couvercle bombé en bois de fer sculpté à jour, surmonté d'un bouton en jade représenta t un enfant. Pied en bois de fer.

Au même.

332 — Brûle-parfums de forme campanulée à trois pieds très-bas et deux anses courbes saillantes, frise et dents de loups gravées de grecques. Pied et couvercle en bois de fer à jour, bouton en jade.

Mme Furtado.

333 — Brûle-parfums de forme sphérique surbaissée, à col évasé, porté par quatre petits pieds. Deux médaillons renfermant des inscriptions. en relief, encadrés l'un par des dragons, l'autre par des nuages; en dessous un cachet.

M. Gasnault.

334 — Brûle-parfums de forme cylindrique, évasé, à deux anses dressées supporté par trois têtes et d'éléphants. Couvercle et pied en bois de fer à jour.

M. Burty.

335 — Brûle-parfums de forme ronde à trois pieds courbes. Autour de l'ouverture bande ornementale. Pied et couvercle en bois de fer avec bouton en bronze, représentant un Ki-lin.

Au même.

336 — Brûle-parfums en bronze laqué, à trois pieds et à deux anses élevées.

M. le docteur Mentzer.

337 — Ting à trois pieds cylindriques élevés et deux anses dressées. Décor gravé de grecques et den s de loup. Couvercle en bois de fer.

M. Hirsch.

338 — Grand brûle-parfums à six pans, de forme surbaissée; anses formées de branchages. Médaillons à sujets en relief. Couvercle bombé à jour.

M. Taigny.

339 — Brûle-parfums à trois pieds et deux anses formées de tiges de bambous, couvercle percé à jour, représentant des branchages de bambous. Base à trois pieds en bronze.

M. l'amiral Coupvent des Bois.

340 — Deux petits brûle-parfums à trois pieds, à deux anses élevés et à couvercle percé à jour; bronze coréen.

M. le docteur Mentzer.

341 — Petit brûle parfums, forme oblongue campanulée, à angles arrondis, et deux anses formées par des têtes de lion dorées, décoré au pourtour des flots de la mer, portant des animaux fantastiques. Couvercle bombé percé à jour, orné de dragons et de fong-hoangs dans les nuages. Daté de Siouen-te.

M. Dugléré.

342 — Brûlep-arfums oblong de forme évasée à quatre lobes, élevé sur quatre pieds, et à deux anses formées par des têtes chimériques ; couvercle en bois de fer surmonté d'un bouton en jade représentant un chien de Fo. Pied élevé en bois de fer. Daté de Siouen-te.

M. le comte de Malherbe.

343 — Brûle-parfums de forme rectangulaire à angles arrondis, à deux anses, formées par des têtes de lions. Décoré au pourtour de dragons en relief jouant dans les flots. Daté de Siouen-te.

M. Dugléré.

344 — Grand brûle-parfums à quatre lobes et quatre pieds, et à deux anses dressées formées par des dragons. Quatre médaillons lobés à décor de rinceaux et de dragons de style archaïque entourant le signe du bonheur. Couvercle élevé, surmonté d'un bouton ; parties ajourées, ornées de dragons et du signe bonheur. Daté de Siouen-te. Pied en bois de fer.

Au même.

345 — Brûle-parfums à quatre lobes, supporté par quatre personnages accroupis. Deux anses formées par des dragons. Décor en relief de personnages sacrés. Sur l'une des faces médaillon circulaire contenant le signe longévité.

Au même.

346 — Brûle-parfums en bronze oblong à quatre lobes, à deux anses latérales formées par des muffles de lions ; médaillons décorés d'animaux fantastiques en relief. Couvercle bombé, percé de trous et surmonté d'un cheval marin.

M. Marcellin.

347 — Brûle-parfums, à quatre pans ornés de médaillons en relief décorés d'oiseaux. Quatre pieds courts, deux anses elevées, couvercle bombé percé à jour, décoré de chiens de Fo.

M. Laurens.

348 — Deux brûle-parfums oblongs à quatre lobes. Deux anses formées par des têtes chimériques ; sur les faces médaillons d'animaux en relief. Couvercle bombé percé de trous et surmonté d'un cheval marin.

Au même.

349 — Brûle-parfums à angles arrondis, à quatre pieds, et à deux anses formées d'animaux chimériques ; le corps du vase est à fond de grecques chargé d'ornements anciens ; le couvercle porte quatre dragons sortant des flots de la mer, et au milieu un chien de Fo ; il pose sur un socle en bronze, qui est supporté lui-même par un pied en bois sculpté, figurant des nuages et des chauves-souris.

M. l'amiral Coupvent des Bois.

350 — Brûle-parfums rectangulaire à quatre pieds élevés et deux anses dressées. Arêtes saillantes aux angles et sur les quatre faces. Décor archaïque.

M. Burty.

351 — Ting à deux anses dressées, reposant sur quatre pieds ; ceinture dorée, couvercle en bois de fer à jour.

M. Taigny.

352 — Petit brûle-parfums à deux anses dressées et à quatre pieds élégamment profilés. Le fond étoilé porte en relief des caractères honorifiques antiques. Pied et couvercle en bois sculpté à jour.

M. le duc de Sangro.

353 — Brûle-parfums rectangulaire à quatre pieds élevés, et arêtes aux angles ; deux anses droites. Pied et couvercle à jour en bois de fer avec bouton en jade.

Mme Furtado.

354 — Brûle-parfums japonais, à deux anses ; socle et couvercle en bois sculpté, signature en caractères archaïques.

M. Burty.

355 — Garniture composée de : deux petites bouteilles à col très-allongé, portant à l'ouverture un ourlet godronné. — Petit brûle-parfums à trois pieds très-élevés et deux anses dressées. Couvercle percé à jour. Bronze à patine brune, veinée de rouge.

M. Burty.

356 — Grand brasero de forme rectangulaire élevé sur quatre pieds, à incrustations d'argent; sur les quatre faces des animaux symboliques en relief, deux anses élevées formées par des dragons. Couvercle à jour représentant les nuages surmontés d'un Kilin en haut-relief.

M. Gasnault.

357 — Petit brûle-parfums en bronze frappé d'or, à deux anses latérales saillantes. Couvercle et pied en bois de fer.

Mme de Beuzelin.

358 — Petit brûle-parfums, à deux anses droites, bronze nuagé d'or. Daté de Siouen-te. Pied en bois de fer.

M. le comte de Malherbe.

359 — Grand vase antique de forme rectangulaire à anses formées par des têtes de chimères, décor de grecques en relief incrustées d'or et d'argent. Pied en bois de fer.

M. le docteur Mentzer.

360 — Un vase à parfums en bronze incrusté de filets d'or et d'argent, à trois pieds avec socle et couvercle en bois sculpté à jour ; sur le couvercle, un petit cygne en jade blanc, servant de bouton.

M. Evans.

361 — Grand vase en bronze niellé d'argent de forme octogonale, à ouverture très-évasée. Anses latérales rapportées, en bronze, représentant des branches d'aubépine.

M. G. Brion.

362 — Grand vase à anses en bronze incrusté d'argent, décoré d'oiseaux.

M. Reiber.

363 — Grand vase biforme, à anses formées d'oiseaux chimériques, en bronze niellé des flots de la mer avec des tortues.

M. G. Brion.

364 — Deux grands vases lancelle à ouverture élargie en bronze niellé d'argent, à deux anses formées par des dragons ailés.

M. l'amiral Coupvent des Bois.

365 — Vase ovoïde à col cylindrique et piédouche, décoré de grecques et de dents de loup en incrustations d'argent. En dessous une inscription. Pied en bois.

M. Hirsch.

366 — Deux vases en bronze incrusté d'argent, à anses formées par des oiseaux.

M. de Vassoigne.

367 — Vase à parfums en bronze du Japon incrusté de filets d'argent, avec pied et couvercle en bois sculpté; un bouton en jade sur le couvercle.

M. Evans.

368 — Petit vase en bronze du Japon à deux anses, incrusté de filets d'argent avec couvercle en bois noir travaillé à jour.

Au même.

369 — Vase à panse circulaire aplatie à col évasé et piédouche rectangulaires ; deux anses latérales formées par des têtes d'éléphants en relief. Décor de style archaïque en incrustations d'argent. En dessous une inscription en Ta-tchouan. Pied en bois de fer.

M. Dugléré.

370 — Deux vases en bronze antique chinois de forme piriforme sur piédouche. Deux anses formées de tête de dragons ; décors de grecques filigranées et incrustations d'argent.

M. le docteur Mentzer.

371 — Grand vase à quatre pans à panse renflée et piédouche. Deux anneaux mobiles aux anses. Incrustations d'argent.

M. Taigny.

372 — Deux grands vases quadrangulaires à deux anses formées par des dragons en relief. Sur la face un dragon ailé en relief. Couvercles surmontés de personnages. Bases en forme de rochers avec dragons et personnages en relief. Bronze incrusté d'argent.

M. Laurens.

373 — Grands vases à ouverture très-évasée, à deux anses latérales formées par des dragons. Bronze incrusté d'argent.

Au même.

374 — Vase cylindrique à deux anses formées par des dragons en relief. Couvercle surmonté d'un aigle et d'un serpent. Base formée par un rocher avec dragon et personnages. Bronze incrusté d'argent.

Au même.

375 — Petit vase de forme carrée en bronze du Japon incrusté de filets d'argent, couvercle en bois sculpté à jour surmonté d'une petite figurine en coco sculpté.

M. Evans.

376 — Urne en bronze antique à patine verte décorée de zônes en relief incrustées d'or et d'argent. Les anses sont des masques de chimères portant des anneaux.

M. le docteur Mentzer.

377 — Urne en bronze incrusté d'argent à deux anses en forme de sceptre portant des anneaux mobiles, décor en relief d'un treillis simulant des cordes.

M. André.

378 — Vase bursaire aplati élevé sur piédouche ; anse supérieure, et couvercle surmonté d'un bouton. Décor de grecques et de rinceaux avec incrustations d'argent.

M. Taigny.

379 — Urne en bronze antique à ouverture évasée ; anses latérales formées de têtes chimériques. Au bas de la panse une troisième anse formée d'une tête de bœuf. Décor de grecques avec incrustations d'or.

M. l'amiral Jaurès.

380 — Bouteille quadragulaire entièrement incrustée d'argent avec deux médaillons renfermant des fleurs et des oiseaux en relief ; ils portent des traces de dorure.

M. Gasnault.

381 — Bouteille aplatie circulaire sur piédouche carré ; goulot rectangulaire ; ailerons formés par des nuages. Incrustations d'argent représentant des chrysanthèmes dans des encadrements de grecques.

Au même.

382 — Bouteille à panse sphérique et col allongé ; bronze incrusté d'argent, décoré de dragons, de fleurs, d'objets sacrés et de deux médaillons ornés de paysages.

M. Dugléré.

383 — Gourde à deux renflements, bronze à patine brune incrusté d'argent. Fond de mosaïque et médaillons lobés contenant le caractère longévité plusieurs fois répété. Marque de la période Siouen-te en caractères antiques.

Au même.

384 — Vase lagène de plan carré ; anses mobiles, patine olive avec incrustations d'argent de style archaïque. Il porte en-dessous l'inscription : *Chi-Seou*, récompense honorifique.

M. Burty.

385 — Petit vase lagène, à deux anses formées de cols de paon ; il est finement incrusté en argent d'arabesques et têtes de dragons. Pied en bois sculpté.

M. G. Brion.

386 — Petit vase forme de bouteille. Bronze niellé d'argent.

M. Villot.

387 — Double Pi-tong en bronze du Japon incrusté de filets d'argent.

M. Evans.

388 — Deux petits vases en forme de feuille de nélumbo à deux anses formées par des boutons de fleurs ; à la base trois tortues. Bronze incrusté d'argent.

M. Laurens.

389 — Vase composé de deux carpes accolées, en bronze incrusté d'or et d'argent.

M. Désoye.

390 — Vase figurant deux poissons accolés, incrustations d'or et d'argent.

M. Taigny.

391 — Petite coupe hémisphérique à incrustations d'argent représentant des fleurs sur un fond filigrané.

M. Gasnault.

392 — Vase en bronze niellé d'argent avec son pied en bois de fer. Travail japonais.

M. Jules Jacquemart.

393 — Petite bouteille piriforme à col évasé. Patine noire maculée d'or.

M. Gasnault.

394 — Petite bouteille en bronze pailleté d'or.

M. Taigny.

395 — Cornet à ouverture évasée et renflement médian. Bronze à patine noire, partiellement doré.

M. Bouvier.

396 — Petit vase en bronze taché d'or avec une salamandre enroulée au col. Pied en bois.

M. le comte de Malherbe.

397 — Vase lancelle à col très-évasé et à quatre arêtes sur le corps. Fond filigrané sur lequel s'enlèvent en relief des chiens de Fo et des dragons.

M. Gasnault.

398 — Vase de temple ; bronze chinois à deux anses formées de têtes de dragons et col évasé. Il est décoré de trois bandes à fond de grecques et porte en-dessous des losanges en relief, indiquant une fabrication antique.

M. Burty.

399 — Vase à col allongé hexagone, sur piédouche. Panse à jour, décorée de médaillons d'animaux et surmontée d'une galerie à jour, chargée de personnages. Près de l'ouverture, deux chiens de Fo formant anses.

M. Dugléré.

400 — Vase antique ovoïde à piédouche ; fond imitant les flots et l'écume de la mer. Il est divisé par des bandes ornementales incrustées d'or et d'argent. Des anses latérales portent des anneaux mobiles ; la gorge et la panse sont ornées de huit autres anneaux plus petits.

M. le comte de Malherbe.

401 — Vase de forme ovoïde à ouverture très-élargie ; sa surface imite les flots de la mer, et il repose sur un pied figurant l'écume des vagues.

M. Gasnault.

402 — Vase cylindrique élevé sur un pied carré portant en relief le dragon à trois griffes ; partie supérieure mobile à bords très-évasés. Marque en caractères Tà-tchouan.

M. B. Jaurès.

403 — Vase lancelle en bronze à patine noire; ouverture très-évasée, à bord droit décoré de fleurons en relief. A la partie supérieure de la panse bordure ornementale.

M. Letellier.

404 — Vase lancelle à six pans; sujets en relief, sur un fond de grecques. Anses formées par deux personnages debout.

M. Taigny.

405 — Vase-balustre, à ouverture évasée, à deux anses latérales formées par des dragons et portant des anneaux mobiles. Décor archaïque, chargé de personnages sacrés en relief. Sur la panse quatre des huit Koua de Fou-hi.

M. Dugléré.

406 — Vase-balustre à deux anses formées par des têtes de dragons. Décor en relief de rinceaux et fleurs ornementales. Sur chaque face un médaillon en forme de palme, décoré de personnages en relief sur un fond de paysage.

Au même.

407 — Potiche rectangulaire de plan, avec les angles adoucis, anses formées de têtes d'éléphants. Pied en bois jaune sculpté à jour.

M. l'amiral Coupvent des Bois.

408 — Petit vase forme balustre à base carrée. Bronze à patine noire.

M. Taigny.

409 — Petit vase orné de feuillages et gourdes en relief. Fonte à cire perdue.

Au même.

410 — Deux grands vases japonais à large ouverture, représentant un dragon à quatre griffes se jouant dans les flots de la mer.

M. le docteur Mentzer.

411 — Grand vase bursaire à piédouche; bronze antique à patine verte décoré de dragons en relief.

M. Taigny.

412 — Vase piriforme à col évasé, et anses latérales formées de têtes fantastiques. Décor archaïque gravé.

M. Désoye.

413 — Vase bursare à piédouche, de forme rectangulaire; anses formées de têtes chimériques. Décor archaïque. Bronze à patine marbrée de vert et de rouge.

M. Hiresh.

414 — Vase bursaire décoré de lambrequins en relief; il repose sur un pied formé par des enfants accroupis.

M. Taigny.

415 — Petit vase bursaire, décoré de grecques; sur chaque côté un mufle de lion en relief.

M. le comte de Butenval.

416 — Vase bursaire, de forme aplatie, élevé sur piédouche et à deux anses formées par des têtes de lions. Sur chaque face un médaillon lobé, décoré de dragons en relief. Pied en bois de fer.

M. l'amiral Coupvent des Bois.

417 — Petit vase bursaire, à deux anses en têtes de lions; autour du col une zône étoilée et sur la panse le tigre, le dragon et des grues dans un paysage en relief. Pied en bois sculpté.

Au même.

418 — Vase bursaire surbaissé, à deux anses latérales.

M. Burty.

419 — Grande urne antique à quatre pans disposés en losange. Deux anses latérales sont formées par des têtes de dragons. Décor archaïque de bandes et dents de loup ornées de grecques et de dragons.

M. Dugléré.

420 — Urne ovoïde à ouverture évasée; les anses sont formées de têtes chimériques portant des anneaux mobiles. Date de Siouen-te (1426 à 1435). Pied élevé en bois de fer.

M. Gasnault.

421 — Urne à deux anses formées par des dragons à queue fourchue, pied en bois sculpté en forme de fleur.

M. l'amiral Coupvent des Bois.

422 — Vase en forme d'amphore, sur les côtés deux anneaux mobiles.

M. le comte de Butenval.

423 — Grand cornet à renflement médian; décor archaïque de grecques et dents de loup, chargé dans toute sa hauteur d'anneaux mobiles.

M. de Monbel.

424 — Deux cornets évasés, à renflement médian chargé de quatre arêtes saillantes et dorées. Décor de dents de loup à fond gaufré sur lequel se détachent des ornements dorés.

M. Dugléré.

425 — Cornet très-évasé, à arêtes saillantes, décor gravé archaïque. Pied en bois.

M. Hirsch.

426 — Cornet quadrangulaire à renflement médian et arêtes à jour aux angles et sur les quatre faces. Décor archaïque.

M. Barre.

427 — Cornet chargé de deux arêtes latérales et décoré de dents de loup ornées de grecques. Pied en bois de fer.

M. B. Jaurès.

428 — Cornet antique, très-évasé au sommet; nœud médian à quatre filets en relief; ornementation d'insectes et têtes de dragon sur un fond de grecques.

M. Gasnault.

429 — Cornet à base sphéroïdale et à pied renflé. Le sujet en relief représente un homme faisant une offrande au dragon. Bronze à patine olive.

M. Burty.

430 — Vase antique quadrangulaire à ouverture et pied cylindriques. Décor entièrement composé de grecques.

M. Gasnault.

431 — Vase à quatre pans, à panse renflée, portant deux anneaux mobiles. Décor archaïque.

M. Burty.

432 — Vase quadrangulaire à col cylindrique et arêtes saillantes et évidées. Il porte sur les quatres faces les Koua de Fou-hi au milieu de vols de grues. Socle en bois de fer.

Au même.

433 — Vase quadrangulaire évasé, supporté par un dragon à trois griffes sortant des nuages.

Au même.

434 — Petit vase à panse et piédouche quadrangulaires et col cylindrique évasé. Sur les faces latérales mufles de lions destinés à porter des anneaux; sur les deux autres le caractère longévité en relief. Le long du col deux dragons formant anses. Traces de dorure.

M. Gasnault.

435 — Vase campanulé, à deux anses formées de têtes chimériques; couvercle
à jour portant le fong-hoang et le dragon dans les nuages; le bouton imite le fruit
du nélumbo. Sur la panse, divisée en godrons, l'inscription de Siouen-te (1425-
1436). Pied en bois sculpté.

M. l'amiral Coupvent des Bois.

436 — Deux vases japonais de forme sphéroïdale, à ouverture élargie et piédouche reposant sur une base à jour. Moulures ornées de grecques et fonds gravés,
guirlandes de fleurs et insectes en relief. Le pied est un buisson chargé de fleurs
et fruits.

M. Gasnault.

437 — Deux vases à cinq pans, à ouverture très-évasée et piédouche; ils sont
montés sur une base à jour formée de buissons de fleurs et fruits; décors de chrysanthèmes et de papillons en haut-relief.

M. l'amiral Javrès.

438 — Deux vases cylindriques à ouverture très-évasée et piédouche s'ajustan
sur une base à jour formée de buissons fleuris; autour de l'ouverture, lambrequins
en forme de dents de loup.

Au même.

439 — Deux vases en forme de gobelet, godronnés, à deux anses latérales
formées par des têtes chimériques. Sur l'un des deux, chaque godron porte un
personnage en relief.

M. Dugléré.

440 — Grand vase à panse et piédouche hexagones, à col cylindrique allongé,
flanqué, à l'ouverture, de deux tubulures. A la base du col deux autres tubulures
inclinées sont portées par des personnages en relief. Sur la panse quatre autres personnages soutiennent également des tubulures.

Au même.

441 — Vase à corps cylindrique et col allongé, muni de deux anses sortant de
têtes chimériques; sur le col un fond de grecques; six médaillons circulaires disposés sur le corps représentent en relief la Tortue sacrée, le Dragon et le Fong-
Hoang.

M. Gasnault.

442 — Bouteille à corps sphéroïdal et col long accompagné au sommet de huit
tubulures. Sur la panse les huit Koua entourés d'ornements archaïques. Le long du
col, inscriptions exprimant que ce vase est destiné à contenir le vin dont l'hôte
doit être enivré.

Au même.

443 — Bouteille à corps sphéroïdal, élevée sur piédouche. Deux tubulures au
sommet et deux autres inclinées le long du col; décor de grecques et filigranes.

Au même.

444 — Petite lagène à piédouche; corps ovoïde, col allongé à ouverture évasée.
Autour de la panse bande ornementale pourvue de trois anneaux mobiles; le long
du col deux anses droites.

Au même.

445 — Bouteille hexagone à ailerons, décorée de filigranes.

Au même.

446 — Aiguière à panse légèrement renflée, col cylindrique évasé avec couvercle rentrant rattaché à l'anse par une charnière en forme de fleur, long goulot mince décoré à sa base d'une palmette.

Au même.

447 — Vase ovoïde à col mince très-allongé, goulot latéral court à deux renflements avec charnières ayant porté un couvercle.

M. Taigny.

448 — Deux buires ovoïdes à piédouche; col allongé, terminé par un renflement; des branches de vigne chargées de fruits forment l'anse et le bec.

M. Dugléré.

449 — Grande bouteille à panse sphérique et col cylindrique allongé, flanqué, autour de l'ouverture, de quatre tubulures chargées de dragons en relief. Décor de nombreuses figures en haut-relief.

M. Paul Birgkann.

450 — Deux bouteilles à panse sphérique et col cylindrique, décorées en relief du dragon dans les nuages, au-dessus des flots de la mer. Elles posent sur des socles à trois pieds en bronze.

M. Désoye.

451 — Vase à panse sphérique et col cylindrique, élevé sur trois pieds ; ouverture très-élargie.

M. Valentin.

452 — Deux bouteilles piriforme, à col cylindrique, à deux anses rectangulaires, décorées de bandes ornementales de style archaïque.

M. Caraby.

453 — Bouteille à base carrée et col cylindrique allongé autour duquel s'enroule un dragon en relief. Patine noire, marbrée de rouge.

M. Burty.

454 — Petite bouteille à piédouche et col flanqué de deux anses formées par des chimères en relief ; sur la panse, bande ornementale gravée. Pied en bois de fer.

Mme Furtado.

455 — Petite bouteille à patine lavée, bordure grecque ; sur le col une première zône granulée avec trois dragons en relief ; sur le corps une seconde zône plus grande du même travail, représentant les flots de la mer et les animaux sacrés ; autour de chaque zône, des perles incrustées en verres de diverses couleurs.

M. le duc de Martina.

456 — Vase d'accompagnement en forme de potiche allongée, à bordures et feuilles d'eau chargées en relief d'ornements antiques en très-fine ciselure.

Au même.

457 — Vase d'accompagnement quadrangulaire, à bordure et feuilles d'eau sur les angles ; ce feuilles sont chargées en relief d'ornements antiques ; daté de Siouen-te des Ming.

Au même.

458 — Vase d'accompagnement quadrangulaire, à pied et col cylindriques, décoré de grecques ; il sert à mettre les instruments pour attiser le feu.

M. Burty.

459 — Vase cylindrique à deux anses formées par des branches de pin ; décoré au pourtour d'un paysage montueux ; d'un côté un enfant et un serpent, de l'autre un enfant sur un buffle. Couvercle plat surmonté d'une branche de pin portant un aigle. Support à base carrée, formé de branches de pin.

M. Laurens.

460 — Grand vase cylindrique à deux anses formées par des branches de pin. A fond filigrané chargé de reliefs représentant des pins et des oiseaux. Couvercle plat surmonté d'un dragon en relief. Socle hexagone à galerie sur une base ornée des flots de la mer.

Au même.

461 — Deux vases en forme de troncs de pêcher fleuri, portant trois personnages dont un à cheval ; pieds en bois de fer.

M. l'amiral Jaurès.

462 — Vase en forme de tronc de pêcher chargé de fleurs, à la base figurine de divinité assise sur un cerf.

M. Dugléré.

463 — Pi-long décoré de médaillons en relief.

M. Désoye.

464 — Deux petits vases ovoïdes à piédouche, ouverture évasée et deux anses latérales. Six médaillons occupés par des fleurs et des oiseaux en relief.

M. Laurens.

465 — Deux vases lancelle hexagones, à deux anses portant des anneaux mobiles.

Au même.

466 — Bronze japonais en forme de bambou ; au pied, vers la racine, est posé un crapaud.

M. Bracquemond.

467 — Deux vases cylindriques, élevés sur trois petits pieds, à deux anses formées par des dragons. Sur le corps quatre ouvertures trilobées, devant lesquelles sont dressées des figurines de divinités en relief.

M. Dugléré.

468 — Vase cylindrique, à trois pieds élevés et deux anses latérales formées par des dragons. Décor archaïque. Pied et couvercle en bois de fer sculpté à jour.

M. Carli.

469 — Vase cylindrique élevé sur trois petits pieds ; décoré d'animaux en relief.

M. Taigny.

470 — Vase cylindrique à trois pieds ; décoré de branches de bambou en relief et dorées. Couvercle à jour en bois de fer.

Au même.

471 — Vase cylindrique légèrement renflé, à deux anses formées de têtes de dragons. Il est divisé en deux parties par une ceinture gravée de grecques. Décors de dents de loups gravées. Au pourtour de la partie supérieure, des médaillons circulaires portant des paysages et des ornements en relief.

Au même.

472 — Vase japonais, en forme de panier rustique ; des tiges de bambous forment les pieds et les anses, et des insectes niellés courent à sa surface.

M. G. Brion.

473 — Vase japonais en forme de panier entouré d'une branche de courge. Etain.

M. Burty.

474 — Vase en forme de panier à deux anses, à claire-voie.

M. Dugléré.

475 — Gourde autour de laquelle s'enroule un dragon.

M. Jules Jacquemart.

476 — Lagène portant un dragon en relief enroulé autour du col. Japon.

M. Burty.

477 — Grande fontaine en bronze gris incrusté de filets d'argent ; elle a deux anses en forme de ling-tchy, et est entourée de deux dragons à trois griffes. La partie antérieure d'un autre dragon forme le robinet ; sur le couvercle un chien de Fo.

M. l'amiral Coupvent des Bois.

478 — Fontaine ovoïde élevée ur trois petits pieds ; autour de l'ouverture, riche bordure en relief argentée, pourvue de six lambrequins de même. Couvercle plat surmonté d'un bouton à jour argenté.

M. Gasnault.

479 — Flambeau en bronze antique en forme de vase à corps quadrangulaire et à long col accosté de deux tubulures au sommet. Deux lézards en relief courent sur le col et menacent deux chiens de Fo. Patine noire maculée d'or.

Au même.

480 — Flambeau composé du dragon à trois griffes; il laisse échapper une flamme destinée à porter la lumière.

M. Gasnault.

481 — Deux grands flambeaux de temple, à plateau médian, décor archaïque de grecques et de dents de loup.

M. Dugléré.

482 — Deux chandeliers formés par des grues portant des branches de nélumbo. Bronze incrusté d'argent.

M. Laurens.

483 — Deux flambeaux d'autel, à base hexagone et à trois pieds. A l'entour deux grues en relief.

Au même.

484 — Deux flambeaux à base circulaire et trois pieds, en forme de gourde à deux renflements.

Au même.

485 — Deux flambeaux se repliant sur des charnières.

Au même.

486 — Flambeau autour duquel s'enroule un dragon. Etain du Japon.

M. Burty.

487 — Grand brasero rectangulaire, à quatre pieds et deux anses formées par des têtes d'éléphants; bordure de perles et de grecques en relief.

M. le comte de Butenval.

488 — Grande Vasque oblongue à quatre lobes, à deux anses latérales formées par des têtes chimériques, décor gravé de grecques et de dents de loup.

M. Marcellin.

489 — Petite Vasque rectangulaire à angles arrondis, décorée de branches de bambous, formant quatre pieds et deux anses dressées; datée de Siouen-te.

M. Dugléré.

490 — Vase libatoire hémisphérique ayant pour deversoir une tête de dragon, anse formée par la queue du même animal. Au pourtour les huit immortels en relief se détachant sur les flots de la mer.

Au même.

491 — Petit Bassin rectangulaire à quatre pieds formés par des têtes chimériques et à deux anses dressées. Sur les faces médaillons formés par des dragons, aux deux extremités deux têtes de lion.

Au même.

492 — Petit Bassin sur trois pieds, affectant la forme d'un tronc de bambou orné de ses feuilles en relief.

M. le comte de Butenval.

493 — Petit Bassin sans patine, anses formées de têtes de lion soutenant des anneaux; daté de Siouen-te; support en bois de fer sculpté.

M. B. Jaurès.

494 — Petit Bassin à marly plat en métal blanc, décoré de dragon, de poisson et de rinceaux sur fond émaillé bleu.

Au même.

495 — Petite Coupe montée sur trois pieds avec deux petits mufles de lion formant anses, datée de Siouen-te. Couvercle à jour en bois sculpté.

M. l'amiral Jaurès.

496 — Deux Coupes très-évasées portées sur pieds mobiles formés par une carpe sortant des flots. Bronze avec incrustations d'argent.

Au même.

497 — Coupe formée par une feuille de nénuphar enroulée avec fleurs en relief et dragon formant anse.

M. Taigny.

498 — Coupe à deux anses, décor de branchages et d'oiseaux en relief. Couvercle à jour en bois de fer.

M. Taigny

499 — Coupe de forme surbaissée à panse renflée, à deux anses formées de têtes fantastiques. Décor de dragons en relief.

Au même.

500 — Coupe de forme sphérique surbaissée à deux anses formées de têtes de lions, patine verte.

Au même.

501 — Coupe ronde surbaissée décorée de monstres marins en relief, élevée sur un support mobile à trois pieds.

M. le comte de Butenval.

502 — Elégante Coupe campanulée très-ouverte, à pied en moulure s'ajustant sur un support à trois pieds soutenus par des têtes d'éléphants.

M. le duc de Sangro.

503 — Coupe octogone campanulée à quatre pieds, fond de grecques portant huit rosaces en relief, légère bordure de perles. En dessous deux inscriptions dont une renfermée dans le signe des deux forces de la nature.

M. Gasnault.

504 — Coupe conique surbaissée à deux anses latérales en forme d'anneaux, à trois pieds formés par des personnages grotesques; décor de chauves-souris alternant avec des caractères en relief.

M. Dugléré.

505 — Coupe conique très-évasée en bronze à patine brune, montée sur un pied en bronze représentant l'écume de la mer.

M. Marcellin.

506 — Coupe Bursaire entourée de deux dragons en relief, dont les têtes forment anses. Pied et couvercle en bois de fer.

M. Carli.

507 — Deux Coupes cylindriques, légèrement évasées, à piédouche, décorées de dragons en relief. Bases à jour formées de buissons fleuris.

M. Désoye.

508 — Coupe basse cylindrique à trois pieds et deux petites anses; deux bordures sont formées de rinceaux détachés; sur le corps du vase des flots sur lesquels se détachent des feuilles aquatiques.

M. le duc de Sangro.

509 — Plateau hexagone à bordures de grecques, au fond sur des ornements de même genre des dragons tenant le Ling-Tchy; daté de Siouen-te.

Au même.

510 — Petit Plateau quadrilobé, élevé sur quatre petits pieds, au centre une inscription. En dessous médaillon encadré de deux dragons, et contenant une inscription à deux caractères.

M. Dugléré.

511 — Plateau quadrilobé incrusté d'un paysage en filigrane d'argent. Pied en soie mandarine.

M. Gasnault.

512 — Grand Bol campanulé à décor gravé, bordure mosaïque. Fond pointillé portant les huit immortels et différents emblèmes.

M. Taigny.

513 — Gobelet campanulé à deux anses, décoré de godrons peu saillants, avec incrustations d'argent.

Au même.

514 — Petite Tasse et Soucoupe à bords lobés, décorée de fleurs et d'oiseaux en relief sur fond doré. La tasse est flanquée de deux anses formées par des branches fleuries en relief. Bronze dit Tong-kin.

Mlle Grandjean.

515 — Grande Théière à anse supérieure à jour, goulot court et trois pieds formés par des animaux fantastiques; fond de grecques. Incrustations d'or et d'argent.
M. Taigny.

516 — Grande Théière analogue à la précédente.
M. Schefer.

517 — Théière en bronze, incrustée d'argent et d'or, à bec formé par un col d'oiseau et trois pieds en forme d'animaux fantastiques.
M. Hirsch.

518 — Théière cylindrique à cannelures horizontales, anse supérieure à jour. Bronze jaspé.
M. Désoye.

519 — Petit Vase à eau, forme de théière. Bronze gris niellé d'argent.
M. Villot.

520 — Théière en forme de bouteille à bec implanté à la partie moyenne. Bronze antique à patine noire.
M. Gasnault.

521 — Théière japonaise à trois pieds formés par des gourdes entourées de branches, anses mobiles supérieures, composées d'animaux chimériques; sur le corps deux dragons impériaux dans les nuages; sur le couvercle, le même dragon et une gourde servant de bouton.
M. le duc de Sanyro.

522 — Théière en forme de fruit avec feuillages en relief, anse formée par un loir.
M. Taigny.

523 — Théière en bronze repoussé, de forme sphérique surbaissée, anse supérieure mobile et goulot très allongé, décor de courges en relief.
Au même.

524 — Boîte cubique à quatre compartiments superposés, en bronze travaillé à jour.
Au même.

525 — Boîte plate rectangulaire à angles rentrants, décorée de paysages en relief.
M. le comte de Butenval.

526 — Boîte lenticulaire en bronze repoussé et incrusté d'argent; elle est ornée du dragon et de chauves-souris alternant avec le signe du bonheur (fou). En dessous l'inscription honorifique *Chi-seou.*
M. Gasnault.

527 — Boîte composée de deux brûle-parfums hémisphériques, à trois pieds opposés par l'ouverture. Celui de dessous est muni de deux anses. Bronze incrusté d'argent et de malachite.
M. le comte de Malherbe.

528 — Deux petits Brûle-parfums de forme surbaissée, à godrons, à trois petits pieds et deux anses latérales formées par des mufles de lions dorés. Bronze à patine noire décoré de fleurs gravées et dorées.
M. de Sainte-Croix.

529 — Boîte quadrangulaire à quatre pieds et couvercle plat. Bronze incrusté d'argent à fond filigrané et médaillons contenant des fleurs et des animaux.
M. Gasnault.

530 — Petite Boîte ronde en bronze du Japon, incrustée de filets d'argent.
M. Evans.

531 — Boîte travaillée à jour, de forme octogone.
Au même.

532 — Petit Miroir circulaire décoré extérieurement de dragons en relief.
M. Evans.

533 — Miroir chinois portant en dessous cinq chiens de Fo, autour de l'attache, et en dehors cinq Foug-Hoang voltigeant parmi des branches de pivoines en fleurs. Le support est en bois représentant un tronc de pêcher avec des branches et des fleurs.

M. le duc de Sangro.

534 — Miroir métallique dans sa gaîne en soie jaune, brodée de dragons à cinq griffes. — Provient du palais d'été.

M. Bigot.

535 — Petit Miroir circulaire portant intérieurement, dans un médaillon en relief, l'image de la déesse Kouan-in, encadrée d'inscriptions. Support en bois de fer à balustrade à jour.

M. B. Jaurès.

536 — Miroir circulaire décoré extérieurement d'animaux en relief. Support en bois de fer à balustrade percée à jour.

Au même.

537 — Eventail de guerre en papier doré décoré d'un soleil levant peint en rouge. Monture en bronze niellé d'argent.

M. l'amiral Jaurès.

538 — Eventail de guerre aux armes du Japon. Monture en fer poli.

M. Villot.

539 — Mortier en bronze à anses rustiques. En dessous une marque indiquant qu'il a été fait la cinquième année de Siouen-te. — 1431.

M. le duc de Sangro.

540 — Veilleuse japonaise avec théière pour chauffer le Saki, terminée par un papillon ; les deux anses sont formées par des branches fleuries.

M. Burty.

541 — Arrosoir en forme de bouteille à col allongé, fermé par une paroi percée de trous. Anse formée par un dragon enveloppant la panse.

M. Dugléré.

542 — Petit Chauffe-mains à couvercle à jour avec personnages.

M. le comte de Malherbe.

543 — Chaufferette japonaise en métal gravé,

M. Evrans.

544 — Sonnette en bronze chinois.

M. B. Jaurès.

545 — Un support en bronze représentant l'écume de la mer, chargée de deux oiseaux.

M. Burty.

546 — Encrier en forme de fruit tranché par le milieu.

Au même.

547 — Porte-plume et encrier avec un cachet en bronze, partiellement dorés.

M. Taigny.

548 — Petit encrier en bronze du Japon incrusté d'argent.

M. Evans.

549 — Porte-pinceaux décoré du dragon dans les flots.

M. Burty.

550 — Porte-pinceaux cylindrique, bronze bleuté gravé, portant une grue dorée en relief. — Pied en bronze, en forme de tronc d'arbre.

Au même.

551 — Porte-pinceaux formé par des groupes de Ling-tchy, sur une base à quatre pieds. — Bordure grecque.

M. Laurens.

552 — Porte-Pinceaux formé de deux dragons à queue fourchue entrelacés.

Au même.

553 — Vase rectangulaire à anses supportant des anneaux mobiles et à quatre pieds se rattachant à une base à jour.

M. Jules Jacquemart.

554 — Deux Presse-papier en bronze, incrusté d'argent.

M. Burty.

555 — Panneau en bronze, chargé d'un médaillon à quatre lobes, décoré d'un paysage et de personnages en haut-relief.

M. Dugléré.

556 — Plaque de bronze portant en relief trois personnages posés sur des nuages et une tortue.

Au même.

557 — Coupe cylindrique à trois petits pieds, décorée sur toute sa surface du signe longévité, en relief et doré, répété dans toutes ses formes.

M. Delaherche.

558 — Sowaas. Coupe couverte à deux anses ayant la forme de nuages. Le couvercle est surmonté d'une branche de pivoine dorée. Fond noir à bouquets gravés remplis d'or et à grands médaillons fond d'or relevés de ciselures noires, représentant des paysages avec personnages, pagodes, plantes fleuries et oiseaux.

M. le duc de Sangro.

559 — Vase lancelle, fond noir, gravé de grecques et d'ornements à fleurs, remplis d'or, quatre médaillons arabesques sont chargés de fleurs et d'oiseaux en relief et dorés. — Sowaas, dit bronze de Tong-kin.

M. le duc de Martina.

560 — Petit Vase décoré de fleurs en relief. — *Sowaas.*

M. Evans.

561 — Théière de forme sphérique, élevée sur trois pieds à six côtes, portant chacune un médaillon doré, orné de fleurs et d'oiseaux en relief; sur le couvercle un bouton formé par une pêche de longévité. — *Sowaas.*

Mlle Grandjean.

562 — Théière de forme élevée à six côtes dont quatre sont ornées de médaillons dorés ornés de branchages. Anse et bec formés par des branches chargées de fleurs. — *Sowaas.*

A la même.

563 — Boîte de forme ovale, ornements en relief sur fond d'or. — *Sowaas.*

M. Evans.

564 — Boîte de montre. — *Sowaas.*

M. la Faulotte.

565 — Boîte cylindrique à double paroi, ornée à l'extérieur de fleurs percées à jour et d'oiseaux gravés et dorés. Le bouton du couvercle est chargé de nœuds successivement plus petits.

M. Dutuit.

566 — Autre de même forme. — L'ornementation entièrement à jour est dorée par partie; le bouton est lui-même à double paroi formant une rosace.

Au même.

567 — Autre de même forme, l'extérieur à rinceaux et fleurs, découpés à jour et en partie dorés. — Le couvercle est surmonté d'une fleur dorée.

M. le duc de Martina.

568 — Deux Boîtes à quatre lobes découpés en cuivre blanc gravé de chauves-souris et groupes de pêches de longévité entourant le signe : Fou, bonheur. Ces dessins sont remplis d'émaux bleus, verts et violets.

Au même.

569 — Brûle-parfums quadrangulaire, élevé sur quatre pieds à deux anses latérales. Sur les quatre faces, médaillons oblongs à filigranes dorés. — Bord plat en émail cloisonné, fond bleu turquoise à fleurs ornementales. — Couvercle bombé en cuivre percé à jour.

M. Carli.

3

570 — Brûle-parfums campanulé à deux anses formées de têtes de lions. Bronze à patine lavée portant le cachet de Siouen-te; une fine ornementation de rinceaux a été ciselée à l'extérieur et relevée d'un fond à grènetis. Couvercle et pied en bois sculpté à jour.

Duc de Martina.

571 — Brûle-parfums à trois pieds courts, bronze repoussé avec bordure et bande ornementale damasquinée d'argent.

M. Gasnault.

572 — Grande vasque ronde à deux anses et quatre pieds en cuivre repoussé et argenté, décoré de feuilles de courges, sur fond brun.

M. l'amiral Jaurès.

573 — Petit Brûle-parfums reposant sur trois pieds formés dè têtes de monstres; repoussé chinois argenté; pied et couvercle en bois.

M. Burty.

574 — Brûle-parfums en cuivre martelé, socle en bois évidé, couleuvre enroulant un crapaud. — *Japon.*

Au même.

575 — Brûle-parfums à deux anses décoré en or de papillons volant au milieu de fleurs.

Au même.

576 — Brûle-parfums à trois pieds élevés, à couvercle à jour, surmonté d'un tigre. Cuivre jaune gravé, socle en bois.

M. Carli.

577 — Urne en cuivre repoussé, décorée de dragons dans les nuages, laquée or, rouge et noir; deux têtes de dragon en relief supportent les anneaux des anses.

M. le capitaine de vaisseau B. Jaurès.

578 — Brûle-parfums en cuivre jaune, à trois petits pieds et deux anses latérales, daté de Siouen-te,

Département de la Marine.

579 — Brûle-parfums en cuivre jaune à ouverture rectangulaire, élevé sur quatre pieds. Deux anses latérales formées par des têtes chimériques, et deux autres dressées sur les bords. Couvercle bombé, à jour, surmonté d'un chien de Fo.

Docteur Braconnot.

580 — Pied de brûle-parfums, rectangulaire, en cuivre jaune, pourtour ajouré et plateau supérieur également à jour décoré d'une tortue sacrée.

Département de la Marine.

581 — Vase de forme sphérique surbaissée en bronze gravé, entouré d'une bande dorée; il est muni de deux anses élevées argentées et contient des branches de pêcher en bronze, chargées de trois fruits, un en cornaline, un en cristal de roche et l'autre en améthyste.

M. Marcellin.

582 — Groupe formé d'un rocher en bois de fer, battu par les flots, entouré par un dragon en métal argenté; à la partie supérieure est une boule en cristal de roche.

Au même.

583 — Pendule chinoise de forme cylindrique en bronze ciselé à jour.

M. Éd. Pascal.

584 — Aiguière forme persane en étain, entièrement revêtue d'un laqué noir, burgauté; sur les deux faces, deux médaillons en relief, portent des divinités chinoises marchant sur les eaux. Le couvercle laqué et burgauté est surmonté d'une chimère dorée.

M. Malinet.

585 — Petit brûle-parfums rectangulaire, à quatre petits pieds et deux anses dressées. Couvercle bombé, surmonté d'une boule dorée. Fer incrusté d'oiseaux et de fleurs en or.

M. Ch. Schefer.

586 — Petite bouteille à corps sphéroïdal, à col cylindrique flanqué de deux tubulures, en fer niellé or et argent.

M. le comte de Malherbe.

587 — Théière piriforme à anse supérieure et couvercle plat, en fer repoussé, entièrement décoré de saillies hémisphériques contigues.

M. Laurens.

588 — Cadenas chinois en fer.

M. le Baron Bro de Comères.

INDE, PERSE, ETC.

589 — Statuette **en bronze**, représentant Vishnou à quatre bras, tenant différents emblèmes et appuyé sur une massue. On remarque sur le sein droit une figure microscopique de divinité assise. Base rectangulaire à deux crochets. Bronze finement ciselé. *Inde.*

Mme la baronne Salomon de Rothschild.

590 — Statuette représentant la déesse Kali, à quatre bras, tenant un sabre, une coupe, etc. Elle est assise au devant d'une arcature ornementée. Base quadrangulaire.

M. Reiber.

591 — Figurine assise, de Gaudoma (Bouddha des Birmans). Base ornée d'une frise où figurent des personnages, des éléphants et des tigres en relief. Bronze doré incrusté de perles fines.

M. Délicourt.

592 — Statuette de divinité à vingt-quatre bras et trois faces, assise sur une base en forme de fleur de nélumbo.

M. Moulin.

593 — Divinité à quatorze bras et quatre faces, portant sur le dos une peau d'éléphant. Les deux pieds écrasent deux personnages.

M. Dugléré.

594 — Divinité, tenant de la main gauche la queue d'un serpent dont elle écrase la tête du pied droit. Dans sa main droite un fruit. Elle est placée sur une base quadrangulaire au-devant d'un ornement qui se recourbe en forme de dais au-dessus de sa tête.

M. L. Figaret.

595 — Divinité debout, portant une coiffure élevée.

Au même.

596 — Trois petites figurines de divinités posées sur une même base, au-devant d'une arcature ornementée.

Au même.

597. — Divinité accroupie, les deux bras appuyés sur une galerie et supportant dans les deux mains une figurine de divinité. Bronze doré.

M. Dugléré.

598 — Divinité coiffée d'un turban. Bronze doré.

Au même.

599 — Divinité assise, tenant de la main droite une buire renversée. Bronze doré.

Au même.

600 — Divinité à douze bras. Bronze doré.

Au même.

601 — Petite idole indienne en bronze doré.

M. Delicourt.

602 — Petite idole en bronze doré incrusté de pierreries.

Mlle Grandjean.

603 — Petite figurine de divinité accroupie, tenant un vase sur ses deux mains réunies. Bronze doré, incrusté de pierreries.

M. Jules Jacquemart.

604 — Divinité, tenant dans sa main droite une branche de fleurs. Bronze à patine brune portant des incrustations d'or et d'argent.

M. Dugléré.

605 — Divinité accroupie. Bronze doré, incrusté de pierreries.

Au même.

606 — Divinité assise et les mains réunies. Bronze incrusté de pierreries.

Au même.

607 — Divinité accroupie, tenant à deux mains un vase devant elle. Bronze doré, incrusté de turquoises.

Au même.

608 — Déesse portée par un éléphant, sur une base à godrons. Bronze incrusté de pierreries.

Au même.

609 — Figurine de divinité. Bronze doré, incrusté de pierreries.

Au même.

610 — Petite figurine de divinité, accroupie sur une base ; bronze doré rehaussé de pierres précieuses.

M. le docteur Piogey.

611 — Prêtre bouddhiste en prière. Bronze indien.

M. Jules Jacquemart.

612 — Médaillon en bronze, représentant une divinité indienne.

M. Evans.

613 — Petite figurine de personnage à longue robe, en cuivre repoussé. Base hexagone. *Siam.*

M. de Grehan.

614 — Bélier couché, en bronze incrusté de pierres diverses et damasquiné d'or. Socle en bois sculpté. *Inde.*

Mme Riant.

615 — Brûle-parfums en bronze, à trois pieds formés de têtes d'éléphants ; deux autres têtes à trompe relevée, forment les anses. Le couvercle représente, couché sur des rinceaux d'ornements et de nélumbos en relief et laissant des ajours, un éléphant chargé des emblèmes sacrés. Les caparaçons des animaux sont enrichis de petits cabochons. Le pied est en bois de fer. Travail indien.

M. Jules Jacquemart.

616 — Brûle-parfums, représentant un bœuf portant un petit temple. *Inde.*

Au même.

617 — Brûle-parfums en cuivre jaune, à trois pieds élevés et deux anses latérales formées par des têtes d'éléphants ; couvercle à jour surmonté d'un éléphant couché. *Inde.*

Au département de la Marine.

618 — Petit vase ovoïde à col évasé, portant deux anneaux mobiles. Décoré de torsades et pendeloques incrustées de turquoises et de rubis.

M. Taigny.

619 — Petit vase piriforme à quatre pans, sur piédouche, portant deux anneaux mobiles. Décor de torsades et pendeloques avec incrustations de turquoises.

M. Taigny.

620 — Petite coupe élevée sur un haut-pied. Elle rappelle la forme d'un nélumbo, et les pétales sont repoussés au marteau et gravés de nervures.

M. Jules Jacquemart.

621 — Pommeau de sceptre en bronze ciselé, décoré de fong-hoangs, et de dragons, de masques humains et de fleurs en relief; à l'extrémité une boule supportée par une fleur de nélumbo.

M. Dugléré.

622 — Aiguière piriforme à personnages et ornements gravés.

M. Méchin.

623 — Lampe indienne, en cuivre jaune, à cinq becs sur une tige élevée, pourvue d'un anneau supérieur.

Département de la Marine.

624 — Brûle-parfums en bronze à patine brune, élevé sur trois pieds, deux anses latérales et couvercle à jour surmonté d'un animal chimérique. Pied en bronze en forme de fleur d'hibiscus. *Cochinchine.*

M. le docteur Braconnot.

625 — Brûle-parfums analogue en bronze à patine verte.

Au même.

626 — Boîte à bétel, rectangulaire, à couvercle en cuivre niellé d'argent, à décor de fleur et d'inscriptions.

Département de la Marine.

627 — Coupe cylindrique en cuivre, à piédouche et deux anses latérales formées par des têtes de lions et portant des anneaux mobiles. *Siam.*

M. de Gréhan.

628 — Trois petits plateaux circulaires de grandeurs différentes, à trois petits pieds, marly lobé et décoré de fleurs et d'oiseaux ciselés, métal argenté.

Au même.

629 — Théière en cuivre et son réchaud.

Au même.

630 — Crachoir en cuivre à corps sphérique et ouverture élargie, à bords lobés et à côtes.

Au même.

631 — Chaîne de suspension, formée de poissons, oiseaux, figures et animaux divers. Bronze rehaussé de quelques gravures. *Inde.*

M. Albert Goupil.

632 — Aiguière à faire les ablutions, métal noir à reliefs d'argent.

Mme la baronne Salomon de Rothschild.

633 — Bouteille en métal noir incrusté d'argent, à fonds échiquetés, avec réserves renfermant des fleurs. Travail indien.

M. Lucien Mahon.

634 — Bouteille en **métal noir**, incrusté d'argent.

M. Reiber.

635 — Colombe formant brûle-parfums en damas damasquiné d'or. *Inde.*

M. Méchin.

636 — Petite bouteille à panse sphérique surbaissée, col cylindrique flanqué de deux anses en S et piédouche godronné; couvercle plat godronné, surmonté d'un ornement à trois dents en fer, incrusté d'or, décoré de rinceaux. Inscriptions autour du col.

M. Ch. Schefer.

637 — Petite figurine de mouton en bronze. *Perse.*

M. Ch. Schefer.

638 — Lampe de mosquée décagone en cuivre gravé et percé à jour, suspendue par trois chaînes ornementées, décorée d'entrelacs et d'inscriptions. — Provenant du tombeau du sultan Bibars, xiii° siècle.

Au même.

639 — Lampe de mosquée hexagone en cuivre gravé et percé à jour, décorée d'entrelacs et d'inscriptions. Provenant du tombeau de l'eunuque du sultan Bibars, xiii° siècle.

Au même.

640 — Lampe de mosquée quadrangulaire surmontée d'un dôme; cuivre percé à jour, décoré d'arabesques et d'inscriptions; — au centre de chaque face un médaillon circulaire portant un ornement gravé.

Au même.

641 — Lampe de mosquée de forme conique hexagone en cuivre percé à jour, garnie de ses trois verres.

M. Goupil.

642 — Lampe de mosquée en cuivre argenté et gravé d'entrelacs et d'inscriptions.

Au même.

643 — Deux lampes à six becs, posées sur un pied élevé, à plusieurs renflements superposés et pied élargi. En cuivre gravé et incrusté d'argent, décoré d'inscriptions, d'entrelacs et de médaillons à personnages.

Au même.

644 — Lampe en forme de perroquet, en cuivre gravé.

M. Méchin.

645 — Lampe à six becs, surmontée d'un croissant, se mouvant sur une tige à pied élargi et anneau supérieur. Cuivre doré. *Turquie.*

M. le comte de Mornay.

646 — Deux lampes juives à quatre becs et poignée latérale dressée, ornée d'un médaillon à jour. Cuivre doré et gravé. L'intérieur est argenté.

Au même.

647 — Deux porte-torches en bronze à inscriptions et arabesques en relief sur fond noir, le fût est légèrement cotelé et la base en congé.

M. le baron Gustave de Rothschild.

648 — Grand flambeau à base conique en cuivre niellé d'argent orné de bordures d'entrelacs, d'un fond mosaïque et de médaillons à personnages se livrant à la chasse.

Au même.

649 — Un autre de même forme en cuivre incrusté d'or et d'argent. Sur la base une grande inscription et une autre en or sur la bobèche.

Au même.

650 — Deux grands flambeaux de mosquée en bronze gravé, de forme droite à côtes, fleurs et inscriptions.

M. Méchin.

651 — Flambeau cylindrique, à pied élargi, en cuivre gravé, orné de palmes et de bandes ornementales.

Au même.

652 — Flambeau cylindrique à fût côtelé et pied élargi, cuivre gravé; décoré de rinceaux et bandes ornementales.

Au même.

653 — Flambeau cylindrique à base élargie et décoré d'entrelacs et d'inscriptions. Cuivre gravé et argenté.

Comte de Mornay.

654 — Chandelier à base conique percée à jour, à tige octogone se terminant en forme de calice. Cuivre gravé.

M. Collinot.

655 — Flambeau persan en cuivre gravé, à base conique, à tige élevée, en forme de balustre, terminé par une sorte de tulipe.

M. Schefer.

656 — Chandelier à base conique, cuivre jaune à ornements et inscriptions niellés d'argent.

M. Albert Goupil.

657 — Chandelier octogonal à base conique, en cuivre gravé et incrusté d'argent et décoré d'inscriptions.

M. Ch. Schefer.

658 — Deux flambeaux à base conique, cuivre gravé et damasquiné d'or et d'argent. Inscriptions et médaillons repercés à jour. Travail persan, XVIe siècle.

M. Basilewski.

659 — Grand chandelier à base conique vieux cuivre de Perse niellé d'argent, décoré de cavaliers dans des médaillons et d'oiseaux affrontés.

M. le capitaine de vaisseau B. Jaurès.

660 — Deux flambeaux à base conique terminée par un plateau. Cuivre gravé Décor d'inscriptions et arabesques sur la base et le fût.

M. Ch. Schefer.

661 — Deux flambeaux à pieds triangulaires en cuivre damasquiné d'argent. Travail persan, 16e siècle.

M. Basilewski.

662 — Trois flambeaux de formes variées en cuivre, finement gravés.

M. Méchin.

663 — Vase en forme de potiche à couvercle, élevé sur une base conique. Cuivre encrusté d'argent, décoré d'entrelacs et d'inscriptions.

M. Ch. Schefer.

664 — Grand vase arabe en cuivre, orné au pourtour de riches bordures et d'une zône de médaillons arabesques, les uns à dessins géométriques, les autres renfermant des inscriptions.

M. Jacqueley-Bey.

665 — Vase bursaire aplati, en cuivre, gravé au pourtour de médaillons damasquinés renfermant alternativement des légendes et des personnages; en dessous des arabesques entourent une rosace qui porte une signature d'artiste.

Au même.

666 — Bouteille piriforme, à ouverture évasée et couvercle en dôme surmonté d'un oiseau; fer incrusté d'argent; décor de fleurs et d'animaux.

Au même.

667 — Vase lancelle à couvercle bombé, à bandes ornementales, fer incrusté d'argent.

Au même.

668 — Aiguière et son plateau à grille en bronze gravé et repoussé, orné de petites plaques rondes en émail.

M. Michelin.

669 — Aiguière piriforme à bec allongé et couvercle en dôme en métal argenté et gravé de bandes ornementales; bassin à corps cylindrique et ouverture élargie portant un décor analogue et une inscription en bordure.

Mme la vicomtesse de Brimont.

670 — Aiguière piriforme à bec allongé et couvercle en dôme sur un bassin de forme évasée muni de sa grille. Cuivre.

M. Collinot.

671 — Aiguière en cuivre gravé, à bec court et anse formée par un dragon. Couvercle en dôme percé à jour, décoré de palmes et bordures ornementales.

M. de Sénevas.

672 — Aiguière et son bassin, en bronze gravé, à ornements et rosaces en saillie.

M. Méchin.

673 — Deux aiguières de forme élégante avec bassins en cuivre, entièrement couvertes de chasses et de scènes de lutteurs, très-finement gravées.

Au même.

674 — Aiguière à piédouche et panse turbiniforme, à bec droit et col allongé et évasé coupé par un anneau. Cuivre gravé à décor d'entrelacs et d'inscriptions.

M. Beurdeley.

675 — Aiguière persane en cuivre cotelé et gravé.

Mme Rouveyre.

676 — Buire en cuivre jaune de forme ovoïde légèrement aplatie à piédouche. Bec à couvercle avec charnière surmonté d'un oiseau en haut-relief. Couvercle plat dont le bouton est formé par un oiseau perché sur un fruit. Anse contournée. Pied en bois. Travail persan.

M. Gasnault.

677 — Aiguière et son plateau muni d'une grille. Cuivre doré et gravé de guirlandes de fleurs. Turquie.

M. le comte de Mornay.

678 — Cafetière piriforme à bec et anse en S, couvercle en dôme. Métal argenté gravé de palmes et bordures ornementales. Perse.

M. Reiber.

679 — Cafetière, aplatie sur les côtés, à anse en S et couvercle en dôme ; sur la panse une palme en relief avec ornements gravés; le col, le bec et le dessous de l'anse sont également gravés.

M. Jacquelet-Bey.

680 — Cafetière à anse en S et couvercle en dôme; la panse est ornée de losanges chargés d'ornements en relief, entourés de parties planes; le col est à médaillons, le bec et la base sont couverts d'arabesques gravées.

Au même.

681 — Deux cafetières persanes piriformes, légèrement aplaties, à anse en S et couvercle en dôme percé à jour. Cuivre gravé argenté et doré.

M. Eugène Cornu.

682 — Cafetière piriforme côtelée à couvercle en dôme. Cuivre ciselé, argenté et doré.

M. Larroque.

683 — Gargoulette formée par une noix de coco sculptée, montée en métal argenté et ciselé, à piédouche et col tors et ouverture évasée.

M. le comte de Nieuwerkerke.

684 — Aspersoir en cuivre repoussé et argenté à piédouche et long col terminé par un bouquet en relief de fleurettes ornées de cabochons; panse piriforme à côtes ornées de fleurs en relief et divisées par des cordons dorés. Turquie.

M. le comte de Mornay.

685 — Grand bassin en cuivre gravé, décoré d'inscriptions et d'arabesques. Perse.

M. Léonce Mahou.

686 — Grand bassin arabe, à bord rentrant avec fleuron et godrons repoussés dans le fond; il est couvert d'ornements et légendes gravés, parmi lesquels figure le vase à deux anses armorial, surmonté d'un losange.

Au même.

687 — Deux bassins, décorés de médaillons occupés alternativement par des inscriptions et de personnages. Cuivre gravé et incrusté d'argent.

M. Ch. Schefer.

688 — Grand bassin cylindrique, à marly plat, en cuivre gravé et orné d'inscriptions.

Au même.

689 — Un autre, de même forme, orné d'entrelacs.

Au même.

690 — Bassin à côtes en cuivre gravé, décoré au pourtour d'une inscription.

Au même.

691 — Idem, en cuivre gravé, décoré d'inscriptions.

Au même.

692 — Vasque en cuivre gravé.

M. le comte de Mornay.

693 — Petit bassin à corps renflé ; autour du col une inscription. Cuivre gravé.

M. Ch. Schefer.

694 — Bassin à couvercle en cuivre gravé, décor de rosaces et d'entrelacs. Au pourtour une inscription. 14ᵉ siècle.

Au même.

695 — Bassin conique, à anse mobile supérieure. Cuivre gravé, portant une inscription au pourtour.

Au même.

696 — Deux bassins décorés de rosaces alternant avec des inscriptions. Cuivre gravé.

Au même.

697 — Deux bassins, décorés de médaillons occupés alternativement par des inscriptions et des personnages. Cuivre gravé.

Au même.

698 — Bol rond en cuivre jaune, finement gravé, à figures, fleurs et animaux.

M. Méchin.

699 — Grand bol rond en cuivre rouge, étamé et gravé, décoré de médaillons, d'ornements et d'inscriptions.

Au même.

700 — Bol rond avec couvercle en pointe, en cuivre étamé et gravé.

Au même.

701 — Deux bassins en vieux cuivre de Damas, gravés d'inscriptions et d'arabesques.

M. B. Jaurès.

702 — Bassin renflé, avec inscriptions incrustées d'argent.

M. le baron de Théis.

703 — Bassin en cuivre à bords droits avec inscription circulaire interrompue par un écu.

Au même.

704 — Petit bassin en cuivre à bord renflé, orné d'une inscription incrustée d'argent.

Au même.

705 — Bassin décoré de médaillons, ornés alternativement de personnages et d'inscriptions. Cuivre incrusté d'argent.

M. G. Belle.

706 — Bassin en cuivre gravé, incrusté d'or et d'argent, décoré de médaillons ornés de cavaliers et d'inscriptions.

M. Léonce Mahou.

707 — Bassin à fond de bâtons rompus, décoré de médaillons ornés de personnages et d'inscriptions arabes.

M. Léonce Mahou.

708 — Grand bassin en cuivre à ouverture évasée ; à l'intérieur une bordure arabesque avec inscriptions et médaillons avec la coupe armoriale. Disposition analogue à l'extérieur, où l'ornementation forme trois zônes.

M. Albert Goupil.

709 — Deux bassins en cuivre gravé, portant des inscriptions alternant avec des médaillons circulaires renfermant des personnages.

M. Collinot.

710 — Petit bassin en cuivre gravé, décoré d'inscriptions alternant avec des médaillons circulaires décorés d'arabesques.

Au même.

711 — Sébile de forme cylindrique en cuivre gravé d'arabesques, à fond uni argenté.

Au même.

712 — Petite Sébile de forme cylindrique en cuivre rouge, gravé, décoré de fonds partiels filigranés et d'inscriptions.

Au même.

713 — Vasque arabe de forme sphérique surbaissée et ouverture évasée. Métal gravé, décor de palmes. Inscriptions à l'entour du col.

M. Deck.

714 — Grand bol campanulé, en métal gravé argenté.

Au même.

715 — Grand bol hémisphérique à piédouche, en métal argenté et gravé, décoré d'animaux sur fond filigrané ; au pourtour une inscription.

M. Charles Schefer.

716 — Un autre de forme campanulée, à piédouche élevé, en métal argenté et gravé : au pourtour une inscription.

Au même.

717 — Bassin campanulé à couvercle en dôme. Cuivre argenté et gravé. Décor de palmes et de personnages combattant. Inscriptions arabes.

M. G. Belle.

718 — Grande vasque, à bord évasé, avec couvercle en dôme, arabesques et inscriptions réservées sur fond gravé et noirci. Métal argenté.

M. Reiber.

719 — Seau arabe en cuivre incrusté d'argent.

M. le baron de Théis.

720 — Coupe à couvercle surmonté d'une figurine de saint ; cuivre repoussé et doré, à ornements champlevés ; les fonds remplis d'émail bleu et vert-pâle. Pied en bois sculpté. *Turquie.*

M. le baron Alphonse de Rothschild.

721 — Coupe en bronze sur trois pieds, enrichie d'incrustations en argent.

M. Méchin.

722 — Deux coupes de forme ronde sur piédouche, avec couvercle en cuivre, ornées de fleurs et d'inscriptions repercées à jour.

Au même.

723 — Coupe en cuivre gravé et damasquiné d'argent.

M. le baron Charles Davillier.

724 — Petite coupe en cuivre gravé.

Au même.

725 — Grande corbeille de derviche munie de sa chaîne, en bronze gravé avec têtes de dragons en relief.

M. Méchin.

726 — Pot à tabac de forme sphérique surbaissée à partie supérieure plate dans laquelle s'ouvre un couvercle à bords dentelés et jouant sur charnière. Cuivre gravé et argenté.

M. Collinot.

727 — Gobelet à pied en cuivre gravé, décoré d'inscriptions, xıvᵉ siècle.

M. Charles Schefer.

728 — Deux tasses en cuivre, gravées d'inscriptions talismaniques et de symboles; elles servent aux malades qui pensent se guérir en buvant l'eau qui a passé sur ces formules.

M. Jacquelet Bey.

729 — Zarf ou présentoir; au pourtour sont des médaillons en relief avec ornements.

Au même.

730 — Grand plateau en cuivre niellé d'argent avec inscriptions et arabesques.

M. B. Jaurès.

731 — Plat à bords lobés en métal argenté et gravé d'ornements arabesques.

Mme la vicomtesse de Brimont.

732 — Un grand plateau en cuivre du temps des Sultans égyptiens, portant le nom du sultan Abou-Bekr-Mohammed (Malek Adel), trouvé au Caire.

M. Jacquelet-Bey.

733 — Assiette arabe, gravée au pourtour de rosaces et médaillons renfermant des inscriptions.

Au même.

734 — Deux plateaux à marly plat et ombilic, en cuivre gravé, décoré d'inscriptions et de rosaces. Bordures ornementales.

M. Charles Schefer.

735 — Petit plateau à marly en cuivre gravé, décoré d'inscriptions et d'entrelacs.

Au même.

736 — Plateau à sept médaillons creux percés de trous; cuivre gravé, décor de rosaces et fleurs ornementales; une inscription autour du médaillon central.

Au même.

737 — Plateau en maroquin, orné de cuivres repoussés, pour garantir les tapis du feu de la pipe.

M. le baron Bro de Comères.

738 — Coffre circulaire en bronze, gravé et damasquiné d'argent; le couvercle est surmonté d'une sorte de dôme.

M. le baron Gustave de Rothschild.

739 — Boîte hémisphérique à couvercle plat; bronze ciselé de fins entrelacs et rehaussé d'incrustations d'or et d'argent. Travail persan.

Au même.

740 — Coffret en bronze, de forme rectangulaire, décoré de fleurs, d'oiseaux et d'inscriptions en incrustations d'or et d'argent.

M. Méchin.

741 — Boîte hémisphérique en cuivre, avec couvercle plat, décorée d'entrelacs et d'inscriptions incrustées d'argent.

M. le baron de Théis.

742 — Boîte hémisphérique à couvercle plat, en cuivre gravé d'entrelacs.

M. Charles Schefer.

743 — Boîte à huit pans sans couvercle, de forme élevée en cuivre gravé, doré et argenté.

M. Collinot.

744 — Boîte à parfums cylindrique, à couvercle plat surmonté d'un bouton en forme de dôme. Cuivre gravé et incrusté d'argent. Décor de personnages et d'entrelacs. Inscriptions au pourtour de la base et de l'ouverture.

M. Charles Schefer.

745 — Boîte cylindrique à couvercle plat en cuivre gravé et incrusté d'argent, à décor d'arabesques.

M. Collinot.

746 — Narghilé persan, cuivre ciselé, gravé et incrusté de turquoises (quelques parties de cette pièce sont modernes).

M. Eugène Cornu.

747 — Un narghilé en cuivre avec pied, venant de la Mecque.

M. Jacquelet-Bey.

748 — Deux narghilés sans plateau, venant de la Mecque.

Au même.

749 — Pied de narghilé en étain gravé, incrusté de bandes ornementales en cuivre gravé.

M. Collinot.

750 — Pied support cylindrique à renflement médian, décoré de bandes ornementales et d'inscriptions.

M. Léonce-Mahoû.

751 — Support double en vieux cuivre de Damas gravé d'inscriptions et d'arabesques et incrusté d'argent.

M. le capitaine de vaisseau B. Jaurès.

752 — Trois supports en vieux cuivre de damas, gravés d'inscriptions et d'arabesques.

Au même.

753 — Deux socles cylindriques à bord plat. Cuivre à ornements et inscriptions en relief avec incrustations d'argent.

M. Charles Schefer.

754 — Cinq socles en cuivre gravé.

Au même.

755 — Chauffe-mains en forme de boule, s'ouvrant en deux parties sur charnières en métal argenté, gravé et percé à jour, décoré de rinceaux et d'inscriptions.

M. Collinot.

756 — Chauffe-mains en forme de boule, s'ouvrant en deux parties, en cuivre gravé, percé de trous et décoré d'entrelacs.

Au même.

757 — Un autre en cuivre gravé, incrusté d'argent, percé de trous ; décor d'entrelacs.

M. Barre.

758 — Un autre en bronze damasquiné. Travail persan.

M. Delaherche.

759 — Fragment d'une ancienne porte d'Ispahan en cuivre découpé à jour.

M. Meymar.

760 — Coupe ronde en damas sur piédouche à inscriptions, encadrements et bordures damasquinées d'or.

M. Méchin.

761 — Corbeille de derviche en damas, finement gravée, à inscriptions et ornements en relief, rehaussée de parties damasquinées d'or.

Au même.

762 — Coffret en fer, enrichi d'ornements et d'inscriptions en or et en argent.

Au même.

763 — Ecuelle et son plateau avec couvercle en fer incrusté d'argent.

M. Larroque.

764 — Encrier et son plateau, fer incrusté d'argent.

M. Charles Schefer.

765 — Encrier en métal, garni de turquoies.

M. Evans.

766 — Etui persan, en métal, garni de turquoises.

Au même.

767 — Trois plats à bord dentelé, en métal argenté et gravé d'entrelacs.

M. Charles Schefer.

768 — Paix en fer damasquiné d'argent et niellé, travail oriental de l'époque carlovingienne.

Au Musée de Rouen.

769 — Fragment de ciboire en argent niellé et recouvert d'or gravé, figures et arabesques. Travail byzantin du xiii° siècle.

M. Basilewski.

770 — Buire en cuivre gréco-bysantine, gravée d'arabesques; couvercle plat, rattaché à l'anse par une charnière — bec court, soutenu par un mascaron — à la base une inscription grecque.

M. le comte de Butenval.

771 — Brûle-parfums en bronze doré et ciselé, de travail vénitien dans le style persan, xvi° siècle; les champs dans l'ornementation sont réchampis de couleurs variées.

M. Carrand fils.

772 — Flambeau syrien, très-ancien, en bronze de cloches, orné d'inscriptions et d'arabesques.

M. le baron Bro de Comères.

773 — Beaux flambeaux bronze hispano-arabe, xvi° siècle.

M. Hadrot.

774 — Flambeau en cuivre gravé, décor d'entrelacs et arabesques. Travail vénitien, xvi° siècle.

M. Basilewski.

775 — Plat en cuivre gravé, décoré d'arabesques de style oriental. Travail vénitien.

M. le comte de Mornay.

776 — Un plat en cuivre gravé, vénitien, style arabe.

M. le comte de Nieuwerkerke.

777 — Deux bassins en cuivre, époque sarrazine, avec inscriptions et ornements gravés et damasquinés en argent.

M. le baron Bro de Comères.

778 — Grand bassin en cuivre gravé, décoré d'arabesques et entrelacs. Travail vénitien du xvi° siècle.

M. Basilewski.

779 — Autre plat de mêmes travail et époque.

Au même.

780 — Plat vénitien en cuivre, dans le goût arabe.

M. le baron de Théis.

781 — Petit support cylindrique en cuivre, dans le goût arabe, avec le monogramme I H S, sur fond émaillé de bleu.

Au même.

782 — Seau en cuivre gravé, à anses mobiles, travail vénitien.

Au même.

783 — Deux clefs de familles mauresques (andalouses) pour rentrer dans leurs maisons d'Espagne, quand elles pourront en reprendre possession.

M. le baron Bro de Comères.

784 — Pendule rectangulaire à timbre supérieur. Cuivre ciselé et gravé. Travail allemand du xvie siècle.

M. Leteillier.

785. — Reliquaire en cristal de roche, montre en argent doré. Travail vénitien.

M. Baur.

MÉTAUX DIVERS

VASES, BIJOUX

786 — Flacon piriforme à ouverture évasée, en **or émaillé**, fond gros bleu à fleurs de couleur. Piédouche et couvercle en dôme en or ciselé et décoré de médaillons en filigrane. *Perse.*

M. Charles Schefer.

787 — San-pan, ou machine à compter en or, incrusté de pierreries. *Chine.*

M. de Vassoigne.

788 — Coupe en argent, gravée au pourtour de deux dragons alternant avec des fong-hoangs émaillés en bleu translucide.

M. Gasnault.

789 — Petite boîte oblongue quadrilobée à couvercle à charnière. Argent, émaillé en couleurs. Décor en relief de fleurs et d'animaux.

Au même.

790 — Petite coupe à anse de forme hémisphérique en argent; décor en relief de paysage avec personnage.

Au même.

791 — Vase bursaire en argent ciselé à deux anses latérales, se rattachant au col par des têtes chimériques. Sur la panse deux arêtes saillantes. Couvercle bombé à bouton formé par une fleur de nélumbo et portant quatre arêtes saillantes. Décor de style archaïque.

M. Baur.

792 — Une paire de petits flambeaux à plateau médian en argent ciselé et doré.

M. Evans.

793 — Petit bas-relief en argent repoussé et doré.

Au même.

794 — Boîte oblongue à quatre lobes en **filigrane d'or.**

M. Dutuit.

795 — Coffret rectangulaire à couvercle bombé en **filigrane d'argent,** orné de rinceaux fleuris, émaillés en couleurs.

M. Evans.

796 — Boîte ayant la forme d'un papillon, en filigrane d'argent, rehaussé d'émail bleu et vert.

Au même.

797 — Petit flacon en filigrane d'argent, émaillé bleu.

M. le capitaine de vaisseau B. Jaurès.

798 — Petit vase, forme potiche à piédouche et ouverture évasée, **or rouge** repoussé, incrusté de grenats. *Siam.*

M. de Gréhan.

799 — Deux petits vases à quatre pans, à piédouche et couvercle conique avec incrustations de pierreries. *Siam.*

Au même.

800 — Gargoulette à piédouche, panse sphérique et col légèrement évasé, surmontée d'un couvercle. Plateau à quatre petits pieds et bords dentelés. *Siam.*

Au même.

801 — Grande coupe campanulée, octogone, à piédouche. *Siam.*

Au même.

802 — Coupe campanulée à piédouche et bord dentelé en argent doré, repoussé, à fond émaillé vert et rouge. *Siam.*

Au même.

803 — Deux petites coupes campanulées à piédouche, en forme de fleur, à bord dentelé,; **or rouge** repoussé. *Siam.*

Au même.

804 — Petit plateau circulaire à bord dentelé et quatre petits pieds, décoré sur le marly de fleurs ornementales en or, *Siam.*

Au même.

805 — Deux petits porte-allumettes de forme conique aplatie. *Siam.*

Au même.

806 — Parure indienne en **or ciselé**, composée de deux bracelets, deux anneaux de pied, une bague, deux boucles d'oreilles et deux boutons.

Mme de Vassoigne.

807 — Epingle à tête en or, décorée d'émaux rouges et blancs. *Siam.*

M. de Gréhan.

808 — Paire de petits bracelets, forme d'anneaux. *Siam.*

Au même.

809 — Paire de bracelets en forme de torsade. *Siam.*

Au même.

810 — Quatre bracelets en **or rouge ciselé**, en forme d'anneaux. *Cochinchine.*

Au Département de la marine.

811 — Trois grandes Chaînes. *Siam.*

M. de Gréhan.

812 — Quatre Clous pour les Oreilles. *Cochinchine.*

Au département de la Marine.

813 — Petit Couteau à manche en or rouge repoussé. *Siam.*

M. de Gréhan.

814 — Petit étui en filigrane d'or, orné de turquoises. *Inde.*

M. Evans.

815 — Cassolette en forme de médaillon en filigrane d'argent, ornée d'un grenat et de pendeloques. et suspendue à une chaîne. *Inde.*

Au même.

816 — Agrafe de ceinture en argent et corail (Travail Druse ancien).

M. Léonce Mahou.

817 — Statuette de Bouddha, en argent repoussé. *Siam.*

M. de Gréhan.

818. — Petit Coffret rectangulaire, de forme élevée, fermant à clef, à quatre petits pieds et couvercle surmonté d'une poignée; argent doré, ciselé et incrusté de pierreries. *Siam.*

M. de Gréhan.

819 — Petite Coupe campanulée, à bord dentelé et piédouche, en argent repoussé. *Siam.*

Au même.

820 — Plateau rectangulaire à quatre lobes, élevé sur quatre petits pieds; marly décoré de fleurs ciselées en relief; argent massif. *Siam.*

Au même.

821 — Petite Sébile en argent niellé et repoussé, décor de fleurs ornementales en or. *Siam.*

Au même.

822 — Une Théière de forme cylindrique à couvercle capsulaire et anse supérieure mobile, en argent niellé; décor de fleurs ornementales en or. *Siam.*

Au même.

823 — Une autre Théière de forme sphérique à piédouche et col évasé; anse supérieure mobile; en argent niellé décoré de fleurs ornementales en or. *Siam.*

Au même.

824 — Cafetière d'argent gravé. *Inde.*

M. Geffrier.

825 — Une Boîte rectangulaire plate à couvercle; en argent niellé et doré, décor de fleurs ornementales. *Siam.*

M. de Gréhan.

826 — Une autre, de forme rectangulaire légèrement renflée, avec couvercle à charnières. *Siam.*

Au même.

827 — Coffret à pans coupés en argent repoussé. *Cochinchine.*

Au département de la Marine.

828 — Bonbonnière en **argent doré**, avec parties filigranées et ornées de pierres de couleur.

M. Evans.

829 — Bassin profond, de forme sphérique, légèrement renflé, à côtes, en argent repoussé; décor de bordures et godrons arabesques. *Siam.*

M. de Gréhan.

830 — Deux Coupes plates élevées sur piédouche à jour, argent niellé, décoré de fleurs ornementales en or. *Siam.*

Au même.

831 — Coupe à bétel en argent repoussé, doré et niellé. *Siam.*

M. Jules Jacquemart.

832 — Petite Boîte en argent niellé d'or, ayant la forme d'un fruit à côtes. *Siam.*

M. de Gréhan.

833 — Une autre de même forme en argent massif. *Siam.*

Au même.

834 — Narghilé en argent niellé. *Inde.*

M. Geffrier.

835 — Miroir de main, circulaire, à manche et encadrement en **filigrane d'argent**, décoré d'ornements en filigrane d'or.

M. Charles Schefer.

836 — Deux zarfs filigrane d'argent. Travail persan.

M. Jacquelet-Bey.

837 — Corbeille oblongue, à bord dentelé et à quatre compartiments, avec une tige centrale, en filigrane d'argent, décorée de rosaces en filigrane d'or.

M. Charles Schefer.

838 — Un Narghilé persan en argent, avec plateau, venant de la Mecque.

M. Jacquelet-Bey.

839 — Un Kaïlhoum persan formé par une noix de coco. Monture en argent émaillé et orné de corail.

M. le comte de Butenval.

840 — Grande Aumônière de derviche en noix de coco, richement montée en argent niellé avec suspension en soie rouge et argent.

M. le baron Bro de Comères.

841 — Deux Bouteilles piriformes, sur piédouche, à long col, pourvu d'un renflement médian et d'un couvercle en forme de dôme, argent gravé de médaillons de fleurs.

M. Charles Schefer.

842 — Vase à parfums turc, en argent repoussé et ciselé à jour.

M. Evans.

843 — Cinq Porte-tasse persans en filigrane d'argent, orné de coraux.

Au même.

844 — Encrier persan en argent ciselé et niellé.

Au même.

845 — Encrier persan en filigrane d'argent orné de turquoises.

Au même.

846 — Ecritoire en argent doré avec partie gravée. *Turquie.*

M. Basilewski.

847 — Montre à cadran japonais, en argent.

M. Pascal.

848 — Montre à cardran turc, en argent.

Au même.

849 — Montre orientale de forme ovale en argent niellé.

M. Evans.

850 — Collier composé de palmettes **d'or ciselé** ornées de turquoises avec pendeloques de turquoises et perles. *Perse.*

Mme Schefer.

851 — Bracelet semblable.

A la même.

852 — Un Bracelet avec pendeloques en filigrane d'or, ornées de turquoises et de perles.

A la même.

853 — Un Bracelet **en or** orné de médaillons à anneaux mobiles.

A la même.

854 — Un Bracelet en or portant un rubis au médaillon central.

A la même.

855 — Bracelet formé de six chaînettes juxtaposées. Fermoir en filigrane.

A la même.

856 — Un autre orné de pendeloques en filigrane d'or.

A la même.

857 — Un Bracelet **tissu d'or**, à fermoir orné de turquoises.

A la même.

858 — Un Bracelet tissu d'or à fermoir d'or.

A la même.

859 — Un Bracelet tissu d'argent à fermoir ciselé.

A la même.

4

860 — Un Bracelet, torsade d'argent.

Mme Schefer.

861. — Un Bracelet, **torsade d'or.**

A la même.

862 — Bracelet en or à charnière, orné de médaillons à pendeloques.

A la même.

863 — Epingle à tête en filigrane d'or en forme de palme.

A la même.

864 — Croissant en filigrane d'or portant douze pendeloques.

A la même.

865 — Douze Pendants d'oreilles circulaires, en filigrane d'or à pendeloques ornées de pierreri s.

A la même.

866 — Paire de Boucles d'oreilles en or, représentant des jonques avec trois pendeloques. Travail chinois.

M. le capitaine de vaisseau B. Jaurès.

867 — Parure composée de trois pièces en argent émaillé en bleu de deux tons.

Au même.

868 — Bijou d'enfant en argent repoussé et doré, représentant des bouddha.

Au même.

869 — Petit Bijou chinois en or orné de pierres.

M. Evans.

870 — Quatre plaques estampées **Japonaises**.
Deux Carpes dans les flots.
Groupe de Tortues.
Fleur d'or.
Coq et Poule.

M. Burty.

871 — Quatre autres.
Lion au milieu de fleurs.
Sirène.
Fleur.
Deux Personnag s, dont un tient un éventail.

Au même.

872 — Quatre autres:
Main dont le petit doigt soutient un petit personnage.
Eléphant couché.
Matelots hollandais et japonais.
Femme contemplant un rouleau.

Au même.

873 — Quatre autres:
Personnage tenant une marionnette.
Personnage sur un poisson.
Chrysanthème en relief sur fond rouge.
Plaque ornée de deux lapins courant.

Au même.

874 — Trois autres:
Enfant accroupi.
Oiseau.
Plaque circulaire, un lion au milieu de fleurs.

Au même.

875 — Trois autres:
Personnage entre deux coqs.
Poissons et coquillages.
Femme tenant un bâton.

Au même.

876 — Vingt-six Broches japonaises, en métal ciselé et doré.

M. Evans.

877 — Vingt autres en métal ciselé et en partie doré.

Au même.

MONNAIES

878 — Collection des monnaies de la **Chine**, de 2637 ans avant Jésus-Christ à 1649 après Jésus-Christ.

M. Legros.

879 — Collection des monnaies de la Chine (**Taï-Tsing**), de 1644 à 1861.

Au même.

880 — Collection des monnaies de **Hien-fong**, de 1850 à 1861.

Au même.

881 — Soixante-douze pièces de **Japon** et **Corée**, de 708 à nos jours.

Au même.

882 — Quatre-vingt-deux pièces du Japon, or et argent.

Au même.

883 — Soixante-douze pièces de Tongkin, **Cochinchine**, 1428 à 1802.

Au même.

884 — Soixante cinq pièces de Cochinchine en argent, 1802 à 1849.

Au même.

885 — Cent onze pièces Annam, **Cambodge** Hon-Kong, fleuve Amour, Chine, Siam, en or et argent.

Au même.

886 — Cent soixante-trois Médailles chinoises.

Au même.

887 — Quatre-vingt-dix-sept Médailles anciennes de **Java**.

Au même.

888 — Soixante-sept pièces plaques, Nagapatam, Palicate, Kochin.

Au même.

889 — Dix-huit pièces Bagtché-Séraï, **Crimée**.

Au même.

890 — Sept pièces médailles de Crimée.

Au même.

891 — Douze pièces de **Sibérie**.

Au même.

892 — Une pièce de Miroir ancien de la Chine.

Au même.

893 — Miroir du **Japon** et suspension de Tsien.

Au même.

894 — Dix pièces de monnaies en argent, et deux pièces en or. *Siam.*

M. de Gréhan.

895 — Trois petites pièces d'or de forme ancienne.

Au même.

896 — Treize pièces d'argent anciennes en forme de lingots.

Au même.

897 — Collection de Monnaies et Médailles **arabes**.

M. de Saint-Launier.

ÉMAUX

ÉMAUX CLOISONNÉS

898 — Oratoire en forme de pagode, bois noir sculpté avec panneaux ajourés et amortissement en **émail cloisonné**, fond bleu turquoise à fleurs ornementales. À l'intérieur des figurines de divinités en bronze.

M. le capitaine de vaisseau B. Jaurès.

899 — Deux figures du dieu de la guerre tenant une épée; les vêtements et le casque sont en émail cloisonné en bleu foncé; les chairs sont dorées. Elles reposent sur des socles à galerie en bronze cloisonné et doré.

M. le baron Alphonse de Rothschild.

900 — Deux éléphants blancs en émail cloisonné, ayant sur le dos une selle ornée surmontée d'un vase à deux anses émaillé, fond noir, à ornements polychromes. Les harnais sont incrustés d'émaux de plusieurs couleurs. Ils sont posés sur des socles carrés en émail cloisonné, fond bleu turquoise.

Au même.

901 — Deux éléphants en émail cloisonné fond gris à défenses et harnais en bronze doré; housse fond bleu turquoise et selle fond noir à décor de rinceaux et emblèmes, portant un vase lancelle fond bleu turquoise à deux anses latérales formées par des mufles de lion portant des anneaux mobiles en bronze doré. Pied en bois de fer.

M. Evans.

902 — Deux cerfs en émail cloisonné, fond jaune, décoré de fleurettes bleues, portant sur le dos des personnages à tête, mains et pieds en bronze doré, à robe en émail cloisonné, fond bleu turquoise à fleurs ornementales.

M. Désoye.

903 — Deux tigres en émail cloisonné montés par des personnages dont le visage, les pieds et les mains sont en bronze doré. Socles en bois de fer.

M. Bourdeley.

904 — Deux chimères en émail cloisonné.

M. Baur.

905 — Fong-hoang en émail cloisonné portant sur le dos la date de Kien-Long, pied en bois de fer en forme de fleur d'hibiscus.

M. B. Jaurès.

906 — Garniture d'autel composée de :
1° Un grand brûle-parfums de forme sphérique à trois pieds se rattachant à la panse par des têtes fantastiques en bronze doré, deux anses dressées et couvercle bombé à jour, surmonté d'une boule autour de laquelle s'enroule un dragon ;
2° Deux flambeaux à plateau médian ;
3° Deux vases lancelles flanqués au col de deux mufles de lions portant des anneaux mobiles en bronze doré.
Émail cloisonné fond bleu turquoise décoré de rinceaux, emblèmes hiératiques et fleurs ornementales.

M. de Sainte-Croix.

907 — Garniture composée de trois pièces en émail cloisonné et repoussé :
1° Brûle-parfums rectangulaire élevé sur quatre pieds formés de têtes chimériques, à arêtes saillantes et deux anses dressées. Couvercle à jour surmonté d'un vase.
2° Cornets quadrangulaires à renflement médian et arêtes saillantes.

M. Barre.

908 — Coupe Tsio pour le sacrifice, en émail cloisonné avec médaillons d'émail peint ; elle est ornée de gr ins d'ivoire teint et portée sur un plateau à ombilic où s'insèrent les trois pieds. Elle porte l'inscription de Kien-Long (1736-1759).

M. le docteur Piogey.

909 — Grand brûle-parfums tripode, à anses et pieds formés par des chamois émaillées en gros bleu et à cornes dorées. Il est surmonté d'une pagode à double toit en émail cloisonné fond bleu turquoise, décoré de fleurs ornementales et de fonds partiels de mosaïque.

M. Dugléré.

910 — Brûle-parfums rectangulaire, à deux anses dressées, émail cloisonné, décoré sur chaque face d'une tête de dragon. Couvercle cloisonné à jour, surmonté d'un chien de Fo en bronze doré ; base cannelée avec angles coupés en émail cloisonné.

M. le baron Alphonse de Rothschild.

911 — Brûle-parfums à six lobes de couleurs variées, décorés de bouquets de fleurs et d'oiseaux. Les anses sont formées de dragons en bronze doré et les pieds, fond noir, sortent de têtes chimériques. Le couvercle ajouré est surmonté d'une boule dorée portant en relief le dragon impérial ; socle carré à angles coupés en émail cloisonné.

Au même.

912 — Brûle-parfums à trois pieds et à deux anses droites. Émail cloisonné chinois, fond bleu turquoise, à rinceaux de chrysanthèmes, en dessous des grappes de raisin. Commencement des Ming.

M. le duc de Martina.

913 — Brûle-parfums à trois pieds et à deux anses formés par des dragons chimériques, émail cloisonné chinois à fins rinceaux de fleurs ornementales ; au pourtour les signes honorifiques. Couvercle en bronze doré à ornements à jour.

Au même.

914 — Brûle-parfums en émail cloisonné, à trois pieds et couvercle surmonté d'une boule dorée, avec le dragon en relief ; d'autres dragons figurent dans l'ornementation émaillée. Date de Kien-Long (1736-1795).

M. le docteur Piogey.

915 — Deux brûle-parfums de forme sphérique surbaissée à trois pieds cylindriques et deux anses dressées en bronze doré. Émail cloisonné fond bleu turquoise orné de fleurs et de pêches de longévité ; six petits médaillons circulaires portent les caractères : **Wan-Cheou** (dix mille longévités) sur fond gros bleu. En dessous la date Wan-li (1573-1619).

M. de Sainte-Croix.

916 — Deux petits brûle-parfums à panse sphérique, trois pieds contournés et deux anses latérales formées par des mufles de lion portant des anneaux mobiles. Couvercle bombé à jour surmonté d'un bouton en forme de fleur, en bronze doré. Émail cloisonné fond bleu turquoise décoré de fleurs ornementales et du signe bonheur trois fois répété.

Au même.

917 — Petit brûle-parfums de forme hémisphérique à trois petits pieds en bronze doré et bord plat supportant une galerie à jour surmontée d'un couvercle bombé à bouton en forme de fleur, en bronze doré. Émail cloisonné fond bleu turquoise décoré de grecques, rinceaux et fleurs ornementales.

Au même.

918 — Brûle-parfums cylindrique à trois pieds et deux anses dressées ; couvercle à jour en bronze doré portant sur le bord quatre petits animaux fantastiques, émail cloisonné fond bleu turquoise décoré de fleurs ornementales.

M. le comte de Malherbe.

919 — Brûle-parfums de forme sphérique surbaissée à trois pieds et deux anses dressées. Émail cloisonné fond bleu turquoise à fleurs ornementales. Sur un pied en bois de fer.

M. de Vassoigne.

920 — Brûle-parfums en émail cloisonné rectangulaire à quatre pieds élevés et deux anses droites; décoré de médaillons à fond d'or portant en relief des rinceaux émaillés; ls couvercle est surmonté d'un lion. Pied en bois de fer.

Mme Furtado.

921 — Grand brûle-parfums soutenu sur trois têtes d'éléphants en bronze doré; émail cloisonné fond bleu turquoise décoré d'arabesques avec médaillons fond noir; deux zônes cylindriques percées à jour en bronze doré supportent le couvercle qui est lui-même en partie à jour et surmonté d'un bouton formé par un dragon dans les nuages.

M. l'amiral Coupvent-des-Bois.

922 — Brûle-parfums cylindrique, à deux anses dressées, élevé sur trois pieds en bronze doré, en forme de tête d'éléphants; couvercle plat avec médaillon en bronze doré à jour, surmonté d'un bouton formé par un groupe de dragons; émail cloisonné fond bleu turquoise, décoré de grecques, dents de loup et fleurs ornementales. Pied en bois de fer.

Au même.

923 — Brûle-parfums de forme surbaissée à deux anses droites et trois pieds en bronze doré. Émail cloisonné fond bleu turquoise décoré de fleurs ornementales en couleur.

M. Taigny.

924 — Brûle-parfums en émail cloisonné à trois pieds et deux anses dressées en bronze. Fond gros bleu à fleurs ornementales. Pied en bois de fer.

M. Carli.

925 — Brûle-parfums cylindrique, élevé sur trois pieds, à bord plat à six lobes; émail cloisonné fond bleu turquoise, décoré d'animaux symboliques courant sur les flots de la mer. Pied en bois de fer.

M. Gustave Brion.

926 — Petit brûle-parfums à trois pieds courts et deux anses dressées en bronze doré. Émail cloisonné, fond blanc décoré de pampres et grappes de raisin.

M. Ed. André.

927 — Grand brûle-parfums de forme sphérique, à trois pieds formés par des trompes d'éléphants blancs; anses latérales formées par des dragons en bronze doré; couvercle bombé, surmonté d'un bouton en bronze doré représentant un dragon dans les nuages. Émail cloisonné, fond bleu turquoise, décoré de plantes aquatiques, oiseaux et papillons.

M. Désoye.

928 — Deux grands brazeros à deux anses formées par des têtes chimériques, portant des anneaux en bronze doré; ils sont élevés sur trois pieds formés par des têtes d'éléphants en bronze doré et incrusté de pierreries. Couvercles bombés à trois renflements, celui du milieu percé à jour, au-dessus un éléphant couché en bronze doré et incrusté de pierreries. Émail cloisonné fond bleu turquoise, décoré de fleurs ornementales. Socle en bois de fer sculpté et double socle en bois noir uni.

M. Délicourt.

929 — Deux grands brazeros cylindriques portés sur trois pieds formés par des têtes d'éléphants. Émail cloisonné décoré de fleurs ornementales. Couvercle élevé en dôme, à parties ajourées en cuivre rouge.

M. Bellenot.

930 — Grand brûle-parfums rectangulaire, à couvercle bombé, surmonté d'un chien de Fo; bronze doré à jour, décoré de plaques en émail cloisonné.

Au même.

931 — Brûle-parfums rectangulaire à bord plat, élevé sur quaire pieds formés par des têtes d'éléphants en bronze doré. Émail cloisonné fond bleu décoré de rinceaux et fleurs ornementales. Pied en bois de fer.

M. Bellenot.

932 — Grand brûle-parfums hexagone, à bord plat lobé, supportant une galerie à jour surmontée d'un couvercle bombé orné de panneaux à jour, en bronze doré et ciselé représentant des dragons et des fong-hoangs. Le tout est porté par trois génies agenouillés en bronze doré.

M. Beurdeley.

933 — Grand vase piriforme à ouverture évasée en émail cloisonné. Décor de chrysanthèmes de différentes couleurs sur fond bleu d'azur; anses représentant des têtes d'éléphants en bronze doré.

M. le docteur Mentzer.

934 — Vase ovoïde à col évasé et deux anses portant deux anneaux mobiles; émail cloisonné, décor de grecques et dents de loup sur fond bleu turquoise.

M. Galichon.

935 — Grand vase à couvercle, à anses et bouton en bronze doré; émail cloisonné, fond bleu turquoise décoré de dents de loup. Il est porté sur un socle à trois pieds cylindriques élevés, en émail cloisonné.

M. de Vassoigne

936 — Vase de forme rectangulaire aplatie, à anses latérales; fond bleu turquoise, portant le signe longévité, entouré de chauves-souris et fleurs ornementales.

Au même.

937 — Grande bouteille à panse sphérique, à col évasé avec renflement au-dessous de l'ouverture, et flanquée de deux anses en bronze doré, formées de dragons ornementaux. Émail cloisonné à fond mosaïque, chargé de médaillons ornés de fong-hoang.

M. Dutuit.

938 — Petite bouteille piriforme, portant au col deux anses en bronze doré, formées de têtes chimériques. Émail cloisonné fond bleu turquoise à fleurs ornementales.

Au même.

939 — Grand vase à anses, carré de plan avec les angles abattus. Émail cloisonné chinois.

Mme Rouveyre.

940 — Grand vase quadrangulaire, sur piédouche, à panse renflée et ouverture évasée; émail cloisonné, fond bleu turquoise, décoré de dents de loup et de paysages. Anses latérales formées par des têtes chimériques, portant des anneaux mobiles.

M. Du Boys.

941 — Grand vase quadrangulaire à panse renflée, sur piédouche; anses latérales formées par des têtes de lion en bronze doré, portant des anneaux mobiles. Décor archaïque sur fond bleu turquoise.

Au même.

942 — Deux grands vases forme balustre, émail cloisonné, fond bleu turquoise, décoré de fleurs ornementales et de riches bordures, dents de loup et lambrequins.

M. Ed. André.

943 — Grande gourde à deux renflements; émail cloisonné, fond bleu turquoise, décoré de chauves-souris et de fleurs ornementales. Socle en bois sculpté.

Au même.

944 — Deux bouteilles à corps ovoïde et col légèrement évasé, flanqué de deux anses saillantes. Émail cloisonné fond bleu turquoise à fleurs ornementales et à quatre médaillons circulaires, décorés d'animaux symboliques sur fond bleu.

Au même.

945 — Vase lancelle portant sur la panse quatre arêtes saillantes en bronze doré. Émail cloisonné fond bleu turquoise décoré de fleurs et de papillons.

M. Ed. André.

946 — Vase émail cloisonné fond bleu, à fleurs de chrysanthèmes ; pied et couvercle en bois de fer à bouton de jade.

M. Eugène Cornu.

947 — Gourde de forme aplatie à deux petites anses, décor de grenades, papillons, etc., sur fond bleu turquoise.

M. le duc de Martina.

948 — Gourde de forme ronde aplatie à goulot cylindrique. Émail cloisonné fond blanc à fleurs ornementales.

M. de Sénevas.

949 — Grande bouteille piriforme à piédouche et col évasé. Émail cloisonné, fond bleu turquoise, décoré de fleurs et de papillons.

M. Dugléré.

950 — Bouteille piriforme, à piédouche et col évasé, à deux anses latérales rectangulaires ; émail cloisonné fond bleu turquoise, décoré de fleurs ornementales.

Au même.

951 — Bouteille piriforme à piédouche et col évasé ; émail cloisonné fond bleu turquoise, décoré de branches de grenade.

Au même.

952 — Deux vases à deux lobes, à panses renflées et couvercles bombés ; émail cloisonné fond blanc, décoré de fleurs, d'oiseaux et papillons.

M. de Monbel.

953 — Cornet très-évasé à renflement médian, décor de grecques, dents de loup et rinceaux sur fond bleu turquoise. Email cloisonné.

M. Taigny.

954 — Porte-allumettes cylindrique en émail cloisonné, fond bleu turquoise portant des inscriptions. Bordure ornementale sur fond gros bleu. Bordure en bronze doré, gravée de grecques.

Au même.

955 — Bouteille piriforme légèrement aplatie, à col évasé flanqué de deux anneaux mobiles en cuivre. Email cloisonné, fond noir orné de fleurs ornementales. Sur chaque face un médaillon lobé, saillant et renfermant un dragon sur fond bleu turquoise.

M. Langevin.

956 — Grand vase en émail cloisonné, à anses formées de têtes de lions portant des anneaux ; fond bleu à rinceaux.

M. Gustave Brion.

957 — Vase couvert, à anses annulaires ; émail cloisonné, bleu turquoise, orné de dragons et grecques. Il est daté de King-taï (1450 à 1456). Pied en bois de fer sculpté.

Au même.

958 — Vase bursaire à deux anses en cuivre formées de chimères ; il est à fond noir avec médaillons, vases de fleurs et rinceaux ; deux zônes bleues divisent le col. Il est daté de King-taï (1450 à 1456).

Au même.

959 — Grand vase lancelle à deux anses latérales en bronze doré, formées de dragons. Il est élevé sur trois pieds formés par des personnages accroupis ; émail cloisonné à décor archaïque. Base en bronze doré avec plateau en émail cloisonné, décoré de fleurs sur fond bleu turquoise.

M. Dugléré.

960 — Bouteille ornée d'un dragon jaune sur fond bleu turquoise. Elle est datée de Kia-tsing, 1522 à 1566. Pied en bois.

M. Gustave Brion.

961 — Gourdes à deux renflements en émail cloisonné, fond bleu turquoise, décoré de rinceaux. Sur chaque renflement, quatre médaillons circulaires renfermant des animaux sacrés et des fleurs.

M. de Sainte-Croix.

962 — Grande urne à panse renflée, à deux anses latérales en bronze doré, formées par des têtes de lion portant des anneaux mobiles. Email cloisonné, fond bleu turquoise décoré de fleurs ornementales.

M. le comte de Malherbe.

963 — Vase forme balustre à deux anses latérales. Email fond vert à décor mosaïque, portant sur chaque face un médaillon circulaire décoré d'un Fong-hoang. Socle en bois de fer sculpté.

M. Reiber.

964 — Deux vases quadrangulaires à pied et col cylindriques évasés. Email cloisonné fond bleu turquoise, décoré de paysages.

M. Baur.

965 — Deux vases à quatre pans, ouverture évasée; émail cloisonné bleu turquoise décoré de fleurs; sur chaque face de la panse et du col des médaillons rectangulaires en lapis lazuli.

M. Bellenot.

966 — Un vase forme balustre, émail cloisonné très-ancien; têtes de chimères tenant des anneaux sur les côtés.

M. Evans.

967 — Deux grandes brûle-parfums, émail cloisonné de la Chine, fond bleu turquoise à trois pieds et montés sur leurs socles en bois de fer. Les anses détachées sont formées par des dragons chinois.

Au même.

968 — Une paire de vases appliques en émail cloisonné de Chine.

Au même.

969 — Deux petites potiches ovoïdes, à couvercles capsulaires; émail cloisonné du Japon.

M. Dutuit.

970 — Potiche à couvercle en émail cloisonné du Japon.

M. Evans.

971 — Deux vases en émail cloisonné, nommé Spo, laqué à l'intérieur. Travail japonais de Myako.

M. Delaherche.

972 — Vase lancelle, émail cloisonné, décoré de têtes de dragons et d'ornements de style archaïque.

M. E. Cornu.

973 — Grand bassin cylindrique à marly plat en émail cloisonné: au fond le dragon à quatre griffes au milieu des nuages. Sur le marly le signe longévité répété quatre fois entre des dragons; décor extérieur de chrysanthèmes.

M. le Dr Mentzer.

974 — Grand bassin à marly plat, décoré de fleurs de pêcher, sur fond bleu turquoise. Au fond grand sujet à personnages. Email cloisonné.

M. Dugléré.

975 — Petit bassin rectangulaire évasé, à deux anses formées par des animaux fantastiques en bronze doré et couvercle légèrement bombé, surmonté d'un bouton ornementé en bronze doré. Email cloisonné, fond bleu turquoise, décoré de rinceaux fleuris. Daté de Siouen-te.

M. Delaherche.

976 — Grande coupe plate en émail cloisonné, fond bleu turquoise; un rinceau à fleurs court entre deux bordures fond blanc ; au-dessous sont trois Fong-hoangs se détachant sur des branches à fleurs vivement colorées; au milieu, dans un médaillon blanc, un génie tient des rameaux fleuris.

M. le duc de Martina.

977 — Deux coupes à bordure grecque et à fond couleur grains de riz cuit portant des dragons; en dessous des caractères en rouge sur fond bleu turquoise, signifiant *tribut.*

Au même.

978 — Petite coupe en émail cloisonné, fond rouge vif, avec rinceaux d'ornements, bordure bleue et au centre la fleur d'hibiscus.

Au même.

979 — Coupe ronde en émail cloisonné, reposant sur un socle en bois sculpté, évidé, figurant une fleur à pétales renversés.

M. Burty.

980 — Coupe ovale à côtés rentrants en émail cloisonné, fond bleu turquoise; au centre, médaillon creux, contenant le signe bonheur.

M. Carli.

981 — Coupe en émail cloisonné, montée en bronze, à trois pieds et deux anses.

Au même.

982 — Deux coupes évasées à quatre lobes, élevées sur quatre pieds ; émail cloisonné et repoussé. Fond d'or à ornements en relief de couleur.

M. Barre.

983 — Coupe cylindrique évasée, émail cloisonné, fond bleu turquoise à fleurs ornementales. Sur un pied en bois de fer.

M. de Vassoigne.

984 — Deux coupes en émail cloisonné, fond bleu turquoise, sur leurs socles en bronze; elles portent des inscriptions circulaires en caractères mantchous, et ont appartenu à l'empereur Kien-Long.

M. Délicourt.

985 — Coupe émail cloisonné de forme surbaissée, fond blanc, décorée de dragons en couleur. Pied en bois de fer.

M. la Faulotte.

986 — Deux coupes hexagones lobées à six petits pieds. Email cloisonné, fond bleu turquoise, décor de fleurs ornementales.

M. Dutuit.

987 — Bassin rectangulaire, élevé sur quatre petits pieds; émail cloisonné, fond bleu turquoise, décoré d'entrelacs et de poissons accolés. Posée sur pied élevé en bois de fer, à galerie à jour.

M. Du Boys.

988 — Coupe émail cloisonné, fond gros bleu, couverte d'inscriptions en or. Datée de Siouen-te.

M. le comte de Malherbe.

989 — Coupe élevée sur piédouche, fond bleu turquoise, décoré de fleurs ornementales. Au centre médaillon circulaire en bronze doré, portant le signe bonheur.

Au même.

990 — Bol campanulé en émail cloisonné, fond bleu turquoise, décoré de chevaux marins courant sur les flots.

Au même.

991 — Deux bols campanulés à couvercles ; émail cloisonné, fond bleu turquoise à fleurs et rinceaux en couleur.

M. Galichon.

992 — Deux petits bols en émail cloisonné, fond blanc à imbrications et bordures ornementales.

M. de Sainte-Croix.

993 — Bol campanulé à deux anses latérales en bronze doré, formées par des têtes chimériques, soutenant des anneaux mobiles. Email cloisonné, fond bleu turquoise. Au fond des carpes dans les flots.

M. Bellenot.

994 — Petit bassin élevé sur trois pieds, en émail cloisonné fond bleu turquoise, décoré de fleurs ornementales.

M. le baron de Théis.

995 — Deux coupes de forme oblongue à quatre lobes, émail cloisonné, fond bleu turquoise.

Mme Fleuriot.

996 — Deux corbeilles à anse supérieure, panse sphérique, piédouche et ouverture élargie à huit pans. Email cloisonné, fond gros bleu à bâtons rompus en or et médaillons circulaires fond jaune, occupés alternativement par des personnages et le signe *bonheur*.

M. Beurdeley.

997 — Petit plateau à ombilic à bordure fond bleu chargée de fleurs. Le milieu, bleu turquoise porte des rinceaux de couleurs vives.

M. le duc de Martina.

998 — Plateau en émail cloisonné ayant au centre la représentation des deux forces de la nature.

M. Delaherche.

999 — Coupe à six lobes, émail cloisonné du Japon vert, semé de fleurettes blanc et rouge; extérieur en émail gris semé de fleurettes.

M. l'amiral Jaurès.

1000 — Plateau lobé, émail cloisonné de l'Inde à deux anses en argent rapportées. Il porte une branche de fleurs ornementales.

Au même.

1001 — Plateau de forme ronde et à bords dentelés, en émail cloisonné du japon.

M. Evans.

1002 — Deux plats en émail cloisonné de travail très-ancien, à cloisons incomplètes; au pourtour quatre médaillons renfermant des fleurs et au centre des oiseaux perchés sur des rochers entourés de plantes.

M. le duc de Martina.

1003 — Plat en émail cloisonné, fond bleu, décoré de fleurs ornementales. Sur la chute, bordure fond blanc à rinceaux d'or.

M. Carli.

1004 — Grand plat en émail cloisonné, fond bleu turquoise. Au centre grand médaillon fond blanc, décoré de fleurs ornementales ; au pourtour six médaillons en forme d'éventail, à fond alternativement gros-bleu, rouge et jaune, décorés de fleurs et d'oiseaux.

M. le duc de Martina.

1005 — Boîte sphéroïdale, émail cloisonné, fond bleu turquoise, à rinceaux et ornements; en dessus un médaillon à quatre lobes avec nélumbos; un nélumbo en bronze doré supporte le bouton; en dessous un médaillon analogue a pour milieu les deux forces de la nature.

Au même.

1006 — Petite boîte à six lobes en émail cloisonné, fond bleu turquoise, portant un pêcher en fleurs ; au pourtour des guirlandes de la même plante.

Au même.

1007 — Boîte circulaire en émail cloisonné du Japon ancien ; fond noir et bleu turquoise avec rinceaux fleuris ; médaillons, arabesques, fleurons, etc.

M. Du Boys.

1008 — Deux boîtes cylindriques, composées de trois compartiments superposés, avec couvercle bombé ; émail cloisonné, fond bleu turquoise, décoré de grecques et de fleurs ornementales. Sur le couvercle le signe *bonheur*. Pied en soie mandarine.

M. Ed. André.

1009 — Deux grandes boîtes lenticulaires à piédouche, en émail cloisonné, fond bleu turquoise, décoré de médaillons rectangulaires à fonds blanc, gros-bleu et jaune, ornes de fleurs. Médaillon central décoré d'animaux et de nélumbos.

. M. Delaherche.

1010 — Boîte ronde en émail cloisonné ancien ; combat de deux dragons impériaux de couleur différente, symbolisant la lutte des dynasties rivales.

M. Désoye.

1011 — Boîte lenticulaire élevée sur pied cylindrique, en émail cloisonné, fond bleu turquoise, décoré de fleurs ornementales en couleurs.

Au même.

1012 — Petite Boîte émail cloisonné, fond bleu turquoise, décoré de deux pêches de longévité.

Mme Fleuriot.

1013 — Deux Flambeaux à pied élargi et portant un plateau médian, émail cloisonné, fond bleu turquoise, décoré de fleurs ornementales.

M. Bellenot.

1014 — Deux Flambeaux en émail cloisonné de Chine fond bleu turquoise, de même forme que les précédents.

M. Evans.

1015 — Deux Lanternes en émail cloisonné sur pieds en bronze doré ; les verres portent les signes longévité et bonheur.

Mme Rouveyre.

1016 — Boîte de pendule quadrangulaire, pourvue d'une colonne à chaque angle, soutenant une galerie à balustre, couronnée par quatre petits vases ovoïdes ; partie supérieure cylindrique ornée d'arcades ; émail cloisonné, fond vert d'eau décoré de dragons et de rinceaux. Pied en bois de fer.

- M. Dugléré.

1017 — Cloche de forme cylindrique aplatie, émail cloisonné fond bleu turquoise, décor archaïque de dragons et de grecques ; elle est suspendue dans une armature en bois de fer sculpté.

Au même.

1018 — Grand Accoudoir en émail cloisonné fond mosaïque portant un médaillon à quatre lobes, décoré du dragon dans les nuages.

M. le comte de Malherbe.

1019 — Trousse chinoise, contenant le couteau et les bâtonnets à manche d'ivoire, étui en émail cloisonné, fond gros bleu à fleurs blanches.

M. la Faulotte.

1020 — Deux Écrans rectangulaires, émail cloisonné, représentant des paysages. Monture en bois de fer sculpté à jour.

M. Dugléré.

1021 — Deux grands Écrans rectangulaires représentant des paysages (Hiver et Eté). Email cloisonné fond d'or. Monture en bois de fer sculpté, décorée de chauves-souris en porcelaine.

Au même.

1022 — Ecran de forme élevée en bois peint, chargé d'un fong-hoang et d'un rocher portant un buisson de roses et des bambous en émail cloisonné. Monture en bois sculpté à jour.

M. Du Boys.

1023 — Quatre Plaques rectangulaires en émail cloisonné, représentant des paysages à fond d'or, portant des inscriptions; cadres en bois de fer sculpté à jour.

M. l'amiral Coupvent des Bois.

1024 — Porte-pinceaux à deux lobes en émail cloisonné, fond gros bleu à décor de fleurs.

M. le comte de Malherbe.

1025 — Deux Théières sphériques, élevées sur trois pieds formés par des oiseaux en bronze doré. Bec formé par des têtes d'oiseaux. Anse supérieure ayant la forme d'un animal fantastique. Email cloisonné à fond de mosaïque, chargé de médaillons variés, ornés de fleurs.

M. Dugléré.

1026 — Six Tasses avec soucoupes, émail cloisonné chinois, fond bleu turquoise.

M. Du Boys.

1027 — Deux petites Tasses hémisphériques, émail cloisonné fond bleu turquoise à décor de fleurs ornementales.

Mme Fleuriot.

1028 — Deux Assiettes découpées, émail cloisonné de l'Inde à bouquets et oiseaux. Proviennent de la collection Debruge-Dumesnil.

Mme la baronne Salomon de Rothschild.

1029 — Mortier en émail cloisonné à trois pieds formés par des personnages à genoux et deux anses latérales en bronze doré.

M. Dutuit.

ÉMAUX PEINTS

1030 — Boîte à bétel oblongue, à décor champlevé émaillé fond bleu turquoise avec rosaces et ornements blancs et bleus, et perles d'émail en relief. Contre-émail bleu pâle. Travail persan.

M. le duc de Martina.

1031 — Petit Brûle-parfums, émail peint décoré de fleurs; bouton formé par une rose en relief. *Perse.*

M. le comte de Butenval.

1032 — Deux grands Vases forme balustre à col évasé, flanqués de deux anses représentant des chauves-souris; émail peint fond gros bleu chargé de fleur et de fruits, avec médaillons à sujets de personnages.

M. Evans.

1033 — Vase lancelle octogone à double corps, panse renflée portant sur chaque pan un médaillon à jour orné de paysages; le reste de la décoration consiste en dents de loup sur fond jaune. Email peint.

M. Bellenot.

1034 — Deux petites Urnes décorées de fruits et de chauves-souris; deux réserves représentent des paysages; date de Kien-Long, 1736-1795. Pieds en bois de fer.

M. le capitaine de vaisseau B. Jaurès.

1035 — Deux petits Vases à panse sphérique, à ouverture largement évasée, décor d'arabesques sur fond bleu turquoise avec deux réserves à paysages occupées par des personnages en costumes européens; datés de Kien-Long. Pieds en bois de fer.

Au même.

1036 — Bouteille fond jaune impérial, à rinceaux verts chargés de fleurs style Louis XIII ; bouton d'ivoire peint en rose avec le caractère **bonheur**. En dessous on lit : fait pour l'usage de l'empereur Khan-hig, 1662-1722.

M. le duc de Martina.

1037 — Aiguière de forme persane portant sur la panse deux médaillons en forme de palmettes contenant des paysages.

M. l'Amiral Jaurès.

1038 — Coupe à piédouche, décor de personnages en costume du temps de Louis XIV ; bordure à godrons feuilles de rose.

Mme Rouveyre.

1039 — Deux petites Coupes circulaires à une division intérieure affectant la forme du signe des deux forces de la nature; décor de fleurs sur fond bleu turquoise. Pieds en bois de fer.

M. le capitaine de vaisseau B. Jaurès.

1040 — Petite Coupe à godrons et bords dentelés, décorée de fleurs ornementales en carmin.

M. la Faulotte.

1041 — Bassin cylindrique à marly plat et lobé, peint fond jaune décoré de fleurs et de dragons; à l'intérieur un sujet familier; daté de Kien-long.

M. de Monbel.

1042 — Bassin en émail peint, fond gros bleu décoré de fleurs et d'emblèmes et portant le chiffre du roi Stanislas.

M. le baron de Théis.

1043 — Deux grands Plats creux à riche bordure de fleurs sur fond jaune impérial; au centre sujet sacré, bordure intérieure analogue.

M. B. Jaurès.

1044 — Grand Plat en émail décoré de personnages. En dessous bordure mosaïque à six réserves occupées par des vases sacrés et grand médaillon décoré de grues.

M. Carli.

1045 — Deux Plats en émail peint de fleurs et papillons; compartiments réservés à paysages et bordure de fleurs et grecques en bleu.

Mme Rouveyre.

1046 — Théière en émail peint; des rinceaux de fleurs de différentes couleurs 'épanouissent sur un fond rouge-brun, accompagné de nombreuses bordures. *Siam.*

M. Jules Jacquemart.

1047 — Une petite Tasse et sa Soucoupe, affectant la forme et la couleur d'une pêche de longévité, l'anse est formée par une branche et ses feuilles.

Mme Furtado.

1048 — Deux Tasses avec leurs soucoupes, de forme carrée à angles rentrants. Décor de paysages avec inscriptions. Émail peint.

M. Burty.

1049 — Quatre Tasses en émail décoré de vases, jardinières et emblèmes honorifiques.

M. Delaherche.

1050 — Deux Tasses et Soucoupes, décor de fleurs et bordures ornementales.
Mme Fleuriot.

1051 — Deux petites Tasses à quatre lobes, fond jaune; à fleurs ornementales.

A la même.

1052 — Deux autres fond blanc à fleurs.

A la même.

1053 — Deux Zarfs ou supports de tasse à café, munis de leurs tasses.

M. le comte De Butenval.

1054 — Deux Zarfs persans, en émail peint, fond rose, ornements en or, et à quatre médaillons verts renfermant des inscriptions persanes.

M. le duc de Martina.

1055 — Petite Boîte de forme ovale ondulée, décorée d'animaux et de fleurs sur fond rose.

M. Evans.

1056 — Six petites Bonbonnières de forme sphérique à côtes de différentes grandeurs, en cuivre émaillé de couleurs variées.

M. de Gréhan.

1057 — Sceptre de mandarin en émail, orné de plaques en jade blanc et de fleurs et de fruits en améthyste.

M. Evans.

1058 — Sceptre chinois en cuivre émaillé, fond gris-bleu à décor doré en relief, consistant en rinceaux et chauves-souris encadrant les signes **bonheur** et **longévité.**

Au même.

1059 — Disque en émail peint, décoré sur une face d'un médaillon en marbre peint représentant une audience impériale. Pied en bois de fer sculpté à jour.

M. l'amiral Jaurès.

29680. — Imp. Renou et Maulde, rue de Rivoli, 144.

PORCELAINES

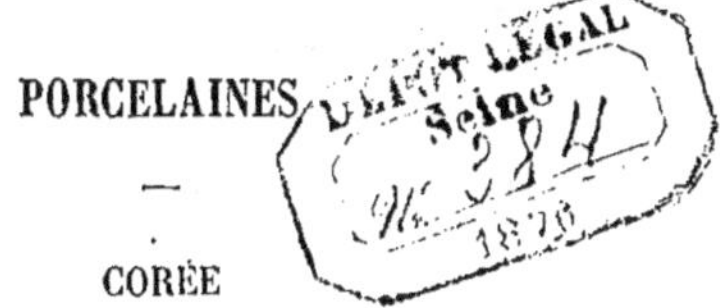

—

CORÉE

1060 — Personnage coréen en costume et les bras étendus.
M. le duc de Martina.

1061 — Figure de femme, debout; sa tunique extérieure est parsemée de fleurs, ornements, caractères; celle de dessous, maintenue par une ceinture noire, porte des rinceaux en beau rouge de fer.
Mᵐᵉ Malinet.

1062 — Femme assise, le bras droit appuyé sur un accoudoir. Les vêtements ornés de décors archaïques sont doublés de rouge de fer.
A la même.

1063 — Petite chimère couchée.
M. la Faulotte.

1064 — Coq chantant posé sur une terrasse, émaillé en bleu, jaune, vert et rouge.
M. le duc de Martina.

1065 — Potiche turbinée à bordures dentées, grecques et bandeau chargé de rinceaux émaillés bleus; sur le corps des bouquets ornementaux très-riches, de style persan.
Mᵐᵉ Fleuriot.

1066 — Potiche archaïque à grecques sur le filet, au pourtour des branches de pin et de fleurs; le vase est divisé en trois par des bandeaux portant des fleurs de pêcher. Les grands médaillons renferment des fong-hoangs, des rochers et des plantes fleuries.
M. le duc de Martina.

1067 — Deux vases en forme d'urnes à côtes, à bordures rouges de deux tons, avec réserves blanches sur les côtes d'un rouge vif et rehauts d'or sur les autres. Sur le corps des bouquets contenus dans des cornets; monture européenne, style Louis XIV, en bronze doré.
Au même.

1068 — Gourde à deux renflements. Sur le premier des rochers chargés de fleurs et d'oiseaux; sur le second, au-dessous d'une bordure grecque, des arabesques élégantes ornées de fleurs.
Au même.

1069 — Vase cylindrique à col légèrement évasé, décor de fleurs courantes et lambrequins rouges à fleurs réservées en blanc.
M. Letellier.

1070 — Potiche ovoïde à couvercle, décorée de quatre médaillons rectangulaires, entourés d'une bordure émaillée en bleu avec fleurs rouges et occupés par deux femmes dont une tient un parasol; rocher, bambou, aubépine.
M. Gasnault.

1071 — Lagène hexagone à goulot étroit, décorée de branches de pêcher.
Au même.

1072 — Bouteille à décor de dragon, fong-hoang, feuilles et perles parmi des nuages.
Mᵐᵉ Fleuriot.

5

1073. — Compotier découpé et godronné, bordure fond vert à faux craquelé, semé de fleurs de pêcher; réserves à bambous et paysages; au centre deux oiseaux sacrés près d'un pin.

Mme Fleuriot.

1074 — Compotier à bordure arabesque. Décor à la haie, avec trois oiseaux fabuleux, le pin et un tigre.

Mme Malinet.

1075 — Plateau à bord ondulé et décoré d'un oiseau peint en bleu sous couverte et posé sur un bambou en partie émaillé.

M. Michelin.

1076 — Plateau décagone, bordure arabesque rouge de fer. Décor archaïque à la haie.

M. Gasnault.

1077 — Soucoupe décagone à bord lobé; on y voit une impératrice japonaise en tenue de cérémonie.

M. A. Jacquemart.

1078 — Deux bols à quatre lobes, décor extérieur de fleurs et fruits mêlés à des ornements en forme de grecques. A l'intérieur rinceaux fluets. Au fond relief représentant l'écume de la mer.

M. Gasnault.

1079 — Grand bol décoré en beau bleu fondu, rouge, vert et jaune, de rochers, plantes et oiseaux; au centre un saule ; l'extérieur à rinceaux.

Mme Fleuriot.

1080 — Bol à huit pans et à bord évasé, décor archaïque à rochers, fleurs et oiseaux. Pied en bois sculpté.

A la même.

1081 — Bol hémisphérique à bord évasé; décor archaïque de bouquets; au centre un chien de Fo. Pied en bois sculpté.

A la même.

1082 — Deux bols couverts, décor archaïque avec bleu sous couverte.

M. Marcellin.

1083 — Service composé d'une théière, un bol et deux tasses, décoré de palmettes en relief et de fleurs et d'oiseaux en couleurs avec rehauts d'or.

M. Gasnault.

1084 — Théière élevée à col cylindrique; sur le corps quatre médaillons gravés des flots de la mer et ornés de figures chinoises; en haut sur une bordure bleue pailletée les armes de l'empereur du Japon (Kiri-mon).

M. A. Jacquemart.

1085 — Une petite théière ovoïde à pied large en rotule ; décor de bouquets sur chaque face.

Au même.

1086 — Théière sphéroïdale à anse supérieure se rattachant à la panse par deux chrysanthèmes armoriaux en relief. Décor de fleurs et d'oiseaux.

M. le Dr Coqueret.

1087 — Petite burette à anse; décor partiel en bleu sous couverte; dans les médaillons trois bouquets émaillés.

M. A. Jacquemart.

1088 — Pot à anse en truité nankin à panse et goulot godronnés; décor archaïque en vert clair, rouge de fer et or.

M. Gasnault.

1089 — Boîte à thé rectangulaire portant sur chaque face des bouquets émaillés. Le couvercle monté en argent est orné en beau rouge de fer d'une fleur et d'un grand rinceau. Le même ornement en blanc et vert est répété sous le pied.

M. le duc de Martina.

1090 — Boîte lenticulaire à trois pieds et surmontée du chien de Fo. Décor archaïque de fleurs et d'oiseaux.

M. Gasnault.

1091 — Tasse-gobelet octogone décorée alternativement de figures chinoises et de bouquets rigides.

M. A. Jacquemart.

1092 — Encrier carré à couvercle rond légèrement bombé. Décor archaïque polychrome.

M. Gasnault.

CHINE ET JAPON

FAMILLE CHRYSANTHEMO-PÆONIENNE

1093 — Fontaine à thé à couvercle, anse et trois pieds en consoles; sujets en relief avec immortels et personnages japonais se livrant à une orgie.

Mᵐᵉ Fleuriot.

1094 — Fontaine à thé à couvercle, anse et trois pieds formés de figures japonaises; les reliefs représentent un pin avec un nid de grues.

A la même.

1095 — Fontaine-potiche à base formée par une tortue.

M. Dutuit.

1096 — Deux grosses potiches, à couvercle bombé, surmonté d'un oiseau de proie. Décor à lambrequins.

1097 — Deux cornets de même genre.

M. Bellenot.

1098 — Deux potiches à pans alternés fond bleu et fond blanc, décor de vases et fleurs.

M. Beurdeley.

1099 — Deux potiches côtelées à couvercle, décorées de fleurs en relief.

Mᵐᵉ Grandjean.

1100 — Petite potiche à panse renflée; couvercle plat surmonté d'une statuette de femme japonaise; sur la panse, femmes en longues robes formant relief; de chaque côté médaillons réticulés.

M. Gasnault.

1101 — Deux potiches à col évasé, décorées en relief d'arabesques de fleurs et de godrons rehaussés des émaux chrysanthémo-pæoniens; derrière une haie on aperçoit des Japonaises.

Mᵐᵉ Fleuriot.

1102 — Deux vases cylindriques à deux petites anses contournées et dorées et couvercles bombés surmontés d'un écureuil mangeant des raisins. Décor de fleurs surchargé de bandes bleues à rinceaux d'or et fleurs de chrysanthème.

M. Dutuit.

1103 — Grand cornet à draperies et médaillons à paysages.

Mᵐᵉ de Beuzelin.

1104 — Petit cornet décoré de fleurs en rouge et bleu.

M. Sauvageot.

1105 — Deux cornets octogones décorés d'oiseaux et de graminées. Monture en bronze doré.

M. Bellenot.

1106 — Boîte à thé rectangulaire; aux quatre faces des médaillons carrés renfermant des chrysanthèmes, des pêchers, des raisins, etc., le tout encadré dans des bandes bleues rehaussées d'or. Bouchon en porcelaine godronné.

M. le duc de Martina.

1107 — Lanterne octogone en porcelaine du Japon, décorée de fleurs et ornements sur les parties pleines et percée en losanges sur le reste.

M. le Dr Ptogey.

1108 — Vase d'applique rectangulaire, décoré de branches fleuries en relief.

M. la Faulotte.

1109 — Vase d'applique rectangulaire à damiers, chargé d'enfants et de papillons en relief.

Au même.

1110 — Deux buires ovoïdes, à anses et bec en S et col allongé; elles sont décorés de fleurs en relief.

M. Bellenot.

1111 — Pot à eau à anse dans une cuvette à trois pieds, en forme de coquille; décor chrysanthémo-pæonien à fond bleu chargé de rinceaux de fleurs, de bouquets de pivoines et d'une grosse fleur de nélumbo avec un saule.

Mme Fleuriot.

1112 — Bouteille carrée, décor en relief de chrysanthèmes. Bouchon en porcelaine godronnée.

M. le duc de Martina.

1113 — Une autre de même forme à bordure bleu foncé, à rinceaux d'or encadrant des médaillons ornés d'écureuils et de branchages en émaux de la famille verte.

Au même.

1114 — Deux petit seaux à fleurs décorés de branches de chrysanthème à fleurs en relief, à feuillage bleu.

M. Dutuit.

1115 — Seau à fleur cylindrique, à deux anses portant des anneaux dorés, décor de fleurs.

M. Burty.

1116 — Deux plateaux découpés au pourtour; pendentifs bleus réchampis d'or avec fleurs réservées; fleurs et branches en rouge, bleu et or. Au centre la déesse de la longévité, avec l'axis portant un ling-tchi.

Mme Fleuriot.

1117 — Deux grands plats portant au fond une grande réserve en forme d'écran contenant des grues.

M. le Dr Mentzer.

1118 — Grand plat à bordure filigranée rouge chargée de fleurs de pivoine, trois réserves renfermant des branchages dorés. Au centre un pin et des pivoines.

Au même.

1119 — Grand plat décoré de carpes jouant dans les flots.

Au même.

1120 — Plat à bordure alternativement bleue et rouge, relevée d'ornements d'or ; au pourtour des rinceaux de chrysanthèmes interrompus par un chrysanthème impérial et un autre coupé par la moitié; à côté de la grande armoirie un bouquet d'iris.

M. le duc de Martina.

1121 — Grand plat à fonds partiels bleus, rehaussés d'or et de fleurs; dans trois réserves et au fond des pivoines, des oiseaux et des papillons.

Mme Fleuriot.

1122 — Plat décoré en bleu et émaux de la famille verte; au centre feuilles de bananier et branches d'aubépine.

M. Galichon.

1123 — Plat décoré de rosaces et de fleurs ornementales.

M. Valpinçon.

1124 — Deux plats décorés de chrysanthèmes et de lys.

Au même.

1125 — Deux plats dodécagones, décor bleu, rouge or et vert de cuivre;
au centre un panier fleuri.

Mme Désoye.

1126 — Plat coupé par trois ornements en rouge de fer, encadrant des réserves
où sont des fleurs polychrômes. Au centre deux oiseaux en raccourci ayant le
caractère armorial. A l'extérieur paysages en bleu.

Mme Malinet.

1127 — Plat long à quatre lobes décoré d'une carpe en relief.

M. Burty.

1128 — Plateau à contour irrégulier, dont le fond est occupé par une Japonaise
couchée, enveloppée dans ses vêtements. Décor chrysanthémo-pœonien à fond
noir.

Mme Malinet.

1129 — Plateau en forme d'éventail décoré d'un fond partiel mosaïque à
réserve de forme irrégulière renfermant des fleurs.

M. le Dr Coqueret.

1130 — Compotier découpé et orné en relief peint d'une grue éployée, armoirie d'un prince japonais.

M. A. Jacquemart.

1131 — Compotier à huit lobes, décor intérieur composé d'une pivoine bleue
rehaussée d'or, auprès de laquelle voltige un papillon polychrôme aux couleurs
chrysanthémo-pœoniennes; en dessous un rinceau bleu et le Nien-hao de Tching-
hoa (1465 à 1487).

Mme Malinet.

1132 — Compotier à bord flexueux; large bordure chrysanthémo-pœonienne,
avec médaillons arabesques; deux à fond rouge, deux à fond vert, à réserves de
fleurs rehaussées d'or. Au centre des pins et des branches de pêchers. En dessous
quelques ornements bleus et le Nien-hao de Tching-hoa (1465 à 1487).

A la même.

1133 — Compotier découpé à bordure rouge de fer avec médaillons à modèles;
au fond médaillon rouge de fer avec fleurs bleues et rinceaux en réserves.

A la même.

1134 — Compotier en forme de pêche. Au fond plusieurs carpes dans les flots,
décor chrysanthémo-pœonien, rehaussé d'or.

A la même.

1135 — Grand Compotier à pourtour découpé à jour et peint en rouge; double
bordure riche. Au fond, des fleurs et arabesques en décor régulier.

A la même.

1136 — Plateau lobé; bordure rayonnante à compartiments de mosaïques et
de fleurs, surchargé de chrysanthèmes armoriaux; au centre branches d'aubépine;
daté de Kia-thsing (1522-1566).

M. Gasnault.

1137 — Compotier denté et godronné au pourtour. Chaque division porte une
ornementation particulière et au milieu est une branche de pêcher formant médaillon. Le pourtour est interrompu par des chrysanthèmes armoriaux. Au-dessous est une fausse marque de Kien-long où les caractères sont intervertis.

M. le duc de Martina.

1138 — Assiette décor chrysanthémo-pœonien; sur le marly chrysanthèmes en
émaux de la famille verte, avec rehauts d'or.

M. le chevalier de Lauzières.

1139 — Assiette décorée de fleurs et rosaces en bleu, rouge et or.

M. le Dr Mentzer.

1140 — Assiette décorée de fleurs et rosaces en rouge et or.

Au même.

1141 — Assiette à bordure de lambrequins; décor de pivoines et bambous.

M. B. Jaurès.

1142 — Assiette décorée d'un paysage avec latanier.

Au même.

1143 — Assiette japonaise lobée au pourtour; marly étroit à bordure en relief et points bleus; fonds partiels rouges à huit réserves ornées d'arabesques polychrômes; ombilic bleu gravé d'un dragon et entouré d'une bordure à reliefs.

M. A. Jacquemart.

1144 — Deux Assiettes à pans coupés, bordure rayonnante, au centre une divinité portée par une grue. Moderne.

M. Marcellin.

1145 — Deux Assiettes, décorées de fonds partiels mosaïque, chargés de personnages; au centre une inscription. Moderne.

Au même.

1146 — Plateau décagone. décor bleu accompagné d'une bordure en émaux de la famille verte, daté de Tching-hoa (1465-1487).

M. Gasnault.

1147 — Plateau lobé; décor irrégulier de larges rubans bleus ornés de fleurs d'or et de branches fleuries en émaux de la famille verte, daté de Tching-hoa.

Au même.

1148 — Coupes hémisphériques couvertes, à pied; décor de fleurs et médaillons en bleu, rouge et or.

M. Gasnault.

1149 — Deux Bols à couvercle et petites anses dressées sur le bord et à trois pieds. Décor polychrome à personnages. Le bouton est formé par un rouleau et des fleurs en relief.

Mme de Beuzelin.

1150 — Bol campanulé, bordure rouge et or; au fond un médaillon orné d'une carpe sortant des flots. A l'extérieur chiens de Fo jouant avec des boules.

A la même.

1151 — Bol quadrilobé décoré extérieurement d'une guirlande bleue; à l'intérieur des médaillons ornés de fleurs avec émaux de la famille verte, daté de Tching-hoa, 1465-1487.

M. Gasnault.

1152 — Bol rectangulaire, à angles rentrants .Quatre bouquets de fleurs ornementales percées à jour.

Au même.

1153 — Bol hémisphérique; à l'extérieur trois médaillons en céladon orné de fleurs en relief, encadrés d'une bordure rouge. Entre chaque médaillon un bouquet bleu, rouge et vert avec rehauts d'or. A l'intérieur grand médaillon en céladon et quatre bouquets. Marque au Ling-tchy.

Au même.

1154 — Bol à bordures chargées de signes honorifiques. Zone principale ornée de dragons et fong-hoang dans des rinceaux à fleurs. Au fond un dragon jaune à cinq griffes. Socle en bois sculpté à consoles.

Mme Malinet.

1155 — Grand Bol chrysanthémo-pœonien couvert de son présentoir. Riche décor de bordures, rinceaux à fleurs et chrysanthème armorial ornementé. Pied en bois de fer à consoles et béquilles chargées d'anneaux mobiles.

Mme Fleuriot.

1156 — Bol ayant à l'extérieur un fond bleu relevé de rinceaux d'or supportant le chrysanthème armorial du Japon; réserves à paysages et fleurs impériales.

A la même.

1157 — Coupe à présentoir à pourtour découpé; décor riche chrysanthémo-pœonien. Elle est sur son plateau denté et godronné au pourtour.

Mme Fleuriot.

1158 — Petit Bol chrysanthémo-pœonien riche à armoiries; l'intérieur également riche.

A la même.

1159 — Bol; à l'extérieur, entre deux bordures, des bouquets de fleurs d'iris, de pivoines et de pêchers. A l'intérieur deux grands bouquets renfermés dans des cornets et au centre une corbeille.

M. le duc de Martina.

1160 — Ecuelle avec assiette et couvercle monté en argent, à fond bleu imitant le craquelé; elle est ornée de médaillons en rouge et or, décorésde femmes japonaises, alternant avec des bouquets de fleurs.

M. Dutu't.

1161 — Deux grandes jattes campanulées, décor chrysanthémo-pœonien.

Au même.

1162 — Grand Bol décoré de pivoines et de lys.

M. B. Jaurès.

1163 — Petit Bol du Japon décoré en rouge de nuances diverses, or et noir, de rinceaux, bouquets et oiseaux. Pied en bois sculpté.

Mme Fleuriot.

1164 — Bol à couvercle monté en brûle-parfums. Décor à fond partiel bleu chargé de chrysanthèmes.

M. Bellenot.

1165 — Bol octogone campanulé, décoré en bleu, rouge et vert. Moderne.

M. Marcellin.

1166 — Bol campanulé, décor chrysanthémo-pœonien. Moderne,

Au même.

1167 — Sucrier cylindrique à deux petites anses latérales et couvercle surmonté d'un chien de Fo. Décor de fleurs.

M. le Dr Coqueret.

1168 — Tasse et soucoupe fond noir grand feu du Japon, à réserves de pêcher, rehaussé d'or et de rouge.

M. A. Jacquemart.

1169 — Tasse et soucoupe à décor chrysanthémo-pœonien. Fond rouge de fer avec réserve de fleurs et rinceaux; médaillons partiels verts piquetés de noir, portant des ornements en bleu sous couverte et or.

Au même.

1170 — Une semblable.

Mme Molinet.

1171 — Tasse à bord lobé, à fonds partiels bleus ornés de fleurs d'or, alternant avec des paysages et des fleurs en rouge et or.

Mme Fleuriot.

1172 — Tasse à décor de paysages.

A la même.

1173 — Tasse à anse et soucoupe, décor de pivoines, rocher, etc.

M. le chevalier de Lauzières.

FAMILLE VERTE

1174 — Figurine de philosophe assis, blanc de Chine; le bonnet et les vêtements sont émaillés en jaune, vert et violet de manganèse; des médaillons sont ornés de très-fins rinceaux.

M. le duc de Martina.

1175 — Deux Gourdes circulaires plates, sur piédouche. — Enfants portant un dragon devant l'empereur et l'impératrice.

M. Dutuit.

1176 — Vase lancelle à sujets hiératiques ; sur le col, on voit des personnages faisant une offrande à la déesse Kouan-in, une procession emblématique et un tir d'arc. Au dessous sont les épisodes de la vie d'un philosophe ; sur la base on a peint de simples bouquets de fleurs ; en dessous, une inscription de trois caractères indique que la pièce à été fabriquée pour le district de Tching-Ling. Socle bois de fer.

Mme Malinet.

1177 — Vase cylindrique dont le col est en partie couvert d'un fond à mosaïque pavée a réserves portant le mot **bonheur** en caractères antiques. Le corps est occupé par un sujet historique ; un empereur, assis sur son trône et entouré de dignitaires, donne audience à un personnage prosterné et tenant le Koueï.

A la même.

1178 — Vase cylindrique à décor plein, représentant un site montagneux. Un empereur sortant de son palais reçoit les rapports de ses généraux. Autour de la gorge des fleurs et des papillons.

A la même.

1179 — Vase carré de plan et légèrement conique ; il porte sur ses faces une série de sujets relatifs au voyage d'un empereur. Sur le col est un paysage montueux.

A la même.

1180 — Vase cylindrique, à col de même forme et plus étroit surmonté d'un bord aplati. Sur la panse, sujet plein représentant la fête des Nélumbos ; des barques sortant d'arcades ouvertes dans le palais, portent des femmes ayant les bras nus, et qui se penchent pour cueillir les fleurs odorantes. Sur une terrasse, l'empereur et l'impératrice, entourés de personnages de la cour, sont placés devant une table chargée de vases garnis des graines de la plante : c'est le repas prescrit par les rites.

A la même.

1181 — Beau Vase lancelle de la famille verte. Sur le corps un sujet qui représente des philosophes étudiant un ancien manuscrit, sur le col un autre sujet sacré, représentant un personnage qui présente un jeune enfant à un immortel et à Cheou-lao, vêtu d'une robe inscrite du caractère longévité, et ayant derrière lui, la grue, l'axis et le pin.

M. le duc de Martina.

1182 — Potiche allongée, à col presque cylindrique, fond vert à fins rinceaux, chargés de fleurs ornementales, sur lequel se détache un sujet composé d'un mandarin et de gardes faisant une ronde de nuit. L'un des hommes frappe sur un gong. Sur le col le caractère bonheur. Pied en bois sculpté (provient de la vente Morny).

Au même.

1183 — Potiche sans couvercle, sur la panse sujet de beaucoup de personnages parmi lesquels on remarque un empereur et des guerriers. Le haut et le bas de la potiche sont décorés de frises diverses.

Au même.

1184 — Bouteille renflée au goulot, sur le renflement des bouquets de pivoines. sur le col des rameaux fleuris avec des dragons d'une forme particulière ; sur le corps du vase un sujet chinois dans un paysage.

Au même.

1185 — Urne à biberon et à quatre passants, destinée à porter l'eau pendant les voyages. Belle porcelaine ancienne avec bordure à mosaïque renfermant dans quatre réserves les signes honorifiques ; dans deux grands médaillons des dames entourées de leurs enfants, et dans les deux autres des fleurs autour desquelles voltigent des papillons. Couvercle en bronze surmonté du chien de Fo.

Au même.

1186 — Potiche à col cylindrique portant des caractères antiques et les signes honorifiques; sur la panse un sujet historique: L'empereur siége entouré de son conseil; un général prend un brûle-parfums gigantesque et le soulève pour montrer sa force.

Mme Fleuriot.

1187 — Vase biforme. sur la base sphéroïdale un empereur entouré de ses généraux; sur le col élancé en cornet les immortels faisant une offrande à Cheoulao.

A la même.

1188 — Potiche turbinée non couverte; sur le col à fond rouge des ornements réservés et de faux godrons verts; sur le corps un sujet historique chinois; trois personnages impériaux suivis de leur cour invoquent les astres.

A la même.

1189 — Vase lancelle à sujets historiques; sur le corps un général d'armée se présente devant un philosophe. Sur le col un empereur fait consulter les astres par un astrologue.

A la même.

1190 — Deux Cornets décorés de femmes et de vases de fleurs, bordure mosaïque à quatre réserves occupées par les objets sacrés.

A la même.

1191 — Vase ovoïde à col évasé à sujet matrimonial.

M. Galichon.

1192 — Deux grandes Potiches à couvercle en ancienne porcelaine de Chine. décorées de sujets de chasse.

M. Stettiner.

1193 — Vase rectangulaire à ouverture cylindrique, sujets historiques.

M. Langerin.

1194 — Deux vases ovoïdes, avec couvercle capsulaire, décors de sujets historiques et de lambrequins.

M. la Faulotte.

1195 — Vase presque cylindrique, à col plus étroit et rebord aplati. A la base du col, bordure rouge de fer à réserves. Sur la panse, un personnage sacré, vêtu de noir et de rouge, et suivi d'un enfant portant sur le dos une gourde d'où séchappent des flammes, et un oiseau à long bec. Derrière, un rocher et un bananier en noir rehaussé de vert et d'or. Sur le col, un ling-tchi noir rehaussé d'or.

Mme Malinet.

1196 — Gourde à deux renflements; sur le premier, le mot Cheou orné et portant un sujet de personnages faisant une offrande au dieu de la longévité. En haut de la seconde panse un lambrequin fond vert piqueté et chargé de génies des nélumbos; plus bas règne un rinceau orné de fleurs sacrées. Pied en bois sculpté.

A la même.

1197 — Potiche non couverte à gorge évasée. Sur la face deux jeunes filles appuyées sur une table rustique lisent dans un livre; un vase garni de fleurs est auprès d'elles; derrière, un rocher et des bananiers; autour de la gorge un paysage aquatique. Pied en bois de fer sculpté.

A la même.

1198 — Deux Potiches, décorées de sujets de batailles.

M. Beurdeley.

1199 — Vase hexagone à piédouche, décoré de paysages avec personnages en relief.

M. Dugléré.

1200 — Vase hexagone à panse légèrement renflée; sur chaque face des personnages en relief (moderne). Pied en bois de fer.

M. l'amiral Coupvent des Bois.

1201 — Petite Coupe de sacrifice; à l'extérieur elle est entièrement émaillée vert piqueté; l'anse est de forme carrée avec deux dragons émaillés l'un en bleu et l'autre en manganèse, les deux dragons sont répétés sous le déversoir. Tête de dragon de chaque côté.

Mme Malinet.

1202 — Coupe semblable ayant sous le déversoir deux dragons à queue fourchue et deux autres qui grimpent après l'anse.

M. le duc de Martina.

1203 — Ting à trois pieds courts et très-surbaissé; il est décoré de deux dragons et de la foudre. Socle et couvercle en bois sculpté à jour.

Mme Malinet.

1204 — Vase en porcelaine blanche décoré de fleurs et feuillages peints, se détachant sur un fond réticulé et à jour.

M. Delaherche.

1205 — Deux Pi-long de forme quadrangulaire décorés de sujets et d'animaux sacrés en émaux de la famille verte. Bordure mosaïque chargée de fleurs; au dessous deux dragons en relief. Pieds quadrangulaires à galerie en porcelaine à bordure de grecques.

M. Monnot.

1206 — Vase cylindrique à col plus étroit; il est couvert d'un fond vert piqueté semé de fleurs, de modèles et d'arabesques; deux grands médaillons réservés portent un dragon dans les nuages et des oiseaux sur des branches. Six autres médaillons plus petits renferment des fleurs et des animaux de bon augure.

Mme Malinet.

1207 — Vase carré obconique à gorge ronde et légèrement évasée, fond vert piqueté semé de fleurs et papillons polychrômes; sur chaque face deux médaillons de formes différentes renfermant des dragons, des rochers.

A la même.

1208 — Vase lancelle; aux deux panses du vase dragons chimériques à quatre griffes, émaillés en émaux de la famille verte; au goulot décor de grecques et de palmettes; monture style Louis XIV en bronze doré.

M. le duc de Martina.

1209 — Vase lancelle à élégante bordure de même sorte; sur le corps un rocher portant deux Fong-Hoangs et des chrysanthèmes. Sur le col décor analogue avec le paon.

Au même.

1210 — Vase cylindrique, fond vert piqueté, semé de fleurs et de papillons. Les deux réserves principales renferment des animaux sacrés: quatre plus petites portent des fleurs et des oiseaux; sur le col un médaillon à fleurs et le signe du bonheur. Pied en bois sculpté.

Au même.

1211 — Deux Vases cylindriques à col évasé décorés de bandes circulaires à fond vert, ornées de fleurs et de palmes, alternant avec des bandes à fond rouge portant des dragons.

M. Dutuit.

1212 — Vase cylindrique à couvercle; fond vert chargé de fleurs ornementales à réserves losangées occupées alternativement par des Ki-lin, des paysages et des fleurs; monté en fontaine. Monture à trois pieds en bronze doré du temps de Louis XIV.

Au même.

1213 — Deux Potiches, fond vert piqueté de noir, à médaillons décorés de corbeilles fleuries et d'animaux sacrés. Couvercle bombé, à bouton formé par un chien de Fo.

M. Beurdeley.

1214 — Grande Garniture lobée composée de cinq potiches couvertes et de deux cornets lancelles à anses dorées. Décor composé de pendentifs à fonds divers et médaillons avec paysages, rochers portant des fleurs, animaux sacrés, etc.

Mme Fleuriot.

1215 — Gourde à double renflement, ornée d'une frise avec papillons, chrysan-thèmes, etc., etc. sur un fond à grainetis; vers le bas de la panse, décor de Fong-hoang et de pêches de longévité; sur le second renflement des caractères et des feuillages.

M. le duc de Martina.

1216 — Vase cylindrique à col bordé d'un filet, sur le corps du vase un dragon à quatre griffes en or, entouré de nuages. Sur le col, entre des bordures, une série de caractères antiques. Pied en bois sculpté.

Au même.

1217 — Vase ovoïde allongé à gorge légèrement évasée; sur la panse deux oiseaux sur des rochers entourés de pivoines, chrysanthèmes, etc., sur la gorge des bambous.

Mme Malinet.

1218 — Petite Potiche à couvercle, décorée en bleu sous couverte et émaux de la famille verte. Monture européenne à trois pieds et robinet en bronze doré.

M. Burty.

1219 — Petite Potiche presque cylindrique à col évasé au sommet, fond rouge de fer, semé de branches de pivoine en émaux de la famille verte; à la base du col une bordure verte losangée, avec réserves renfermant des perles et des Koueï.

M. le duc de Martina.

1220 — Pot à tabac à couvercle surmonté d'un bouton. Le sujet principal représente un Fong-hoang niché sur un rocher entouré de pêchers, chry-santhèmes, etc., etc.

Au même.

1221 — Une Garniture de trois vases, dont un formant milieu, monture ancienne du temps de Louis XIV.

M. Evans.

1222 — Deux petits vases octogones, forme balustre, décorés de vases fleuris.

Mme Fleuriot.

1223 — Deux Cache-Pots octogones, décorés de fleurs et de vases sacrés.

A la même.

1224 — Deux Cornets à bordure mosaïque avec réserves à modèles, fond vert piqueté chargé de fleurs et de papillons, médaillons réservés alternés de modèles et bouquets fleuris sur des rochers.

A la même.

1225 — Vase à quatre pans et à arêtes saillantes, décoré en relief de vases et attributs émaillés en couleur sur fond blanc, et de trois frises de fleurs et papillons·

M. Michelin.

1226 — Deux Vases ovoïdes à ouverture cylindrique, décorés de médaillons à fonds jaune et vert portant des fleurs ornementales entre deux bandes à fond rouge décorées de rinceaux fleuris.

M. La Faulotte.

1227 — Vase ovoïde à col conique, décoré de fleurs et d'oiseaux.

Au même.

1228 — Vase ovoïde à riche bordure de lambrequins et quatre divisions renfer-mant des vases sacrés.

Mlle Grandjean.

1229 — Gourde à deux renflements ; sur le premier des groupes de fruits alternant avec des grues et surmontés de lambrequins ; sur le second, décor de rinceaux fleuris et le signe de longévité.

Mme Dugléré.

1230 — Vase cylindrique décoré sur le col de bambous en noir ; au-dessous, sur la chute du col, un fond vert pavé avec réserves occupées par des modèles. Le corps du vase, à fond rouge de fer avec réserves de rinceaux et fleurs, porte des inscriptions, fleurs et oiseaux.

Mme Malinet.

1231 — Vase cylindrique à panse légèrement renflée, fond rouge à réserve de fleurs ornementales, médaillons occupés par des fleurs et des oiseaux.

M. Galichon.

1232 — Bouteille à parfums en forme d'amande ; fond vert pâle piqueté de noir, semé de papillons et fleurs d'une excessive finesse ; autour du goulot une bordure d'un vert plus foncé, avec grecque noire. Pied en bois sculpté.

Mme Malinet.

1233 — Un Vase ovoïde à col rétréci, décoré de paysages avec bordure ornementale et dents de loups.

M. Bellenot.

1234 — Deux Bouteilles décorées de modèles. Bordure de glands retombant le long du goulot.

M. Gasnault.

1235 — Vase cylindrique orné de rosaces en rouge de fer, jaune, manganèse, et autres émaux.

M. le duc de Martina.

1236 — Trois Vases ovoïdes à couvercles capsulaires surmontés d'un bouton, entièrement recouverts en rouge avec rinceaux fleuris réservés en blanc.

M. La Faulotte.

1237 — Pot à anse en forme de tonneau, à couvercle capsulaire ; fond rouge de fer vif, chargé en réserve de rinceaux à fleurs ; monture en bronze doré rattachant le couvercle à l'anse.

M. le duc de Martina.

1238 — Magnifique Vase lancelle, fond noir, grand feu, avec réserves de rochers, bambous et pruniers en fleurs autour desquels voltigent des oiseaux. En dessous la marque Tching-hoa (1465 à 1487).

Au même.

1239 — Grand Vase quadrangulaire à col cylindrique évasé, décoré de fleurs sur fond émaillé noir. En dessous la date de Tching-hoa (1465 à 1487).

M. Baylin de Monbel

1240 — Gourde à triple renflement et col évasé, fond bleu fouetté éclatant avec quelques restes de dorure. Réserves à modèles et fleurs. Pied en bois de fer.

Mme Malinet.

1241 — Deux Bouteilles-gourdes à triple renflement, fond bleu fouetté à réserves décorées de modèles et bouquets de fleurs en émaux de la famille verte.

Mme Fleuriot.

1242 — Deux petits Vases cylindriques à goulots évasés, en bleu fouetté décoré de rinceaux d'or, encadrant des réserves occupées par des fleurs en émaux de la famille verte.

M. La Faulotte.

1243 — Deux autres plus petits.

Au même.

1244 — Grand Plat à sujet historique. Derrière trois tables sont assis un empereur et son conseil ; au milieu de la salle un guerrier en grand costume porte, à bras tendu, le Ting sacré ; quatre officiers le regardent avec admiration.

Mme Malinet.

1245 — Plat à bordure mosaïque avec six réserves occupées par des fleurs ; au centre sujet représentant l'Impératrice faisant faire l'exercice à ses femmes en présence de l'empereur.

M. B. Jaurès.

1246 — Plat bassin ; au milieu décor à personnages représentant une académie de philosophes ; sur le marly des médaillons à sujets intimes.

M. le duc de Martina.

1247 — Plat. Au centre décor à personnages ; sur le marly des médaillons à sujets de chevaux.

Au même.

1248 — Petit plat, sur le marly bordure mosaïque à quatre réserves ornées d'emblèmes hiératiques. — Au fond sujet légendaire. — Un guerrier fuit en tirant de l'arc vers le ciel, où l'on voit un animal cherchant à dévorer le soleil (c'est une fable sur les éclipses).

M. Gasnault.

1249 — Deux grands Plats décorés en émaux de la famille verte où le rouge domine ; bordure filigranée rouge avec six réserves occupées par des emblèmes hiératiques. — Sujet historique occupant tout le fond.

Au même.

1250 — Plat creux. — Sujet représentant un guerrier et une femme à cheval poursuivis par des hommes armés. — Bordure mosaïque à six réserves contenant des emblèmes sacrés.

Au même.

1251 — Plat creux. — Au centre un médaillon : paysage avec trois femmes jouant de divers instruments. — A l'entour une suite de huit médaillons présentant probablement, les divers épisodes du poème chanté par les musiciennes. — Fond filigrané en vert de cuivre.

Au même.

1252 — Deux semblables.

M. Dutuit.

1253 — Grand Plat décoré d'une suite de médaillons rayonnant autour d'un médaillon central occupé par des sujets à personnages.

Au même.

1254 — Grand Plat à médaillon central à sujet ; au pourtour des fonds partiels et des bouquets.

M. le baron Gustave de Rothschild.

1255 — Plat. — Sur le marly bordure filigrané rouge à cinq réserves occupés par des objets sacrés. Au fond un sujet familier.

Mᵐᵉ Fleuriot.

1256 — Plat. — Bordure émaillée de vert chargée de fleurs, à quatre réserves occupées par des objets sacrés. Au fond deux femmes dans un paysage.

A la même.

1257 — Plat à vernis Nankin, bordure composée d'ornements variés interrompus par des réserves à modèles. Au centre décor plein ; un jeune guerrier armé de deux sabres, fuit devant deux cavaliers qui le menacent, l'un d'une lance, l'autre de deux haches. Sujet tiré du San-Koué-Tchy.

Mᵐᵉ Malinet.

1258 — Grand Plat, dont le marly est orné de fonds variées avec médaillons à modèles, écureuils et passereaux. Au fond un sujet familier. Une femme, appuyée sur la balustrade d'un pavillon, et à laquelle une servante apporte le thé, considère trois jeunes filles qui jouent au ballon dans un jardin.

A la même.

1259 — Plat, au pourtour des rochers chargés de fleurs ; au centre une composition analogue avec un fong-hoang sur le rocher. Marque à la feuille.

Mᵐᵉ Fleuriot.

1260 — Plat à large bordure quadrillée et pavée avec six médaillons à rés rves de fleurs. Au fond une grosse chimère, trois autres plus petites, deux oiseaux, des fleurs et insectes.

Mme Malinet.

1261 — Plat. Au centre des chiens de Fo jouant entre eux. Au pourtour trois groupes de chiens de Fo jou nt avec des rubans.

M. le duc de Martina.

1262 — Deux grands Plats, ornés de paysages occupant tout le fond avec fabrique, et personnages. — Sur le marly bordure filigranée chargée de huit médaillons ronds occupés par des grues.

M. Gasnault.

1263 — Plat octogone à large bordure piquetée de noir, à quatre réserves occupées par des fleurs et des oiseaux. Au centre, grand médaillon de fleurs et d'oiseaux.

M. Bellenot.

1264 — Plat creux, décoré de fleurs et d'oiseaux.

Mme Fleuriot.

1265 — Petit Plat, sur le marly bordure mosaïque à six réserves occupées par des fleurs. Au fond une branche fleurie chargée de deux oiseaux.

A la même.

1266 — Deux grands Plats à huit pans ; bord rouge godronné, marly fond vert à réserves renfermant des insectes ; au fond des arbres chargés d'oiseaux.

A la même.

1267 — Grand Plat à double bordure or et rouge de fer. Sur le Marly des bambous, des saules et des ling-tchy en émaux polychromes ; au fond un bouquet de chrysanthèmes et de célosies.

Mme Malinet.

1268 — Grand Compotier découpé au pourtour ; bordure losangée à réserves chargées de signes honorifiques ; fond partiel vert piqueté, avec six médaillons pailletés rouges chargés de fleurs. Au centre des modèles. Marque au Kouéi.

Mme Fleuriot,

1269 — Petit Plat creux à marly découpé, autour six médaillons renfermant alternativement des bouquets et des modèles. — Au milieu un rocher, fleurs et insectes. — Marqué Yu (jade) en bleu.

M. Gasnault.

1270 — Plat : sur le marly bordure de chrysanthèmes sur fond lilas pointillé de noir. — Quatre réserves renfermant les objets sacrés. — Au fond cinq grands papillons. — Marqué à la pierre sonore.

même.

1271 — Plat : au centre un médaillon de chrysanthèmes, au pourtour huit compartiments décorés des mêmes fleurs ; sur le bord, entre des bandes quadrillées six médaillons à chrysanthèmes.

M. le duc de Martina.

1272 — Plat à décor plein quadrillé avec des réserves en blanc portant des fleurs ; rosace centrale, fond blanc, à fleurs et papillons.

M. de Planard.

1273 — Grand Plat décoré d'armoiries et de branches de chrysanthèmes.

M. Desoye.

1274 — Plat creux décoré d'une corbeille fleurie.

Au même ;

1275 — Grand Compotier à filets rouges. Décor plein, composé de fleurs et feuilles de nélumbo.

Mme Malinet.

1276 — Compotier à bordure mosaïque avec un pin et des fleurs au centre. Fond en chêne pour support.

M. Jacquelet-Bey.

1277 — Compotier en fine porcelaine, décor famille verte où le rouge domine, au centre le fong-hoang. — Daté de Khang-Hy 1662-1722.

M. Gasnault.

1278 — Grand Compotier godronné, bordure rose à rinceaux dorés, au centre un enfant au milieu de branches de pivoines. — Autour six médaillons rectangulaires renfermant alternativement un chien de Fo, un paysage et une branche de pêcher avec oiseaux.

Au même.

1279 — Compotier à bord godronné et dentelé la tranche dorée, au fond un prunier en fleurs, des pivoines et des oiseaux.

Mme Malinet.

1280 — Compotier à riche bordure de fonds variés; réserves à symboles. Décor agreste, composé d'un rocher entouré de plantes diverses. Marque au Kouéi.

A la même.

1281 — Compotier décoré de fleurs, insectes et oiseaux.

M. Sauvageot.

1282 — Compotier à bordure de bambous et pêchers. Au centre une corbeille remplie de fleurs.

Mme Fleuriot.

1283 — Grand Compotier orné au pourtour d'arabesques fond bleu, découpant des médaillons remplis de fleurs en émaux de la famille verte; au milieu un grand médaillon aussi à fleurs et chûtes de branches, indiquant l'époque de Wan-li.

A la même.

1284 — Compotier, à bordure à jour. — Sujet de paysage.

M. Gasnault.

1285 — Assiette décorée d'une branche fleurie portant un oiseau et d'une inscription de quatorze caractères, tirée de la **maison des nuages**.

Au même.

1286 — Assiette découpée au pourtour; bordure rouge à rinceaux en réserve; au milieu médaillon vert sur lequel se détache le génie des nélumbos porté sur des plantes aquatiques.

M. A. Jacquemart.

1287 — Assiette à marly fond mosaïque avec médaillons ornés; au fond six autres médaillons renfermant alternativement un animal chimérique et une corbeille de fleurs; au milieu le chien de Fo.

Mme Malinet.

1288 — Assiette ornée sur le marly d'une bordure mosaïque à quatre réserves occupées par des papillons et des sauterelles. — Au fond deux femmes dans un paysage,

M. E. Cornu.

1289 — Six Assiettes hexagones; sur le marly bordure verte pointillée de noir, à quatre réserves ornées de crustacés. — Au fond médaillon de fleurs et d'oiseaux.

M. de Sénevas.

1290 — Assiette finement godronnée au pourtour; fond vert losangé avec réserves floriformes renfermant des bouquets; marque au lapin.

Mme Fleuriot.

1291 — Assiette à marly plat décoré de demi-rosaces et de rinceaux. Au centre des objets sacrés.

A la même.

1292 — Assiette à riche bordure; au centre une corbeille remplie de fleurs.

A la même.

1293 — Assiette décorée de rinceaux et fleurs ornementales, en bleu et émaux de la famille verte.

M. Chevalier de Lauzières.

1294 — Grand Plateau: bordure de fleurs sur fond vert d'eau pointillé de noir. — Quatre réserves occupées par des fleurs. — Au fond un paysage. — En dessous dans une grande réserve à cinq lobes, non émaillée, un fong-hoang.

M. Gasnault.

1295 — Quatre Plateaux bordure à bâtons rompus noirs sur fond vert avec quatre réserves occupées par des objets sacrés. — Au fond sujets à personnages.

Au même.

1296 — Plateau rond, bordure quadrillée avec réserves honorifiques. Au fond deux Chinoises jouent aux dominos sur un rocher, dans un jardin orné de palmiers.

Mme Malinet.

1297 — Plateau octogone, bordure de fleurs ornementales et d'oiseaux. — Au centre médaillon octogone bordé rouge et renfermant un kilin.

M. Gasnault.

1298 — Petit Plateau en porcelaine décorée du cheval sacré dans les flots, de la perle, de la pierre sonore et de fleurs.

M. Delaherche.

1299 — Petit Plateau à trois pieds, couverte noire avec semis de fleurs réservées en émaux de la famille verte. — En dessous deux dragons jouant dans des feuillages.

M. Gasnault.

1300 — Quatre petites Coupes libatoires à ombilic avec décor ornemental varié (proviennent de la collection de Dresde).

Au même.

1301 — Coupe circulaire basse à trois pieds, portant des têtes chimériques; marly losangé à quatre réserves portant la perle, la pierre sonore, les rouleaux et le kouéi. Au centre un bouquet, au dessus duquel voltige un papillon; très-ancienne porcelaine.

M. le duc de Martina.

1302 — Coupe à couvercle surmonté d'un petit bouton plat, décor de médaillons arabesques à fond vert avec fleurs ornementales. Le feuillage grisâtre est en manganèse, au pourtour des demi-médaillons fond rouge à réserve garnissent les espaces libres. Vieille porcelaine chinoise de style persan.

Au même.

1303 — Coupe ovoïde; fond vert piqueté et semé de fleurs, avec médaillons en réserve; dans l'un un jeune lettré est près d'une jeune fille qui écrit; dans l'autre un jeune homme est aux pieds d'une jeune fille; un enfant les regarde du dehors. Socle en bois de fer sculpté.

Mme Malinet.

1304 — Coupe des grands-lettrés; pourtour divisé en huit lobes décorés chacun d'un sujet avec inscription explicative; au fond le lettré. Inscription de la période Khang-hi.

Mme Fleuriot.

1305 — Coupe couverte à deux anses, décorée de plantes, rochers et animaux sacrés. Elle est sur un plateau du même genre.

A la même.

1306 — Coupe couverte à deux anses, portée sur son plateau; décor à modèles en bleu, rouge, orange et vert.

A la même.

1307 — Coupe couverte ou grand Sucrier à fond rouge de fer relevé de rinceaux et fleurs; médaillons réservés portant des rochers et bouquets.

A la même.

1308 — Deux Sucriers couverts, ovales, à anses ornementales ; ils sont godronnés à imbrications et décorés de fleurs et bouquets.

Mme Fleuriot.

1309 — Bol ; des femmes viennent faire une offrande aux constellations. Période Khang-hy (1662 à 1722).

M. A. Jacquemart.

1310 — Bol hémisphérique à bordure fond jaune ; au pourtour quatre pêches de longévité jaunes et rouges inscrites du mot Cheou (longévité) ; entre, des Ling-Tchy. Nien-hao de Kia-Thsing (1522-1566).

Au même.

1311 — Grand Bol décoré extérieurement d'un sujet plein, exécuté en bleu et en émaux de la famille verte. Il représente les huit immortels rendant hommage à Cheou-Lao. A l'intérieur, un paysage d'hiver en bleu.

M. le duc de Martina.

1312 — Bol à quatre faces aplaties avec les angles abattus. Les quatre médaillons représentent des sujets historiques ; les petits médaillons renferment des paysages ; au fond un grand lettré assis.

Au même.

1313 — Bol à bordure intérieure verte ornée de fleurons ; fond jaune chargé de rinceaux fleuris ; au centre une rosace bleue formée par les flots de la mer. — A l'extérieur décor bleu rehaussé de vert et de rouge, représentant des dragons dans la mer et des chevaux ayant chacun une caisse sur le dos ; en dessous une rosace en rouge.

Au même.

1314 — Bol hémisphérique découpé par le bord et lobé à la base en forme de fleur ; deux lobes réunis renferment des groupes de nélumbos, chrysanthèmes, pêchers et pivoines et sont séparés par des lobes uniques remplis de paysages qui forment comme une croix à la base de la pièce. Au dessus des fonds partiels à mosaïque et bâtons rompus entourant des médaillons où se trouvent les choses honorifiques ; en dessous la marque de la période Kien-Long (1736 à 1795).

Au même.

1315 — Bol très-évasé, décoré intérieurement et extérieurement de papillons et de fleurs.

M. Gasnault.

1316 — Bol évasé. — Décor extérieur de feuillages formant fond avec réserves occupées par des fleurs et des oiseaux. — A l'intérieur bordures de fleurs sur fond jaune piqueté de noir à quatre réserves de fleurs.

Au même.

1317 — Bol de forme évasée décoré de dragons, de fong-hoangs et de fleurs ornementales.

M. Dutuit.

1318 — Bol campanulé à légère carène vers le bas, bordure intérieure losangée de la famille verte, à réserves portant les signes honorifiques. Décor plein, représentant la plantation du riz. Une inscription de quarante caractères indique à quelle époque et dans quelles conditions cette plantation doit se faire, les précautions qu'elle exige et les effets salutaires que produit la jeune plante. Pied en bois de fer sculpté.

Mme Malinet

1319 — Bol à bordures losangées coupées par des modèles et des bouquets ; fond vert piqueté encadrant des réserves à fleurs ; au fond une corbeille.

Mme Fleuriot.

1320 — Bol à godrons, décoré de dragons et de fleurs.

M. Devers.

1321 — Jatte campanulée, portant intérieurement une bordure fond vert piqueté à losanges et fleurs, avec réserves à bouquets; au fond un rocher sur lequel croissent des fleurs; l'extérieur entièrement couvert d'un sujet agreste, montre, sur des rochers, des chrysanthèmes, des pivoines, des fleurettes diverses, des oiseaux et des papillons. Pied en bois de fer sculpté.

Mme *Malinet.*

1322 — Bol campanulé gravé sous couverte des flots de la mer et de rochers; deux dragons plus profondément gravés sont teints en émail vert; ils ont cinq griffes et sont entourés de flammes. Pièce impériale de la période Tching-te (1506 à 1521).

M. A. Jacquemart.

1323 — Bol très-évasé, de forme persane, à fond nankin; au centre une pivoine, et autour des pivoines, nélumbos, œillets, ling-tchi. A l'extérieur, un rocher d'où sortent le pêcher à fleurs et diverses plantes autour desquelles volent des passereaux. Pied en bois de fer sculpté.

Mme *Malinet.*

1324 — Bol extérieurement émaillé en jaune nankin, décor de rochers, fleurs et papillons de la famille verte; à l'intérieur bordures bleues avec fleurs de pêcher. Marque au Kouci.

Mme *Fleuriot.*

1325 — Bol et son plateau à bords lobés. — Décor consistant en quatre bandes en bleu fouetté portant des fleurs dorées et alternant avec quatre bandes réservées en blanc et portant des vases sacrés en émaux de la famille verte. — Au centre rosace ornementale (provient de la collection de Dresde).

M. Gasnault.

1326 — Gargoulette cotelée finement sur la panse et le biberon; sur le col des bouquets; plus bas des médaillons de couleurs variées portant des fleurs; sur la panse fonds particls noirs entourant des médaillons avec rochers, fleurs et fong-hoangs.

Mme *Fleuriot.*

1327 — Théière formée d'un faisceau de bambous décorés d'arabesques.

M. Michelin.

1328 — Théière en forme de pêche de longévité, fond rouge à réserves blanches; de chaque côté des médaillons en forme de feuilles renferment des bouquets.

M. le duc de Martina.

1329 — Théière élevée, presque cylindrique à couvercle en dôme; son fond fouetté, à bordures et bouquets d'or, porte deux réserves à contour arabesque. Dans l'une, des nélumbos avec des canards mandarins; dans l'autre le pêcher à fleurs et des passereaux.

Mme *Malinet.*

1330 — Grande Théière sphéroïdale à couverte brune décorée, en émaux de la famille verte, de branches d'aubépine formant relief.

M. Gasnault

1331 — Un pot à crème couvert, décoré de fongs-hoangs.

Mme *Fleuriot.*

1332 — Tasse et Soucoupe à bande losangée verte interrompue par deux femmes japonaises et un bouquet.

M. A. Jacquemart.

1333 — Tasse semblable.

M. Gasnault.

1334 — Tasse et Soucoupe: deux femmes faisant une offrande.

M. A. Jacquemart.

1335 — Tasse et Soucoupe à bordure piquetée et bouquets de nélumbos et pivoines.

Au même.

1336 — Tasse à bords lobés décorée d'objets sacrés.

M. Gasnault.

1337 — Tasse à quatre médaillons formant rosace, bordures vertes piquetées de noir. Décor de fleurs ornementales.

Au même.

1338 — Tasse-gobelet avec sa soucoupe; décor de godrons bleu, rehaussés d'or et d'arbres à fleurs caryophyllées. Période de Wan-li (1573 à 1619).

M. A. Jacquemart.

1339 — Tasse et Soucoupe godronnées, décor composé de chrysanthèmes armoriales en relief et coloriées, et de quelques bouquets de style archaïque.

Mme Malinet.

1340 — Tasse-Gobelet avec sa Soucoupe; bordure vert piqueté coupée de médaillons à kouei. Décor composé de fleurs de nélumbo et de pivoine.

A la même.

1341 — Gobelet conique, décoré de fleurs et d'oiseaux.

M. Dutuit.

1342 — Tasse polygonale cannelée et sa Soucoupe, décor fleurages, rouge et or.

M. Riocreux.

1343 — Tasse décorée en rouge et or de fleurs et objets sacrés.

M. Gasnault.

1344 — Tasse-Gobelet octogone, fond nankin décoré d'objets sacrés en émaux de la famille verte.

M. Devers.

1345 — Bol et Soucoupe porcelaine jaspée hoang-lou-ouan avec inscriptions, l'une de Tching-hoa, l'autre honorifique.

Mme Rouveyre.

1346 — Tasse et Soucoupe à vernis hoang-lou-ouan, jaspé jaune, vert et violet.

M. A. Jacquemart.

1347 — Pièce semblable.

Mme Malinet.

1348 — Panier à anse supérieure, orné de quatre médaillons de fleurs sur fond ajouré. — Bordures de rinceaux et de fleurs sur fond vert et violet.

M. Dutuit.

1349 — Support cubique à ouverture circulaire; sur les quatre faces médaillons rectangulaires percés à jour. — Décor de chrysanthèmes sur fond vert piqueté de noir.

M. Gasnault.

1350 — Un autre, hexagone. Décor mosaïque à jour.

Au même.

1351 — Boîte de forme cylindrique élevée sur trois pieds bas; autour, sur un fond noir, des branches de prunier et des oiseaux; sur le couvercle une rosace centrale percée à jour et entourée de modèles émaillés.

Mme Malinet.

PORCELAINE DE TROISIÈME QUALITÉ

1352 — Groupe représentant un empereur tartare, monté sur son cheval et armé. Porcelaine émaillée en jaune, vert, violet et rouge.

M. le duc de Martina.

1353 — Deux chimères, mâle et femelle, émaillées en jaune, vert et violet. Elles sont posées sur des feuilles.

Au même.

1354 — Deux petites chimères formant flambeaux.

M. Evans.

1355 — Deux perroquets émaillés en vert, à bec réservé en blanc, montés sur un rocher à jour émaillé en vert, jaune et violet.

M. La Faulotte.

1356 — Petite Coupe à siphon émaillée en vert; elle a la forme d'une feuille de nélumbo repliée; un canard émaillé vert et jaune est auprès.

Mme Malinet.

1357 — Une autre semblable.

M. La Faulotte.

1358 — Ting à trois lobes, s'allongeant en pieds droits. Une grecque en creux entoure la gorge et des ornements archaïques en relief couvrent chaque lobe. Email jaune sur biscuit. Pied et couvercle en bois de fer sculpté à jour.

Mme Malinet.

1359 — Coupe de sacrifice montée sur trois pieds portant des têtes de chimères; elle est émaillée en jaune et violet sur fond vert piqueté et porte la tête aux yeux jaunes et des dessins archaïques.

A la même.

1360 — Grand vase lancelle à fond émaillé blanc, chargé de rinceaux à fleurs en bleu; quatre médaillons réservés sur la panse sont émaillés en couleur sur biscuit et représentent des sujets historiques. Quatre autres médaillons sur le col renferment des paysages à figures. Pied en bois sculpté.

M. le duc de Martina.

1361 — Vase cylindrique semé de nuages et d'animaux sacrés, deux pêches de longévité jetées dans le décor portent des groupes de plantes et des oiseaux. Deux petits médaillons encadrés renferment des paysages.

Mme Fleuriot.

1362 — Potiche non couverte, à col très-court et évasé, avec anses formées de têtes de chimères tenant des anneaux. Le fond du vase est vert olivâtre, avec un pin, un pêcher à fleurs et un roseau gravés et émaillés en violet, vert et blanc. Pied en bois sculpté.

Mme Malinet.

1363 — Petite potiche fond jaune; autour de la gorge, des feuilles d'eau rehaussées de noir; sur la panse, des rochers, fleurs et oiseaux en émaux vert, blanc et manganèse.

A la même

1364 — Lancelle très-surbaissée à fond jaune impérial, portant, gravés dans la pâte et réchampis en beau vert, des dragons à cinq griffes entourés de nuages. Nien-hao à quatre caractères de Tching-te (1506 à 1521). Pied en bois sculpté.

A la même.

1365 — Potiche ovoïde, couverte fond jaune à rinceaux verts. Pied en bois de fer sculpté.

A la même.

1366 — Potiche à goulot rétréci, émaillée fond jaune et entièrement couverte de fleurs et rinceaux gravés.

A la même.

1367 — Vase quadrangulaire à pied cylindrique et ouverture ronde rétrécie. Anses latérales formées de têtes d'éléphants. Couverte jaune impérial décorée de dragons dans les nuages gravés dans la pâte. Pied en bois de fer.

M. Gasnault.

1368 — Vase à quatre pans, à ouverture rectangulaire, à anses latérales formées par des têtes chimériques tenant des anneaux simulés. Jaune impérial.

M. Bellenot.

1369 — Bouteille couverte jaune impérial, décorée de fleurs et d'oiseaux polychrômes en relief. Inscription en caractères Ta-tchouan.

M. B. Jaurès.

1370 — Bouteille à goulot renflé et hanche anguleuse, fond émaillé jaune ; à
la base du col serpente un dragon en relief, tenant la perle ; il est blanc avec rehauts de couleurs diverses.

Mme Malinet.

1371 — Potiche figurative composée de feuilles de nélumbo réunies et atta-
chées au col par un lien jaune. L'émail vert est appliqué en dedans comme en
dehors. Socle bois de fer.

A la même.

1372 — Pi-tong carré, à panneaux à jour composés de branches fleuries de
nélumbos, chrysanthèmes, pivoines et pêchers. Porcelaine émaillée en couleurs.

M. l'amiral Coupvent des Bois.

1373 — Plateau à couverte nankin, dite jaune impérial, en dessous le nien-hao
de Hong-tchy (1488 à 1505).

M. A. Jacquemart.

1374 — Petit plateau carré, decoupé au pourtour, emaillé en couleurs de la
famille Verte. Au centre des modèles et au pourtour des bouquets de fleurs et de
fruits.

M. le duc de Martina.

1375 — Coupe figurative à sept lobes, découpée sur les bords ; à l'extérieur et à
l'intérieur des tiges fleuries de chrysanthèmes en demi-relief et gravées à la pointe.
la tige principale dépasse la coupe et forme anse, le fond de la coupe est jaune,
les fleurs, blanches, les feuilles, vertes, et les tiges, colorées en manganèse.

Mme Malinet.

1376 — Coupe en forme de pêche de longévité, portant en relief, des deux
côtés, des tiges, des feuilles et des fleurs de pêcher. Les tiges forment pieds et
anses.

A la même.

1377 — Compotier émaillé vert à décor gravé de fleurs courantes.

M. le comte de Malherbe.

1378 — Boîte lenticulaire à reliefs émaillés vert sur fond jaune dit impérial.
L'intérieur est émaillé jaune. Pied bois de fer.

A la même.

1379 — Bol en très·fine porcelaine de troisième qualité, émaillé intérieurement
en jaune, avec quatre poissons nageant parmi des plantes aquatiques ; extérieur
émaillé vert avec nuages et flots chargés de signes honorifiques. Inscription indiquant qu'il a été fabriqué pour la salle Thien-pao.

M. le duc de Martina.

1380 — Bol très-évasé entièrement émaillé en vert. Au dehors des fleurs jaunes
et blanches à tiges brunes, sont détachées du fond par un trait gravé dans la pâte.
Socle en bois sculpté.

Mme Malinet.

1381 — Bol entièrement couvert en émail jaune, avec dessins gravés et réchampis de vert. Bordure poste ; dragons à cinq griffes dans les nuages : au fond le signe
Cheou, longévité. En dessous, un cachet bleu. Pied en bois de fer sculpté.

A la même.

1382 — Théière ayant la forme d'une grenade entourée de branches et de
feuilles. Les branches forment l'anse et le goulot et le sommet du fruit sert de
couvercle. Porcelaine de troisième qualité, émaillée en brun et vert.

M. le duc de Martina.

1383 — Théière à quatre lobes, à anses supérieures, imitation de troisième qualité, à médaillons et fleurs.

M. l'amiral Coupvent des Bois.

1384 — Deux théières en forme de poule entourée de ses poussins.

M. La Faulotte.

1385 — Petite théière en forme de fruit à côtes, avec branches feuillées formant l'anse et le bec.

Au même.

1386 — Théière pentagone à anse dressée en portique; le haut formé par deux dragons; sur chaque panneau un dieu boudhique entouré de feuillages en relief, avec de légères colorations.

Mᵐᵉ Malinet.

1387 — Tasse lobée, figurant, en dessous et par son contour, la fleur de pêcher, fond vert uni semé de nuages et de dragons roulés en forme de médaillons. Anse composée d'un dragon. Porcelaine fine peinte en émaux sur biscuit.

A la même.

1388 — Tasse entièrement émaillée en vert et décorée de mollusques.

M. Gasnault.

1389 — Tasse jaune avec soucoupe ornée de dragons et bordures à rinceaux, émaillés vert.

M. Dutuit.

1390 — Tasse et soucoupe; l'extérieur entièrement émaillé fond noir avec réserve de fleurs. L'intérieur est divisé en huit compartiments émaillés jaune, noir, vert et manganèse chargés de bouquets.

Mᵐᵉ Malinet.

1391 — Deux bras de cheminée, composés d'une sorte de fruit terminé par une main; il en sort une tête de singe près de laquelle sont des fruits que tiennent les mains du même animal, l'une des pièces est jaune et l'autre est brune. Monture en bronze.

A la même.

1392 — Jardinière ayant la forme de deux cache-pots accolés; l'un et l'autre fond quadrillé à médaillons renferment des fleurs de pêcher.

M. le duc de Martina.

1393 — Petite boîte rectangulaire à quatre pieds, fond en biscuit, gravé de paillettes, sur laquelle s'élèvent en relief des bouquets de pivoines émaillées en vert. Sur le couvercle le chien de Fo parmi des rinceaux fleuris percés à jour.

Au même.

FAMILLE ROSE (CHINE)

1394 — Statuette de Kouan-in assise, émaillée polychrome à gravures; période de Kien-long.

M. Riocreux.

1395 — Statuette de Chinois vêtu d'une robe arlequinée et tenant un chasse-mouches.

M. La Faulotte.

1396 — Petite figure de chinoise couchée vêtue d'une robe émaillée jaune, décorée de fleurs.

Au même.

1397 — Chien de Fo en partie doré sur un rocher chargé de fleurs en relief.

M. Mercellin.

1398 — Oiseaux fabuleux à plumes de paon, posés sur des rochers jaspés de rose, bleu et vert; le ventre est rouge, les ailes vertes mouchetés de noir, de jaune, rose et bleu, le bec et les pattes sont jaunes.

Mᵐᵉ Malinet.

1399 — Faisan posé sur un rocher, le ventre est rouge de fer, le plumage varié et les pattes jaunes.

Mme Malinet.

1400 — Deux Émouchets posés sur des rochers.

M. La Faulotte.

1401 — Canard sur une feuille de nélumbo.

Au même.

1402 — Deux Oies formant soupières.

Au même.

1403 — Vase figuratif en forme d'éléphant assis, son pelage est gris strié, des bouquets de pivoines sont émaillés sur les oreilles et les défenses sont dorées. Un collier rouge de fer rehaussé d'or retombe sur la poitrine.

Mme Malinet.

1404 — Imitation de la coquille appelée **Harpe** avec ses couleurs naturelles.

A la même.

1405 — Coupe de sacrifice (Tsio) sur trois pieds triangulaires élevés, — anse latérale. — Décor de fleurs.

M. Gasnaut.

1406 — Vase lancelle à faux godrons à la base avec pendentifs de perles, sur la panse et le col des processions d'enfants revêtus des insignes de toutes les dignités sociales; l'un des enfants porte un étendard sur lequel est écrit : Observez les jeux des enfants nobles et illustres.

Mme Fleuriot.

1407 — Vase lancelle; sur le corps un démon à cheval sur un chien de Fo reçoit les hommages de deux de ses satellites; sur le col un philosophe avec un cerf parle à deux suivants chargés de livres et rouleaux.

A la même.

1408 — Vase lancelle, fond blanc décoré au col et sur la panse de personnages en couleur.

M. Burty.

1409 — Urne fond blanc, décorée de personnages, dont un à cheval sur un cerf, sur la gorge groupes d'objets sacrés. Pied en bois de fer.

M. l'amiral Coupvent des Bois.

1410 — Grand Vase ovoïde à col évasé, flanqué de deux anses saillantes, décoré sur la panse de personnages sacrés, sur la gorge de fleurs ornementales sur fond vert. Moderne. Pied en bois de fer.

Au même.

1411 — Deux Vases de forme octogone ornés de personnages, de fleurs, etc., etc.

M. Evans.

1412 — Potiche presque cylindrique à gorge évasée entourée de modèles; sur le corps le mot Cheou ornementé et presque couvert par un sujet représentant une offrande au dieu de la longévité. Pied en bois sculpté.

Mme Malinet.

1413 — Vase bursaire à gorge évasée; autour de la panse, quatre démons en demi-relief dans diverses positions et avec leurs attributs; autour de la gorge, deux immortels.

A la même.

1414 — Deux Potiches décorées de sujets familiers.

Mlle Grandjean.

1415 — Deux grandes Potiches de forme élevée à col évasé, décor polychrôme de fong-hoangs et de pivoines; couvercles bombés portant le chien de Fo.

M. le comte de Fernandina.

1416 — Deux grandes Potiches de forme élevée et à col évasé, décorées en rouge et or de fong-hoangs et de fleurs ; couvercles bombés surmontés du chien de Fo.

M. le comte de Fernandina.

1417 — Deux grands Vases à panse renflée et ouverture évasée. — Deux têtes de chimères en relief portant des anneaux simulés. — Fond d'or chargé de fleurs. — Médaillons à sujets. — Moderne.

M. Paul de Birgkann.

1418 — Vase lancelle ; sur la base des nélumbos avec martin-pêcheur, des canards-mandarins et des passereaux ; sur le col des Yu-lan , des pivoines et deux fong-hoangs.

Mᵐᵉ Fleuriot.

1419 — Grande Potiche couverte, à rochers entourés de plantes fleuries et portant des fong-hoangs, des paons, des passereaux et insectes.

A la même.

1420 — Petite Potiche fond rouge de fer portant des dragons à cinq griffes dans des nuages d'un ton jaune rehaussé de noir. Pied en bois de fer sculpté.

Mᵐᵉ Malinet.

1421 — Petit Vase de forme sphérique, décoré de dragons et rinceaux fleuris en bleu rehaussé de rouge et de vert sur fond jaune. Pied et couvercle en bois de fer.

M. l'amiral Coupvent des Bois.

1422 — Vase ovoïde à ouverture cylindrique, décoré d'objets sacrés en haut-relief.

M. Dugléré.

1423 — Vase forme balustre, fond blanc décoré d'objets sacrés.

Mˡˡᵉ Grandjean.

1424 — Vase lancelle ; sur la base des rochers chargés de fleurs sur lesquels sont posés des paons ; sur le col des branches de pivoines et de pêchers, avec des passereaux, des papillons et des insectes.

Mᵐᵉ Fleuriot.

1425 — Grande Potiche octogone, sur chaque pan un grand médaillon occupé par des rochers fleuris et des oiseaux ; couvercle en cuivre.

M. Valpinçon.

1426 — Potiche non-couverte à hanche presque anguleuse, col rétréci, court, et bord légèrement redressé, fond filigrané rose sur lequel se détachent des modèles polychrômes et un cartouche en réserve, avec paysage. Trois bordures vertes. Pied en bois sculpté.

Mᵐᵉ Malinet.

1427 — Vase carré de plan et conique, la gorge s'évasant ; sur chaque face trois médaillons renfermant des fleurs, attributs et insectes. Ils sont bordés d'un filet rose en relief se détachant sur un fond vert semé de rinceaux et de chrysanthèmes. Socle en bois de fer.

A la même.

1428 — Deux petites Potiches turbinées à pied en moulure ; sur celui-ci des ornements à écaille sur fond vert. Le corps du vase porte des bouquets à fleurs ornementales et des branches de Ling-Tchy, autour desquels voltigent des oiseaux. Le col émaillé fond bleu porte des corbeilles et des fleurs dans des parties réservées.

M. le duc de Martina.

1429 — Une garniture de cinq pièces, trois potiches élevées à couvercle et deux cornets évasés à côtes, décorés de branches de pêchers.

M. Bellenot.

1430 — Urne à couvercle capsulaire, bordure losangée à réserves de grosses fleurs; fond partiel à mosaïque encadrant quatre médaillons portant des modèles et des paysages.

Mme Fleuriot.

1431 — Grande Potiche ovoïde à couvercle, fond noir chargé de chrysanthèmes avec réserves décorées de fleurs.

M. La Faulotte.

1432 — Deux Potiches couvertes à fond noir chargé de rinceaux verts avec chrysanthèmes émaillées. Dans des réserves des bouquets de fleurs.

Mme Fleuriot.

1433 — Vase lancelle un peu surbaissé, riches bordures émaillées à fleurs et à losanges; corps émaillé vert bleu à rinceaux et fleurs polychrômes; réserves arabesques à paysages; col émaillé rose, aussi à rinceaux et dragons émaillés.

A la même.

1434 — Deux grandes Potiches de forme élevée, à couvercles bombés, fond jaune soufre, décoré de fleurs, de papillons et d'oiseaux en couleur.

M. Paul Birgkann.

1435 — Potiche non couverte émaillée en vert avec bouquets émaillés en couleurs, le fond est rehaussé de nuages au trait.

Mme Fleuriot.

1436 — Vase cylindrique à col de même forme, chargé de feuilles d'eau; sujet plein représentant un sujet de l'école Tao-sse avec personnages fabuleux.

A la même.

1437 — Cornet décoré d'une femme assise près d'une table et regardant un jeune enfant porté par une suivante; derrière celle-ci, une étagère chargé de fleurs et un enfant avec un éventail. Pied en bois de fer.

Mme Malinet

1438 — Deux Cornets lobés, renflés par le milieu, avec fonds partiels rouge d'or, rehaussés de fleurs émaillées, et sujet représentant une femme et un enfant.

M. La Faulotte.

1439 — Deux Gourdes à panse sphérique et col portant un renflement à l'ouverture. Décor de personnages. (Moderne.)

M. de Vassoigne.

1440 — Deux Bouteilles porcelaine de Nankin, décor polychrôme à personnages.

M. B. Jaurès.

1441 — Lagène à ouverture évasée, sur piédouche orné d'emblèmes hiératiques en noir et or; sur la panse des carpes de même couleur; en haut, bordure en rouge de fer à réserves.

M. Gasnault.

1442 — Deux bouteilles piriformes à ouverture évasée portant au col un léger renflement décoré de fleurs sur fond filigrané rouge. Décor de fleurs et papillons.

M. Galichon.

1443 — Deux Gourdes hexagones à deux renflements, fond rose réticulé, à réserves quadrilobées, ornées de fleurs. Monture en bronze doré.

M. La Faulotte.

1444 — Bouteille double à couverte imitant l'email peint. Sur la panse quatre médaillons circulaires à jour à bâtons rompus dorés.

M. B. Jaurès.

1445 — Pitong à six pans, fond rouge de fer, orné de dorures; chaque panneau central est percé à jour avec réserve d'un médaillon orné alternativement de figures et de paysages.

M. l'amiral Coupvent des bois.

1446 — Bouteille à couvercle plat surmonté d'un animal fabuleux; anse formée par un dragon. Le fond est lilas à filigrane rose, et semé de fleurs émaillées. Trois médaillons réservés portent des bouquets de fleurs où domine le nélumbo.

Mme Malinet.

1447 — Potiche élevée à couvercle, fond rose décoré de rinceaux fleuris, avec deux réserves occupées par des fleurs.

M. La Faulotte.

1448 — Un Cornet semblable.

Au même.

1449 — Deux Cornets fond émaillé rose-uni, semé de fleurs de chrysanthèmes et de pêchers ; dans des médaillons en réserve des bouquets de pivoines.

Mme Fleuriot.

1450 — Gargoulette à décor composé de bordures et d'un sujet probablement historique.

A la même.

1451 — Buire en casque avec sa cuvette hexagone; bordure émaillée fond rose à fleurs. Sujet représentant une dame qui se promène en char et rencontre un cavalier.

A la même.

1452 — Petite Buire piriforme, à couvercle bombé, décorée de personnages.

A la même.

1453 — Buire en casque avec sa vasque en forme de coquille, décor à fond partiel noir, semé de fleurs, et à sujet principal composé de coqs sur des rochers, entourés de fleurs de pivoines, de pêchers, etc.

M. le duc de Martina.

1454 — Pièce semblable.

M. Dutuit.

1455 — Gourde à fond rouge de fer, décorée de fleurs et rinceaux d'or; l'intérieur émaillé vert. Socle à consoles en bois de fer.

Mme Malinet.

1456 — Flacon forme bouteille, décor polychrôme à rameau de feuillages : daté de Young-tching.

M. Riocreux.

1457 — Un Aspersoir à bouchon en métal argenté. Couverte rouge de fer.

M. La Faulotte.

1458 — Petite Potiche à deux anses latérales dorées, formées par des têtes chimériques portant des anneaux simulés ; couverte imitant l'émail peint, fond gros bleu décoré de fleurs ornementales émaillées en blanc et du signe de longévité en or. Moderne. Pied et couvercle en bois de fer.

M. l'amiral Coupvent-des-Bois.

1459 — Deux vases composés de deux bouteilles accolées, de forme circulaire aplatie, à deux tubulures cylindriques ; décor imitant l'émail peint; monture en bronze doré.

M. La Faulotte.

1460 — Boîte à thé, quadrangulaire, à couvercle cylindrique ; chaque face encadrée d'un double filet en relief. Décor de fleurs et d'oiseaux émaillés.

B. Burty.

1461 — Deux boîtes à thé, à fond émaillé bleu, chargé de rinceaux de fleurs en émaux saillants ; quatre réserves renferment des bouquets de nélumbos, de petits sapins, des pêchers et des pivoines. Sur le haut des pendentifs émaillés bleus et roses.

M. le duc de Martina.

1462 — Deux Boîtes à thé à couvercle capsulaire, bordures ornementales ; médaillons à modèles entre lesquels sont des bouquets de fleurs.

Mme Fleuriot.

1463 — Deux boîtes à thé carrées s'arrondissant par les angles supérieurs, fond noir décoré en réserve de tiges de pivoines et de chrysanthèmes multicolores.

Mme Malinet.

1464 — Pot-pourri ovoïde, à couvercle ; décor de fleurs entourant deux petits médaillons à lambrequins, contenant l'un un poisson et l'autre un oiseau.

M. La Faulotte.

1465 — Grande glacière à couvercle ; décor polychrôme de pivoines et chrysanthèmes.

Mme de Beuzelin.

1466 — Glacière à couvercle. Couverte brune à réserves en forme de feuilles décorées de fleurs.

A la même.

1467 — Pot à Tabac ovoïde à couvercle capsulaire ; couverte brune à réserves décorées de fleurs.

A la même.

1468 — Cache-pot conique, décoré de fleurs rouge de fer et or.

M. Marcellin.

1469 — Deux petits cache-pots quadrangulaires évasés à pied à jour et bord plat, décor de personnages.

Mlle Grandjean.

1470 — Jardinière formée de quatre plaques en porcelaine imitant l'émail cloisonné ; moderne. Monture en bronze doré de style chinois. Socle en bois noir carré.

Mme Malinet.

1471 — Deux petites coupes couvertes, en porcelaine à reliefs, représentant les huit Immortels voguant sur les flots. Pied en bois sculpté.

M. l'amiral Coupvent des bois.

1472 — Bol décoré en dedans d'une branche de pêcher avec son fruit mûrissant, sur lequel est le mot **Cheou**, longévité écrit en or. Au dehors, deux Déesses de la longévité, l'une assise sur la grue, l'autre debout sur un nuage et portant la pêche. Une impératrice traînée dans un char, vient avec ses servantes faire une offrande aux deux immortelles. Socle en bois sculpté.

Mme Malinet.

1473 — Deux coupes décorées de dragons à cinq griffes, rouge de fer jouant dans les flots représentés en bleu sous couverte ; datées de Kien-long.

M. B. Jaurès.

1474 — Bol imitant la fleur d'hibiscus, décor à médaillons de fleurs et d'animaux sacrés ; à l'intérieur une bordure riche avec pendentifs.

Mme Fleuriot.

1475 — Grand bol campanulé, découpé au pourtour, base lobée en forme de fleur de nélumbo, décor à médaillons de fleurs et animaux sacrés. Riche bordure intérieure à rinceaux.

A la même.

1476 — Bol à fond chargé d'imbrications en feuilles de pivoines ; deux médaillons fond rouge de fer avec chien de Fo.

A la même.

1477 — Petit bol en porcelaine grossière décoré de fleurs et ornements imités de la Chine. Au-dessous des caractères singuliers indiquent une fabrication probablement des îles de l'extrême Orient.

M. le duc de Martina.

1478 — Un bol hémisphérique à couvercle, fond bleu mosaïque, à réserve en forme de feuille, décorée de fleurs.

Mme Fleuriot.

1479 — Deux bols décorés de bâtons rompus en relief et médaillons réservés ornés de peintures.

M. le baron Gustave de Rothschild.

1480 — Grand bol entièrement émaillé de bordures à fond rose, jaune et vert, à rosaces et bâtons rompus, entourant des médaillons encadrés de bordures roses à grecques et à fond partiel bleu quadrillé, dont le centre réservé porte des paysages à l'encre de Chine. A l'intérieur riche bordure à réserves honorifiques sous laquelle court un rinceau émaillé bleu à fleurs blanches. Au fond des poissons Ak-ame nageant parmi des plantes aquatiques.

Mme Fleuriot.

1481 — Coupe ovale couverte avec son plateau. Porcelaine dite Impériale, décorée, en couleurs émaillées, de grosses fleurs groupées formant médaillons et entourant des oiseaux et des poissons.

A la même.

1482 — Deux coupes couvertes imitant une fleur de nélumbo avec son fruit vert.

A la même.

1483 — Bol campanulé, à double courbure, fond jaune, à rinceaux gravés dans l'émail; bouquets émaillés roses.

M. Malinet.

1484 — Deux grands bols avec leurs plateaux en porcelaine jaune dite porcelaine Impériale. Fond vermiculé gravé chargé de fleurs émaillées.

M. Dutuit.

1485 — Bol à couvercle avec son plateau, fond lilas vermiculé, chargé de branches fleuries émaillées. Datée de Hien-Fong (1820-1866).

M. La Faulotte.

1486 — Coupe campanulée, fond vert d'eau vermiculé, chargé d'une branche fleurie émaillée; monture en argent.

Au même.

1487 — Sucrier à couvercle et deux anses formées par des coquilles, fond filigrané, décoré de rosaces et fleurs émaillées.

Au même.

1488 — Sucrier en forme de grenade ; sur le haut du couvercle une branche supportant trois grenades en demi-relief et émaillées en couleur, le reste du sucrier est décoré de fleurs en camaïeu bleu.

M. le duc de Martina.

1489 — Boîte orbiculaire, décor polychrôme simulant l'émail cloisonné.

M. Riocreux.

1490 — Boîte plate imitant, dans son pourtour, la forme de deux pierres sonores opposées base à base. Fond rouge à reliefs figurant un laque de Ti-tcheou rehaussé de filets d'or.

Mme Malinet.

1491 — Plat de forme octogone, décoré de personnages et de fleurs : la récolte des nélumbos.

Mme Fleuriot.

1492 — Un autre.

M. Evans.

1493 — Plat à marly décoré de six bouquets de fleurs; au centre la déesse de la longévité suivie d'un enfant portant des fleurs, et entourée de l'axis, du prunier et de bambous.

Mme Fleuriot.

1494 — Deux plats portant, sur le marly, des immortels au milieu des flots de la mer; au centre un étang à nélumbos sur lequel nagent deux canards mandarins.

Mme Fleuriot.

1495 — Deux grands plats ronds; sur le marly riche bordure mosaïque rose chargée de fleurs ornementales et de quatre médaillons à personnages. Au centre grand médaillon occupant tout le fond et décoré de sujets à personnages.

M. André.

1496 — Grand plat; au fond grand médaillon orné d'un sujet à personnages. Sur le marly, décor courant de paysages avec chevaux et personnages.

M. Dutuit.

1497 — Grand plat décoré au fond d'un sujet historique; sur le marly quatre réserves contenant des personnages.

M. le Dr Mentzer.

1498 — Plat à barbe, riche bordure de fleurs sur fond vert piqueté de noir; au fond un sujet à personnages.

Mme Grandjean.

1499 — Plat à bordure fond vert piqueté de noir, avec bouquets de pivoines et de nélumbos. Au centre, une femme assise près de laquelle se tiennent deux paons. Une jeune fille, debout en face d'elle, s'appuie sur le pêcher à fleurs.

Mme Malinet.

1500 — Grand plat portant sur le marly quatre groupes de modèles; au centre un sujet représentant un bateau-habitation et des hommes se livrant à la pêche.

Mme Fleuriot.

1501 — Plat : sur le marly quatre branches fleuries. Au centre un vase de fleurs et des objets sacrés.

A la même.

1502 — Plat : bordure jaune à rinceaux noirs avec fleurs rouges. Au centre un médaillon octogone entouré de fleurs et renfermant des objets sacrés.

A la même.

1503 — Plat : au centre un rouleau déployé, dessin à l'encre de Chine représentant un paysage entouré de fleurs diverses peintes en rouge de fer. Le marly est décoré de grenades émaillées en bleu avec médaillons à l'encre de Chine représentant des paysages.

M. le duc de Martina.

1504 — Deux plats : au centre des paons auprès d'une branche de pivoine; sur le marly des bouquets de mêmes fleurs.

Au même.

1505 — Plat : bordure polychrôme à lambrequins, au centre un bouquet de fleurs.

M. Valpinçon.

1506 — Plat à riche bordure polychrôme à lambrequins; au centre une corbeille fleurie.

Au même.

1507 — Deux plats à angles arrondis. Sur le marly des feuilles de lotus et bouquets d'autres fleurs. Au centre une branche composée de diverses fleurs.

M. le duc de Martina.

1508 — Plat ovale, imitation d'émail fond rose avec rinceaux verts et fleurs rose foncé; au centre, une rosace.

Mme Malinet.

1509 — Plat, riche bordure à lambrequins, au centre un vase et des fleurs.

Mme Fleuriot

1510 — Plat : sur le marly trois bouquets. Au fond un vase et des fleurs.

A la même.

1511 — Plat creux décoré d'un bouquet de chrysanthèmes et de pivoines.

Mme Fleuriot.

1512 — Plat décoré sur le marly de bouquets émaillés en blanc. Au fond des perdrix et des fleurs.

A la même.

1513 — Assiette en porcelaine mince : philosophe entouré d'un enfant, de deux moutons et de vases.

M. Gasnault.

1514 — Assiette à marly chargé de quatre bouquets émaillés ; au centre une dame dans son intérieur allaitant un enfant.

Mme Malinet.

1515 — Autre semblable.

Mme Fleuriot.

1516 — Grande assiette : sur le marly quatre bouquets de fleurs Au centre une femme entourée de ses enfants.

M. Dutuit.

1517 — Assiette à revers rouge d'or. Sur le marly trois bouquets de fleurs. Au fond un passereau sur une branche de pêcher à fleurs.

Mme Malinet.

1518 — Assiette octogone à double bordure bleu de ciel; fond du marly rouge d'or, avec quatre médaillons arabesques noirs à fleurs et rinceaux de couleur ; au centre quatre bouquets encadrés par une ligne rouge formant rosace.

A la même.

1519 — Assiette : sur le marly trois bouquets de fleurs; un plus grand au centre.

M. Galichon.

1520 — Assiette décorée de deux canards noirs au milieu de fleurs; autour des divinités.

M. B. Jaurès.

1521 — Assiette : marly à mosaïque avec quatre réserves décorées de paysages; au fond un empereur et une impératrice avec des fong-hoangs.

Mme Fleuriot.

1522 — Assiette à bordure arabesque paillettée chargée de fleurs; au centre une dame dans son char de promenade fait offrir le thé à un cavalier.

A la même.

1523 — Assiette : marly décoré de mosaïque avec quatre réserves occupées par des fleurs Au centre un sujet représentant un personnage tenant un eventail et assis derrière une femme qui écrit sur une table rustique.

A la même.

1524 — Assiette portant sur le marly quatre bouquets émaillés; sur la chute, bordure fond rose avec arabesques bleues. Au fond, un homme et une femme se promenant parmi des rochers semés de ling-tchi.

Mme Malinet.

1525 — Assiette à sujet plein représentant un cavalier qui traverse une rivière avec son suivant chargé de bagages.

Mme Fleuriot.

1526 — Assiette fond filigrané chargé de fleurs; grand médaillon représentant un sujet tiré du **Pavillon d'Occident**, drame lyrique (elle est vulgairement désignée sous le nom d'assiette aux bottes).

M. Gasnault.

1527 — Autre semblable.

Mme Fleuriot.

1528 — Six autres.

M. Dutuit.

1529 — Assiette décorée de fleurs. Sur le marly, bordure mosaïque rose délimitée par un filet noir. Plus bas, des roseaux en émail blanc.

M. E. Cornu.

1530 — Compotier décoré de pivoines.

M. B. Jaurès.

1531 — Assiette décorée de canards dans un étang et de divinités sur le marly.

Au même.

1532 — Assiette : riche bordure de fleurs et de rinceaux. Au centre un chien de Fo sur un rocher fleuri.

Mᵐᵉ Fleuriot.

1533 — Assiette décorée de chiens de Fo.

M. B. Jaurès.

1534 — Assiette : un canard et fleurs. Médaillons et fleurs sur le marly.

Au même.

1535 — Assiette : sur le marly des bouquets de fleurs, au fond un coq sur un rocher fleuri.

Mᵐᵉ Fleuriot.

1536 — Assiette : sur le marly, décor de rinceaux à grandes feuilles et à fleurs. — Au fond un oiseau perché sur un rocher fleuri.

A la même.

1537 — Assiette, décor de faisans au milieu de fleurs.

M. B. Jaurès.

1538 — Assiette : attributs dans un médaillon octogone, bordure jaune et encre de Chine.

Au même.

1539 — Assiette : bordure riche à lambrequins. Au centre des fleurs et des vases sacrés.

Mᵐᵉ Fleuriot.

1540 — Assiette : bordure filigranée chargée de fleurs et d'oiseaux. Au centre deux paons sur un rocher fleuri.

A la même.

1541 — Deux Assiettes portant sur le marly des rinceaux à grandes feuilles; au centre des fleurs et des oiseaux.

A la même.

1542 — Assiette : riche bordure ornementale, au centre corbeille fleurie.

A la même.

1543 — Assiette : sur le marly bordure mosaïque rose, au fond corbeille fleurie.

A la même.

1544 — Assiette : bordure à lambrequins, au fond un bouquet de fleurs.

A la même.

1545 — Assiette : marly à fond filigrané, décoré de fleurs. Au centre une branche fleurie.

A la même.

1546 — Assiette découpée; marly à médaillons renfermant des bouquets, au centre un rocher chargé de pivoines, marque au vase tsio.

A la même.

1547 — Assiette : bordure mosaïque; chargée de fleurs, au centre un vase de fleurs.

A la même.

1548 — Assiette décorée d'un rocher chargé de fleurs et d'un saule, au-devant une barrière ; un oiseau voltige au-dessus des fleurs.

A la même.

1549 — Assiette, bordure de fonds partiels où dominent le rouge et le bleu, entourant une grande réserve en forme de feuille décorée de branches de fleurs.

Mme Fleuriot.

1550 — Assiette creuse, bordure à lambrequins, à fond filigrané, chargé de fleurs ; au centre un bouquet de pivoines et de fleurs de pêcher.

M. Chevalier de Lauzières.

1551 — Assiette : sur le marly quatre bouquets et un autre au centre.

Au même.

1552 — Assiette à riche bordure mosaïque à lambrequins, au centre une branche de pivoines.

Au même.

1553 — Assiette décorée d'une corbeille de fleurs.

M. B Jaurès.

1554 — Assiette : décors d'aubépines et fleurs de pêchers; couronne de fleurs de pêcher au centre.

Au même.

1555 — Assiette, décors de fleurs.

Au même.

1556 — Assiette décorée d'une branche d'arbre fleurie.

Au même.

1557 — Assiette, décor de vases à fleurs.

Au même.

1558 — Deux Assiettes décorées de fleurs.

M. Gonel.

1559 — Assiette en porcelaine dite jaune impérial, à fond vermiculé, chargé d'une branche fleurie émaillée.

M. Dutuit.

1560 — Deux Assiettes fond noir à rinceaux fleuris, l'une chargée d'un rouleau peint de fleurs et fong-hoangs, l'autre d'une feuille avec un coq sur un rocher.

Mme Fleuriot.

1561 — Compotier à revers rouge d'or, au fond un sage monté sur un buffle et suivi d'un jeune Chinois qui porte son bagage.

Mme Malinet.

1562 — Compotier à sujet plein : deux femmes dans un pavillon pêchent à la ligne, plus loin un jeune Chinois dans sa barque joue de la flûte.

A la même.

1563 — Compotier portant deux femmes qui se promènent parmi des rochers, près du bord un arbre.

A la même.

1564 — Compotier à fond partiel arabesque en émail jaune portant des rinceaux verts et des fleurs roses; dans chaque division, un animal fantastique dévorant un poisson; au milieu, dans le médaillon blanc, est représentée une femme suivie d'un lapin. Deux autres réserves blanches sont ornées de branches roses.

A la même.

1565 — Compotier représentant une femme debout sur un tapis et placée devant un lettré qui l'enlace de ses bras; sur un banc sont des livres, une écritoire, auprès d'un vase de fleurs.

A la même.

1566 — Compotier à bordure d'or jaune portant un rinceau d'or rouge chatironné de noir; au milieu un sujet de deux femmes debout contre une table chargée de livres et lisant un écran. Un jeune homme s'avance vers elles.

A la même.

1567 — Compotier décoré de branches de roses et de pêcher à fleurs, sur lesquelles se tient un passereau.

Mme Malinet.

1568 — Compotier: sur un côté, un bouquet de nélumbos de grande dimension; au pied des fleurs, deux canards mandarins.

A la même.

1569 — Compotier à bord brun décoré de trois bouquets émaillés; au centre un papillon; dessous, des fleurs et une fausse inscription.

A la même.

1570 — Compotier à bordure bleue agatisée semée de fleurs de prunier; au fond un cartouche en forme de rouleau avec un oiseau perché sur une branche de rosier; derrière le rouleau, des roses et des chrysanthèmes. Revers rouge.

A la même.

1571 — Compotier décoré de branches de pivoines et de pêcher à fleurs, deux insectes volent autour.

A la même.

1572 — Compotier en porcelaine mince décoré d'une branche de sorgho et de fleurs chargées d'un oiseau et d'un insecte. Daté de Hong-tcby, 1488 à 1505.

M. Dutuit.

1573 — Deux compotiers : bordure à riches rinceaux de grosses fleurs et médaillons renfermant des oiseaux et des poissons; au centre un bouquet ornemental.

Mme Fleuriot.

1574 — Compotier décoré en rouge de fer et or de chrysanthèmes armoriales, de rinceaux et fleurs. Fond en chêne pour support.

M. Jacquelet-Bey.

1575 — Compotier entièrement émaillé en rouge de fer; on y a enlevé, probablement avec un acide, un pin, un bambou et une branche de pêcher à fleurs près de laquelle volent deux oiseaux; ces silhouettes sont rehaussées de traits en rouge plus pâle, et les oiseaux ont reçu des touches noires.

Mme Malinet.

1576 — Plateau décoré du dieu de la longévité dans un paysage. Période Yougtching (1723 à 1735).

M. A. Jacquemart.

1577 — Plateau orné de deux jeunes femmes : l'une tient un écran d'une main et remet un papier à sa compagne. Derrière est une étagère rustique supportant des vases.

Mme Malinet.

1578 — Plateau à quatre lobes, fond d'or plein avec réserve de divinités chinoises voguant sur les flots; au fond une carpe en rouge de fer sortant des eaux et un kiosque dans les nuages; tout l'extérieur est émaillé vert d'eau. Cachet rouge de la période Kia-King (1796 à 1820).

A la même.

1579 — Petite théière cylindrique à anse supérieure; bordure de bâtons rompus, sujets à personnages; datée de Yong-tching.

Mme de Beuzelin.

1580 — Théière à fond de rinceaux dorés, à quatre médaillons ornés de fleurs.

Mme Fleuriot.

1581 — Théière à reliefs, portant sur la panse trois médaillons en forme de fleurs, avec un milieu saillant et à jour; l'anse et le bec sont formés par des chimères, et le couvercle est surmonté d'un oiseau : le tout est couvert d'émaux variés et vifs, rehaussés dans les fonds de diverses mosaïques.

Mme Malinet.

1582 — Théière bursaire sur son plateau découpé à dents; le décor est composé de fleurs et feuilles appliquées et coloriées en émaux de la famille rose.

Mme Fleuriot.

7

1583 — Théière bursaire à branchages en relief se détachant de l'anse et du goulot. De chaque côté un médaillon en relief porte un coq et des fleurs; le fond est rose à paillettes semé de fleurs de prunier; à la base, des godrons jaunes, rouges et bleus.

Mme Fleuriot.

1584 — Théière formée par un singe accroupi devant une pêche de longévité.

M. La Faulotte.

1585 — Théière en forme de grenade dont l'anse et le goulot sont formés par des branches fleuries. Le plateau de support, émaillé vert à l'intérieur, a aussi la forme d'une grenade coloriée au naturel et supportée par trois petites branches fleuries.

M. le duc de Martina.

1586 — Petit Pot à anse contournée, fond d'or semé de fleurs de pêchers; sur la face. réserve occupée par une femme tenant une branche fleurie, sur les côtés des paysages.

Mme de Beuzelin.

1887 — Pot à crème fond mosaïque rose à médaillons ornés de coqs et de fleurs.

Mme Fleuriot.

1588 — Pot à crème à fond filigrané brun chargé de fleurs, à réserves en forme de feuilles décorées de bouquets.

M. Chevalier de Lauzières.

1589 — Petite cafetière à quatre lobes avec anse et bec en S, entièrement couverte d'un émail rose, gravé à la pointe de rinceaux ornemanisés.

Mme Malinet.

1590 — Tasse décor rouge et or, bordure à médaillons, sujet de personnages.

M. Gasnault.

1591 — Tasse à bords lobés, au centre une femme et un enfant, autour médaillons rectangulaires occupés par différents animaux.

Au même.

1592 — Une semblable plus petite.

Au même.

1593 — Tasse fond jaune impérial à trois réserves en forme de palmes, décorées d'une femme assise.

Au même.

1594 — Une semblable.

Mme Fleuriot.

1595 — Petite Tasse et Soucoupe, décor bleu, rouge et or; au centre une femme dans un paysage.

M. Chevalier de Lauzières.

1596 — Tasse et Soucoupe à riche décor de fonds variés et médaillons à fleurs; au centre une figure d'enfant.

M. A. Jacquemart.

1597 — Tasse fond mosaïque d'or à six médaillons occupés par des enfants; au centre une femme à cheval.

Mme Fleuriot.

1598 — Tasse et Soucoupe portant pour décor un dragon dans les nuages et un signe sacré. Le dragon est émaillé vert, rehaussé de rouge de fer, de noir et d'or. Les nuages sont d'un gris rosé, et le reste rouge.

Mme Malinet.

1599 — Tasse-Gobelet couverte, avec sa Soucoupe. Décor émaillé formé d'une tige de pivoine sur laquelle se tient un martin-pêcheur; une grue est au pied près de quelques fleurettes.

A la même.

1600 — Tasse et Soucoupe en fine porcelaine. Décor aux trois éventails d'or chargés de fleurs. Fond partiel rose pavé. Au fond, un chien de Fo.

Mme Malinet.

1601 — Une semblable.

Mme Fleuriot.

1602 — Tasse et Soucoupe à trois médaillons émaillés bleus, portant en relief des fleurs et rinceaux blancs ; ils alternent avec des bouquets de nélumbos.

M. A. Jacquemart.

1603 — Une semblable.

Mme Fleuriot.

1604 — Tasse décorée d'une bande ornementale portant trois médaillons en forme de feuille remplis de fruits.

M. Gasnault.

1605 — Tasse à anse et Soucoupe, décor polychrôme, fond filigrané chargé de fleurs émaillées.

M. Riocreux.

1606 — Tasse-Gobelet campanulée, décorée d'une grue sur un rocher. Datée de Tching-hoa (1465-1487).

Mme de Beuzelin.

1607 — Tasse à anse, décor de poissons rouges.

M. Devers.

1608 — Tasse décorée en plein d'un paysage en encre de Chine; datée de Young-Tching (1723-1745).

M. Gasnault.

1699 — Tasse à fond filigrané brun, chargé de fleurs émaillées.

Mme Fleuriot.

1610 — Tasse octogone à fonds partiels filigranés bruns chargés de fleurs ornementales alternant avec des bouquets.

A la même.

1611 — Tasse à bordure ornementale. Au centre un bouquet.

A la même.

1612 — Tasse à fond filigrané brun à quatre réserves occupées par des papillons.

A la même.

1613 — Tasse à bord lobé, à bordure de fleurs émaillées. An centre un coq.

A la même.

1614 — Tasse à bords lobés ornée d'une bordure de médaillons fleuris.

A la même.

1615 — Tasse à fond d'or clathré, à grande réserve lobée, ornée de coqs et de fleurs.

A la même.

1616 — Tasse ornée de fonds partiels rouges et verts, décorés de fleurs ornementales rehaussées d'or.

A la même.

1617 — Tasse à bords dentelés et godronnés à fonds partiels mosaïque. Au centre un vase de fleurs.

A la même.

1818 — Tasse décorée d'un bouquet portant un rouleau orné d'un paysage.

A la même.

1619 — Tasse et Soucoupe à fond noir sur lequel se détache, en réserve, une rosace à six rayons. Sur le fond et les parties blanches, bouquets de fleurs émaillées.

Mme Malinet.

1620 — Une semblable.

Mme Fleuriot.

1621 — Tasse mère de famille à huit pièces concentriques ; fond brodé encre de Chine à fleurs d'or ; médaillons à modèles émaillés. Nien-hao de Young-Tching (1723 à 1735). Pied en bois de fer incrusté de filets d'argent.

Mme Malinet.

1622 — Tasse et Soucoupe godronnées et dentées. Fonds partiels arlequinés, chacun d'une couleur différente et d'un dessin particulier ; au centre, des hommes se livrant à la pêche.

A la même.

1623 — Une semblable.

Mme Fleuriot.

1624 — Tasse et Soucoupe divisée en quatre compartiments ; deux en réserve portant une branche de pêcher avec un oiseau ; des deux autres compartiments, l'un est émaillé fond rouge, l'autre jaune, et ils sont décorés de fleurs, de rinceaux, et d'un ki-lin au galop.

Mme Malinet.

1625 — Tasse fond émaillé rose à trois réserves en forme d'éventails, décorées de paysages et figures.

M. Gasnault.

1626 — Une semblable.

Mme Fleuriot.

1627 — Tasse et Soucoupe fond émaillé brun-rouge avec sept médaillons en réserve où sont des chimères et des emblèmes en émaux de la famille verte. Des ornements ont été enlevés à la pointe sur l'émail du fond.

Mme Malinet.

1628 — Une semblable.

M. Gasnault.

1629 — Tasse-Gobelet avec sa Soucoupe. Le fond est émaillé vert d'eau, avec médaillons denticulés occupés par des paysages polychrômes.

Mme Malinet.

1630 — Tasse-Gobelet avec sa Soucoupe ; émail lilas à dessins enlevés à la pointe : on y voit un vase portant la branche de corail et un plat chargé de cédrats mais de Fo, de la pêche et de la grenade.

A la même.

1631 — Tasse figurative, imitant la fleur du nélumbo rose avec des vénules plus foncées ; à sa surface circulent des tiges chargées de fleurs et de feuilles. La soucoupe, composée dans le même but d'imitation, est une feuille avec des rameaux pour supports : à l'intérieur de la soucoupe et au fond de la tasse, des fleurs et des papillons.

A la même.

1632 — Grande Tasse formée par une fleur de nélumbo et Soucoupe imitant une feuille et décorée intérieurement de personnages.

M. Dutuit.

1633 — Tasse et Soucoupe imitant à l'extérieur une fleur de chrysanthème soutenue par ses branches. A l'intérieur, les godrons sont rouge de fer et or rehaussés d'arabesques et de fleurs détachées. Au fond, dans un médaillon, la déesse des mers.

Mme Malinet.

1634 — Deux petites Tasses à bords lobés, en forme de fleurs supportées par des branchages en relief ; intérieur émaillé en bleu.

M. l'amiral Coupvent des Bois.

1635 — Gobelet réticulé à double paroi ; l'intérieure décorée en bleu, l'extérieure émaillée en bleu de ciel avec médaillons roses et double bordure.

Mme Malinet.

1636 — Petit Auge rectangulaire évasée, porcelaine frottée d'or.

M. Gasnault.

1637 — Tasse conique entièrement dorée. Pied en bois sculpté.

Mme Malinet.

1638 — Sceptre en porcelaine fond rouge de fer rehaussé d'or; trois plaques réticulées à jour et céladonnées imitent une incrustation de jade.

A la même.

1639 — Grand Collier en boules de porcelaine percées à jour, jaunes et rouges. — Médaillon et pendeloques imitant la malachite; monture en filigrane d'or.

M. Gasnault.

1640 — Flacon à tabac ovoïde décoré d'enfants jouant.

M. B. Jaurès.

1641 — Petit Flacon à tabac fond vert chagriné avec médaillons en réserve où l'on voit deux chauves-souris et une fleur.

Mme Malinet.

1642 — Tasse hexagone fond vert clathré, chargé de fleurs émaillées.

Mme Fleuriot.

1643 — Tasse à fond mosaïque émaillé rose, bordure de dents de loup jaune soufre.

A la même.

1644 — Tasse à fond mosaïque chargé de trois rosaces en carmin.

A la même.

FAMILLE ROSE (JAPON)

PORCELAINE ARTISTIQUE

1645 — Brûle-parfums à trois pieds décorés de fonds partiels filigranés brun-rouge avec réserves portant des fleurs de Paulownia. Couvercle percé à jour surmonté d'une branche de pêcher.

M. Gasnault.

1646 — Vase carré de plan, la gorge s'évasant légèrement. Réticulé sur les quatre faces avec réserve d'un médaillon rond où figurent des personnages très-finement peints. Les encadrements sont quadrillés vert et jaune. Les réticulations sont rouge de fer.

Mme Malinet.

1647 — Potiche à col cylindrique en porcelaine coulée. Autour du col une grecque, et sur le corps un sujet représentant une jeune fille et un lettré près d'une table chargée de livres.

A la même.

1648 — Garniture composée de trois potiches et de deux vases sans couvercle, hexagones, en réticulé rouge, chargés de médaillons en forme de vases décorés de personnages et portant des fleurs. Socles en porcelaine.

M. Dutuit.

1649 — Un vase semblable.

M. La Faulotte.

1650 — Grand vase lancelle, fond bleu décoré de fleurs et rosaces, grands médaillons à personnages. Moderne.

M. l'amiral Jaurès.

1651 — Plat à bordure d'argent avec quatre médaillons en réserve, ornés de fleurs émaillées en camaïeu, et quatre autres, fond rouge de fer, relevés d'arabesques d'or. Au fond du plat, une mosaïque encre de Chine circonscrit un médaillon arabesque d'où sortent des rinceaux d'émail blanc. Sujet principal, une femme jouant du ssé près d'un meuble ouvert et ayant un arbre non loin d'elle.

Mme Malinet.

1652. — Plat dont le marly, à fond mosaïque encre de Chine, porte des réserves à bouquets finement émaillés. Au fond un rocher, lavé en teintes douces, sur lequel se tient un fong-hoang émaillé et très-fin entouré de fleurs; un papillon se repose sur l'une d'elles.

Mme Malinet.

1653 — Plat décoré en émail bleu et or, sur le marly quatre bouquets; au centre des vases et des fleurs.

M. le Baron de Théis.

1654 — Assiette à bordure mosaïque rose avec trois réserves contenant des fleurs. Au centre une déesse tenant un nélumbo et montée sur un animal fantastique : deux immortelles lui font une offrande.

Mme Fleuriot.

1655 — Assiette à petite bordure noire rehaussée d'or; marly bleu clathré chargé de dragons ornemanisés en or. Au fond, sujet plein représentant un empereur à cheval avec sa suite, recevant les hommages de ses femmes réunies en cortége.

Mme Malinet.

1656 — Assiette dite aux sept bordures. Au fond un médaillon en forme de feuille renferme une femme assise avec deux enfants près d'une table chargée de livres et de pièces honorifiques. Cette feuille se détache sur un fond d'or à fleurs. Au-dessus commencent les bordures de tons divers à mosaïques et réserves ornées de fleurs.

A la même.

1657 — Une semblable.

M. Dutuit.

1658 — Une semblable.

M. André.

1659 — Assiette marly rose à mosaïque pavée, avec trois réserves de fleurs et deux bordures. Sujet central représentant une femme dans son intérieur, avec deux enfants.

Mme Malinet.

1660 — Assiette à bordure de fleurs et raisin, avec quatre médaillons où figurent l aka-me et des coqs. Fond losangé encre de Chine, entourant un médaillon arabesque, dont les pointes s'épanouissent en rinceaux rouge de fer. Au centre, une femme assise devant une bibliothèque joue du ssé. Un arbre est auprès d'elle.

A la même.

1661 — Assiette à revers rouge. Bordure jaune mosaïque pavée avec réserves à fleurs; fond partiel bleu clathré entourant un médaillon arabesque. Au milieu, une femme assise dans son intérieur, avec deux enfants, dont l'un lui présente le cédrat main de Fô.

A la même.

1662 — Grande assiette doublée de rouge d'or. Sur le marly quatre bouquets de fleurs émaillées; au centre, un sujet familier. Une femme étendue sur un lit de repos regarde trois enfants qui jouent à ses pieds. Près d'elle sont des vases et une étagère.

A la même.

1663 — Assiette. Marly décoré de branches fleuries, avec quatre médaillons occupés par des coqs et des poissons Aka-me. Au fond médaillon dentelé encadré d'un fond de mosaïque encre de Chine, orné de rinceaux rouge et or. Sujet représentant une femme jouant d'un instrument.

Mme Fleuriot.

1664 — Assiette à marly fond rose mosaïque avec quatre médaillons à fleurs; au centre un sujet familier : des dames avec deux enfants dont l'un vient de pêcher un poisson dans l'étang aux nélumbos.

A la même.

1665 — Assiette porcelaine mince. Au centre, une femme et des enfants ; sur le marly, bordure rose mosaïque à trois réserves de fleurs.

M. Dutuit.

1666 — Deux assiettes ; deux femmes avec des enfants. Riches bordures.

Au même.

1667 — Assiette polychrome, sujet de figures représentant l'intérieur d'une jeune dame entourée de ses enfants.

M. Riocreux.

1668 — Assiette entièrement décorée en émail bleu de relief. Marly fond bleu à rinceaux en réserves et médaillons contenant des fleurs de vanille. Au fond une femme assise dans son intérieur écoute un jeune musicien qui joue de la flûte.

Mme Malinet.

1669 — Une semblable.

M. André.

1670 — Assiette en porcelaine mince, à bordures riches et fond bleu clathré, portant un médaillon hexagone, occupé par une scène familière, femmes et enfants.

Au même.

1671 — Assiette à marly et fond partiel semés de fleurs et rinceaux en or et argent rehaussés de noir. Sujet central en demi-figures représentant quatre personnages dans un intérieur ; une femme apporte un plateau de fruits odorants ; l'autre présente les vases honorifiques.

Mme Malinet.

1672 — Une semblable.

M. Gasnault.

1673 — Assiette portant sur le marly trois bouquets encre de Chine et or. Au fond, entouré d'une riche bordure d'or, sujet représentant trois femmes prenant leur repas.

Au même.

1674 — Assiette, marly à mosaïque pavée, encre de Chine, avec quatre réserves portant des fleurs et des fruits émaillés ; deux bordures, l'une verte à losanges, l'autre rouge rehaussée d'or, encadrent ce dessin. Au fond de l'assiette, deux femmes et un enfant dans un jardin, finement exécutés en encre de Chine et or. Période de Yong-tching (1723-1735).

Mme Malinet.

1675 — Assiette à bordure bleue, marly rose à mosaïque pavée avec réserves en forme de feuilles et médaillons bleus ornés de dragons. Au centre, deux femmes regardent un enfant qui joue avec des lapins.

A la même.

1676 — Assiette à riche bordure, décorée au centre d'un fong-hoang.

M. Michelin.

1677 — Assiette à bordure verte losangée, marly rose pavé avec quatre médaillons en réserve ornés de fleurs émaillées bleues. Au fond, deux coqs et un rocher où croît un rosier.

Mme Malinet.

1678 — Assiette creuse, fond rouge d'or. Au centre, un cartouche avec deux coqs entourés de fleurs ; sous le cartouche, des deux côtés, une branche de prunier ; autour quatre réserves à paysages et quatre fleurs de vanille émaillées.

A la même.

1679 — Assiette en porcelaine mince ; riche bordure de fleurs ornementales à réserves occupées par des roses ; fond mosaïque rose avec grand médaillon réservé en forme de feuille, décoré de perdrix et d'un rocher entouré de fleurs.

M. André.

1680 — Assiette, doublée de rouge d'or; marly circonscrit par deux bordures losangées, l'une en émail rose, l'autre en émail vert d'eau; fond partiel rose à mosaïque pavée, sur lequel se détache une grande feuille découpée en réserve. Sur celle-ci trois cailles de combat, finement émaillées, près d'un rocher à jour derrière lequel s'élève un groupe de plantes.

Mme *Malinet.*

1681 — Assiette à bordure de rinceaux d'or, plus bas des poissons Aka-me parmi des plantes aquatiques; au centre une corbeille remplie de fleurs émaillées.

Mme *Fleuriot.*

1682 — Assiette à marly rose rehaussé d'une mosaïque pavée, avec six médaillons réservés portant des fleurs ou le signe *longévité*, en bleu. Au fond des fleurs jetées sur le sol; deux papillons voltigent au-dessus.

Mme *Malinet.*

1683 — Assiette doublée de rouge d'or. Marly fond rose lilacé à mosaïque pavée, avec trois réserves à fleurs et trois cachets noirs rehaussés d'or; au-dessous, une bordure vert d'eau losangée; au centre, un fond bleu de ciel à mosaïque clathrée, dans lequel est réservée une rosace à huit pointes arabesques; dans le milieu, une corbeille de fleurs et un plat renfermant des fruits odorants.

A la même.

1684 — Plateau à bordure encre de Chine, sujet central finement émaillé, représentant une dame dans son intérieur avec deux jeunes enfants.

A la même.

1685 — Compotier en fine porcelaine, à bordure mosaïque, encre de Chine et or. Au centre une femme et des enfants dans un entourage de fleurs ornementales en or de deux tons.

M. Dutuit.

1686 — Compotier à bordure verte losangée; fond partiel rose pavé avec trois réserves en forme de feuilles, portant des bouquets. Au fond, une femme assise et deux enfants qui lui présentent des fleurs.

Mme *Malinet.*

1687 — Compotier à bordure de fleurs en or relevées de rouge. Fond partiel de rinceaux et fleurs bleus; au milieu, médaillon découpé renfermant une jeune femme assise dans son intérieur, appuyée sur un instrument de musique et regardant des grues qui sont à ses pieds.

A la même.

1688 — Compotier à fond de fleurs et rinceaux en or rehaussé de rouge et de noir, au milieu un rouleau représentant un paysage à l'encre de Chine et dont le revers est bleu pâle à mosaïque.

A la même.

1689 — Compotier coquille d'œuf, autour une frise de rinceaux en or rehaussé de noir. Au fond une branche de rosier où sont perchés deux oiseaux; un papillon vole auprès.

A la même.

1690 — Compotier en porcelaine mince à bordure mosaïque vert d'eau. Décoré de trois coqs autour d'un rocher fleuri.

M. André.

1691 — Compotier à bordure losangée et fond partiel bleu clathré. Médaillon central contenant un coq sur un rocher entouré de branches de pivoine.

Mme *Malinet.*

1692 — Compotier à bordure bleu-pâle losangée, au fond trois coqs sur des rochers et entourés de branches de fleurs.

A la même.

1693 — Compotier à bordure de rinceaux d'or, fond partiel à mosaïque noire détachant un écran dans l'intérieur duquel est un faisan perché sur un rocher. Derrière l'écran des fleurs émaillées.

A la même.

1694 — Compotier à bordure losangée verte. Marly chargé d'une mosaïque pavée avec trois médaillons en réserve ; une petite bordure jaune arabesque délimite un fond bleu pâle clathré à découpures entourant deux canards mandarins ; revers rouge.

Mme Malinet.

1695 — Compotier bordure émaillée bleu losangée ; fond partiel d'or à mosaïque clathrée, entourant des médaillons garnis de fins bouquets. Au centre, une corbeille de fleurs.

A la même.

N° 1696 — Compotier en fine porcelaine à riche décor de mosaïques, fleurs et rosaces.

Mme de Beuzelin.

1697 — Deux compotiers, bordure à jour. Décor de fleurs et oiseaux.

M. Dutuit.

1698 — Compotier à bord ajouré, peint en imitation de bambou ; au milieu un rocher entouré d'une haie et de bouquets de chrysanthèmes, avec papillons.

M. le duc de Martina.

1699 — Petit bol à bordure intérieure losangée à l'encre de Chine ; à l'extérieur une bordure d'or clathré en noir et des bouquets, papillons et insectes en or, argent et noir, rehaussés de quelques tons rouges et bleus ; en dessous un cachet honorifique.

Au même.

1700 — Théière bursaire à fond d'or avec rinceaux fleuris réservés et rehaussés de noir ; de chaque côté, dans des médaillons découpés, une femme assise jouant du ssé devant un lettré.

Mme Fleuriot.

1701 — Théière fond émaillé rouge d'or à fleurs émaillées en blanc, bordure grecque en bleu.

A la même.

1702 — Théière sphéroïdale ; bordure arabesque fond d'or à rinceaux et fleurs en noir ; sujet familier, une dame dans son intérieur avec deux enfants.

A la même.

1703 — Une théière, un pot à crème, une boîte à thé, deux petites tasses et un sucrier, bordure de pampres, décor de fleurs et d'oiseaux.

A la même.

1704 — Théière à six pans, peinte de personnages. Moderne.

M. l'amiral Jaurès.

1705 — Un petit pot à crème couvert, décoré de rochers fleuris et de coqs.

Mme Fleuriot.

1706 — Un petit pot, fond filigrané chargé de fleurs, à quatre médaillons circulaires occupés par des papillons.

A la même.

1707 — Un autre fond d'or clathré à réserves occupées par des fleurs.

A la même.

1708 — Pot à crème à fond partiel mosaïque en encre de Chine, et décor de fleurs d'or.

A la même.

1709 — Un petit pot à crème couvert, décoré de fleurs et d'un faisan argenté.

M. Chevalier de Lauzières.

1710 — Tasse à anse et soucoupe richement émaillées; fond partiel arabesque rose à mosaïque pavée, se découpant sur un second fond émaillé bleu semé de rinceaux et fleurs d'or et d'argent. Médaillon réservé en forme de feuille, dont les pointes retournées montrent une doublure d'argent; ce médaillon porte une divinité qui vogue sur les flots en tenant sur un plateau, une buire et une coupe libatoire en or.

M. A. Jacquemart.

1711 — Pièce semblable.

Mme Malinet.

1712 — Soucoupe semblable.

M. Langevin.

1713 — Tasse et soucoupe; bordure à mosaïque encre de Chine; au centre la déesse des mers voguant sur une rose, sa suivante est sur une feuille.

M. A. Jacquemart.

1714 — Pièce semblable.

M. Gasnault.

1715 bis — Deux tasses à anse avec soucoupes, fond bleu à fleurs d'or, médaillons à personnages en encre de Chine.

M. Dutuit.

1716 — Tasse décorée d'un médaillon lobé renfermant une femme assise et un enfant,

Au même.

1717 — Tasse. Femme portant un vase et suivie d'un enfant. Encre de Chine.

Au même.

1718 — Tasse à anse et soucoupe, décor représentant l'intérieur d'une jeune dame, accompagnée de ses enfants et excitant deux coqs au combat.

M. Riocreux.

1719 — Tasse et soucoupe à double bordure d'or, rehaussée d'or rouge et de traits noirs; au centre un sujet de demi-figures d'une excessive finesse, représentant deux femmes assises devant une table et jouant sur une sorte de damier. En haut sur une draperie rose, retombent des fleurs.

Mme Malinet.

1720 — Soucoupe semblable.

M. Galichon.

1721 — Tasse et soucoupe à bordure arabesque or et argent, rehaussée de rouge et de noir; décor plein représentant un personnage dans un pavillon : une femme lui verse le thé, une autre va lui apporter des fruits, tandis que deux amazones lancées à fond de train exécutent une course devant lui.

Mme Malinet.

1722 — Pièce semblable.

M. la Faulotte.

1723 — Grande tasse, fond bleu clathré, avec bordure mosaïque rose et grande réserve lobée à sujet familier.

Au même.

1724 — Tasse et soucoupe à bordure d'or avec arabesques. Sujet plein représentant un jeune homme étendu sur un banc rustique devant un pavillon; une jeune fille lui apporte une cassette, tandis qu'une autre, cachée derrière la maison, semble examiner la scène.

Mme Malinet.

1725 — Pièce semblable.

M. Gasnault,

1726 — Tasse à anse décorée en plein d'un sujet familier; une femme et un enfant dans un intérieur.

Mme Fleuriot.

1727 — Tasse à anse à fond de rinceaux dorés. Grande réserve occupée par deux personnages dont une femme jouant d'un instrument.

Mme Fleuriot.

1728 — Tasse à bordure mosaïque rose et sujet familier.

A la même.

1729 — Tasse et soucoupe à bordure ornementale d'or rehaussée de noir, sujet gracieux tiré d'un roman. Un jeune homme et une jeune femme sont surpris par un enfant.

Mme Malinet.

1730 — Tasse et soucoupe à bordure découpée en arabesques avec fleurs et ornements d'or rehaussé. Sujet émaillé représentant une femme dans son intérieur avec deux enfants, dont l'un lui présente un lapin.

A la même.

1731 — Tasse à anse et soucoupe; bordure à rinceaux d'or et sujet plein; un homme et une jeune femme lisant assis sur un banc; une servante leur apporte le thé.

A la même.

1732 — Tasse et soucoupe à bordure de rinceaux d'or. Fond partiel blanc brodé entourant un médaillon en forme d'écran, avec fleurs et oiseaux.

A la même.

1733 — Tasse et soucoupe à bordure rose pavée avec réserves à fleurs; fond partiel bleu relevé d'une mosaïque clathrée. Au centre, deux femmes dans un riche intérieur avec un enfant et un chat. Au fond, la vanille.

A la même.

1734 — Tasse et soucoupe; bordure à rinceaux et fleurs d'or très-délicats; fond partiel en bleu sous couverte à deux teintes; médaillon représentant une femme dans son intérieur, appuyée sur une mandoline; deux grues sont devant elle.

A la même.

1735 — Tasse et soucoupe à fond partiel d'or rehaussé d'une mosaïque clathrée. Réserve découpée arabesque à décor plein représentant un homme et une jeune femme dans un jardin, près d'un pavillon à l'entrée duquel est un enfant.

A la même.

1736 — Tasse et soucoupe très-riches; double bordure; fond partiel mosaïque varié de couleur avec réserves à fleurs émaillées. Sujet central représentant une femme assise près d'une table, sur laquelle s'accoude un enfant qui regarde courir un lapin.

A la même.

1737 — Tasse et soucoupe, bordure bleue pâle à losanges, fond partiel rose à mosaïque pavée avec médaillons remplis de fleurs. Sujet central représentant une femme dans son intérieur se livrant à la danse.

A la même.

1738 — Tasse et soucoupe; fond partiel à rinceaux et fleurs d'or rehaussés de noir; bordure grecque et médaillon en forme de feuille renfermant un sujet historique. Un guerrier considère une femme assise dans son intérieur et ayant près d'elle un enfant.

A la même.

1739 — Tasse fond mosaïque à réserve en forme de feuille occupée par deux guerriers tartares.

M. Gasnault.

1740 — Une semblable.

M. Langevin.

1741 — Une soucoupe, bordure de feuillages d'or sur fond filigrané, entourant un médaillon représentant une femme dans son intérieur.

Au même.

1742 — Tasse et soucoupe à bordure losangée; fond partiel à broderie lâche polychrôme. Réserve en forme de feuille doublée d'or, portant un sujet émaillé; un enfant monté sur une chèvre est suivi de deux autres, l'un chargé d'un panier, l'autre tenant une fleur.

Mme Malinet.

1743 — Tasse et soucoupe avec deux bordures, l'une fond d'or clathré avec pendentifs noirs, l'autre à mosaïque. Décor plein représentant un paysage avec de jeunes pâtres au milieu de troupeaux. Au fond la fleur de bégonia.

A la même.

1744 — Pièce semblable.

M. Gasnault.

1745 — Tasse et soucoupe à bordure mosaïque, encre de Chine. Décor plein représentant un paysage aquatique avec un bateau habitation; le pêcheur qui l'occupe vend du poisson à une dame accompagnée d'un enfant.

Mme Malinet.

1746 — Pièce semblable.

M. Gasnault.

1747 — Tasse à bordure de fleurs ornementales en or, au centre un buffle dans un paysage en encre de Chine.

Mme Fleuriot.

1748 — Tasse et soucoupe à bordure noire relevée de rinceaux d'or; fond rouge couvert d'une riche broderie arabesque en or et argent. Dans deux médaillons en réserve, des paysages animés par une chasse.

Mme Malinet.

1749 — Pièce semblable.

M. Gasnault.

1750 — Tasse à fond partiel clathré bleu-pâle formant médaillon encadré de dragons en or. Paysage.

Au même.

1751 — Tasse et soucoupe à bordure jaune losangée; fond émaillé à mosaïque clathrée. Au centre, un coq sur une roche entouré des branches d'un rosier; sur le côté, une inscription honorifique et cyclique. (Personnages élevés aux honneurs et à la fortune à cause de leur mérite et de services rendus à l'Etat. L'année Kia-chin, sous la dynastie actuelle, Sié-tchu-chin s'établit dans une maison de plaisance (donnée par l'Empereur).

M. A. Jacquemart.

1752 — Pièce semblable.

Mme Malinet.

1753 — Tasse décorée d'un coq sur un rocher fleuri, avec une inscription de deux caractères.

M. Langevin.

1754 — Tasse décorée d'une bordure mosaïque, d'un rocher émaillé en bleu et de coqs et fleurs en or et argent.

M. A. Jacquemart.

1755 — Pièce semblable.

M. Gasnault.

1756 — Tasse et soucoupe à fond partiel émaillé portant une mosaïque pavée; médaillon réservé en forme de feuille, entouré d'une guirlande de fleurs d'or. A l'intérieur deux coqs de combat sur des rochers, et des fleurs émaillées.

Au même.

1757 — Tasse et soucoupe à bordure encre de Chine; fond partiel d'or à mosaïque clathrée, bouquets émaillés bleus et papillons polychrômes.

Au même.

1758 — Tasse et soucoupe à fond partiel mosaïque encre de Chine bordé de rinceaux d'or; médaillon central orné de pivoines et de deux coqs sur des rochers.

M. Gasnault.

1759 — Tasse et soucoupe à bordure émaillée vert pâle losangée, fond partiel brodé de fleurs et rinceaux avec trois médaillons en réserves contenant des fleurs et des fruits. Au fond deux faisans sur des rochers.

Au même.

1760 — Tasse à bordure de fleurs ornementales, à trois réserves occupées par des fleurs. Au centre un faisan sur un rocher fleuri.

Mme Fleuriot.

1761 — Tasse à bordure mosaïque rose, décorée de perdrix et d'un rocher fleuri.

A la même·

1762 — Tasse à fond émaillé gros bleu à trois réserves lobées décorées de coqs en encre de Chine.

A la même.

1763 — Tasse décorée d'un bouquet de fleurs émaillées en couleur avec deux papillons en laque noir et or.

M. Gasnault.

1764 — Tasse semblable.

M. A. Jacquemart.

1765 — Soucoupe émaillée verte à bâtons rompus d'or, chargée de cinq papillons; pièce de mariage.

Au même.

1766 — Tasse et soucoupe à fond mosaïque en encre de Chine, chargé de fleurs d'or avec réserves occupées par des fleurs et un faisan argenté.

M. Dutuit.

1767 — Tasse avec soucoupe à décor de fleurs émaillées. Au centre un faisan doré.

Au même.

1768 — Tasse à bordure filigranée, décorée de fleurs et d'oiseaux.

M. Langevin.

1769 — Une soucoupe fond mosaïque chargé de feuillages d'or; réserve en forme d'écran décorée de fleurs et d'oiseaux polychrômes.

Au même.

1770 — Tasse fond émaillé rose à mosaïque; trois réserves en forme de rouleaux occupées par des coqs.

M. Gasnault.

1771 — Tasse décorée de poissons Aka-me et de plantes aquatiques.

Au même.

1772 — Deux Tasses à anses, fond blanc brodé à bordure d'or filigranée et médaillon occupé par une branche fleurie chargée d'oiseaux.

Mme Fleuriot.

1773 — Tasse et soucoupe à bordure dentée; fond partiel d'or relevé d'une mosaïque clathrée; réserve en forme de feuille portant un rocher, des plantes et deux oiseaux échassiers.

Mme Malinet.

1774 — Tasse décorée d'objets sacrés en noir, or et argent·

M. Gasnault.

1775 — Tasse fond gros bleu émaillé, à rinceaux d'or·

M. Langevin.

1776 — Tasse et soucoupe à fond émaillé bleu, médaillons réservés à fleur d'or.

M. A. Jacquemart.

1777 — Tasse à fonds partiels de mosaïque, à réserves lobées occupées par des fleurs.

Mme Fleuriot.

1778 — Tasse et soucoupe à fonds partiels arabesques, le principal bleu clathré, celui des médaillons, rose à mosaïque pavée. Bordures jaune et verte. Au fond de la tasse et de la soucoupe, une corbeille de fleurs et un plat de fruits odorants.

Mme Malinet.

1779 — Tasse et soucoupe, bordure à pendentifs arabesques fond d'or, relevé de mosaïques avec fleurs; couronne ornementale à rinceaux bleus; bouquet central d'or, au fond de la tasse une fleur de Bégonia.

A la même.

1780 — Tasse et soucoupe à bordure, fond et médaillon à rinceaux d'or et fleurs, rehaussés de rouge et de noir.

A la même.

1781 — Tasse et soucoupe, bordure fond bleu à mosaïque, délimitée par des dragons ornemanisés; guirlande de fleurs et ornements au trait, à l'encre de Chine, avec bouquet central de même travail.

A la même.

1782 — Tasse et soucoupe à décor ornemental composé de compartiments arabesques fond rose à mosaïque pavée, se détachant sur un fond bleu clathré, bordures verte et jaune. Au centre une corbeille de fleurs et un plat contenant des fruits odorants.

A la même.

1783 — Tasse et soucoupe à fond rouge de fer imitant le laque; médaillons arabesques réservés, encadrés de vert et renfermant des fleurs en or rehaussées de noir. Au fond de la tasse une chrysanthème.

A la même.

1784 — Tasse-gobelet avec sa soucoupe, fond rouge d'or portant une feuille de nélumbo, une feuille de bananier et un cédrat main-de-Fo émaillés, sur lesquels se détachent des fleurs. Au centre une pêche de longévité.

A la même.

1785 — Tasse à fond mosaïque d'or à trois réserves en forme de feuilles ornées de fleurs.

Mme Fleuriot.

1786 — Tasse décorée d'un bouquet de roses et de chrysanthèmes.

A la même.

1787 — Tasse fond émaillé rouge d'or à deux grandes réserves occupées par des fleurs.

M. Gasnault.

1788 — Tasse à fond d'or clathré, à médaillons de fleurs ornementales, au centre une corbeille fleurie. — Bordure verte.

Au même.

1789 — Pièce semblable.

M. Galichon.

1790 — Tasse fond mosaïque rose avec médaillon de fleurs.

M. Gasnault.

1791 — Tasse bordure dentelée, mosaïque encre de Chine et or, décor de fleurs en or.

Au même.

1792 — Tasse et soucoupe. — Fond de fleurs ornementales à trois réserves occupées par des fleurs et des fruits.

M. Dutuit.

1793 — Petite Tasse forme conique, décor polychrôme, fleurs et quadrillé sur fond rose.

M. Riocreux.

1794 — Tasse à fond mosaïque rose, avec médaillons de fleurs ornementales;
au centre, corbeille fleurie.

M. Gasnault.

1795 — Tasse décorée d'une corbeille fleurie émaillée en bleu.

Au même.

1796 — Tasse à anse à bordure mosaïque, décorée d'une corbeille fleurie.

Mme Fleuriot.

1797 — Tasse fond blanc brodé. — Trois médaillons en forme d'éventails
décorés de fleurs.

M. Gasnault.

1798 — Tasse hémisphérique, fond brodé blanc à deux réserves lobées, décorées de fleurs d'or.

Mme Fleuriot.

1799 — Tasse-gobelet, fond blanc brodé.

A la même.

1800 — Tasse à anse et soucoupe, bordure émaillée bleue à grecque, fond
rouge d'or émaillé en blanc d'un bouquet relevé à la pointe.

M. A. Jacquemart.

1801 — Tasse et soucoupe à fond émaillé rouge d'or, décoré de bambous enlevés à la pointe.

Au même.

1802 — Une semblable.

M. Gasnault.

PORCELAINE A MANDARINS

1803 — Potiche ovoïde en porcelaine mince coulée dite à mandarins. — Sur
le col une bordure d'or rehaussée d'une grecque noire et une seconde bordure
arabesque plus large à fond filigrané avec paysages lilas et bouquets de l'Inde. La
panse est couverte d'un paysage accidenté; sur le point culminant est un miao
gardé par un bonze à barbe blanche auquel parle un mandarin; non loin de là
des personnages, tête nue, apprêtent un repas sacré. Cette offrande aux ancêtres
se compose de graines et objets végétaux; on voit sur le premier plan un enfant
qui cueille des fruits. Des mandarins s'avancent vers le temple suivis de servi-
teurs portant les provisions et le thé.

Mme Malinet.

1804 — Deux Vases ovoïdes à médaillons de personnages sur fond blanc chargé
de fleurs en relief.

M. Dutuit.

1805 — Deux Vases ovoïdes décorés de sujets familiers.

M. La Faulotte.

1806 — Petit Vase ovoïde à fond filigrané d'or, sujets familiers dans de grandes
réserves.

Au même.

1807 — Surtout porcelaine à mandarins. Pièce centrale octogone représentant un
empereur contemplant une apparition de trois déesses sur un nuage; autour huit
plateaux rectangulaires reproduisant le même sujet.

M. Gasnault.

1808 — Grande Soupière hexagone à anses formées de têtes chimériques dorées,
une grenade forme le bouton du couvercle. Fond filigrané chargé de fleurs coloriées. Médaillons représentant des scènes de spectacle; des jongleurs entourés de
musiciens exécutent des tours devant les dames d'un palais. Plateau hexagone à
décor analogue.

Mme Fleuriot.

1809 — Assiette à marly pailleté, chargé de fleurs émaillées; au centre un sujet fantastique à mandarins.

Mme Fleuriot.

1810 — Une Théière fond filigrané d'or, à médaillons de personnages.

A la même.

1811 — Petite Boîte à thé ovoïde à couvercle, fond filigrané d'or à médaillons de personnages.

A la même.

1812 — Grand Bol fond de mosaïque rouge et or, deux grandes réserves avec scènes familières.

Mme de Beuzelin.

1813 — Grand Bol à fond extérieur filigrané, à sujets familiers chinois; riche bordure d'or intérieure; au fond un bouquet.

Mme Fleuriot.

1814 — Bol campanulé à couvercle; fond mosaïque avec médaillons décorés de scènes familières.

A la même.

1815 — Bols avec soucoupes; fond mosaïque à médaillons de personnages.

A la même.

1816 — Tasse et soucoupe. Bordure arabesque d'or rehaussée de noir, servant de limite à un fond filigrané portant de petits médaillons à paysages. Au centre, une femme étendue sur un tapis ayant derrière elle une servante qui tient le talapat, reçoit le thé d'un serviteur à genoux.

Mme Malinet.

1817 — Tasse et soucoupe; bordure arabesque filigranée d'or, à médaillons camaïeu; sujet plein: des femmes dans un intérieur, avec deux enfants qui se disputent un sceptre d'or.

A la même.

1818 — Tasse sans soucoupe fond d'or filigrané. Grands médaillons à personnages.

M. Dutuit.

1819 — Tasse à sujet familier occupant un médaillon sur fond de mosaïque noir; bordure de grecques en or.

M. Gasnault.

1820 — Tasse fond gros bleu sous couverte à fleurs et rinceaux d'or, sujet familier.

Au même.

1821 — Tasse à fond filigrané d'or et médaillons de personnages.

Mme Fleuriot.

1822 — Petite Tasse bordure filigranée d'or à quatre réserves occupées par des fleurs et alternant avec des médaillons ornés de paysages en rouge de fer. — **Au** centre un sujet familier.

A la même.

1823 — Tasse à anse et soucoupe, fond filigrané d'or, chargé de fleurs émaillées en couleur. Médaillons décorés de personnages en bleu sous couverte.

M. Chevalier de Lauzières.

1824 — Tasse fond filigrané d'or, à médaillon de personnages.

Mme Fleuriot.

1825 — Tasse fond filigrané d'or, à réserves de médaillons à sujets familiers.

A la même.

1826 — Tasse bordure ornementale, à trois médaillons de paysages. Au centre deux femmes et un enfant.

A la même.

1827 — Trois Tasses, un Sucrier et une Théière, porcelaine reticulée à double fond; à réseaux dorés et médaillons décorés de fleurs et de paysages avec animaux.

M. Dutuit.

1828 — Une paire de beurriers, en forme de sabot couvert, avec une boucle; le bouton lui-même a la forme d'un sabot. Bordure bleue mandarine; semé de fleurs fines émaillées; sur le dessus du pied, un médaillon avec deux femmes assistant à un combat de coqs.

Mᵐᵉ Malinet.

PORCELAINE DE LA COMPAGNIE DES INDES

1829 — Grand Brûle-parfums hexagone élevé sur un support à six pieds en rouge veiné et décoré de grecques dorées en relief, couvercle élevé, à partie supérieure légèrement bombée et portant une branche de pêcher ; sur chaque face un médaillon rectangulaire blanc avec filigranes en relief, portant au centre un dragon alternativement rouge et or. Sur le couvercle médaillons semblables percés à jour. Bordures mosaïques rouge et or.

M. Gasnault.

1830 — Vase bursaire de forme aplatie, à piédouche et couvercle surmonté d'une chimère dorée, décoré de branches de fleurs en émail blanc chatironné de brun. Monture en bronze doré à deux anses.

Mᵐᵉ Furtado.

1831 — Vase en forme de coquillage, céladon vert d'eau avec bordure rouge et blanc. Couvercle surmonté d'un crabe.

M. La Faulotte.

1832 — Buire en casque avec son plateau en forme de coquille; décor à fleurs et bordures à pendentifs.

Mᵐᵉ Fleuriot.

1833 — Plat lobé à bordure bleue; au fond sujet émaillé en couleurs, représentant une femme assise et lisant.

A la même.

1834 — Plat long octogone, sur le marly bordure de fleurs et de fruits. Au centre un sujet familier.

A la même.

1835 — Plat long octogone, à décor bleu relevé d'émaux de différentes couleurs.

A la même.

1836 — Deux grands Plats découpés au pourtour, à bordures mosaïque et bouquets de fleurs.

M. Jacquelet Bey.

1837 — Assiette à bordure arabesque quadrillée; sur la chute une seconde bordure à rinceaux d'or: au centre un médaillon entouré de rouleaux noirs à rinceaux d'argent et chargé d'un sujet familier émaillé.

Mᵐᵉ Fleuriot.

1838 — Assiette creuse, décorée de bouquets de fleurs.

M. Chevalier de Lauzières.

1839 — Compotier à bord ajouré, peint en imitation de bois. Au centre un bouquet de fleurs émaillées avec papillons.

Mᵐᵉ Fleuriot.

1840 — Compotier à bord découpé à jour et délimité par une double bordure bleue; toute la découpure est teinte en jaune avec des taches brunes. Au centre, une corbeille remplie de fleurs polychromes.

Mᵐᵉ Malinet.

8

1841 — Compotier à bordure losangée d'or; fond broderie en émail blanc, rehaussé à la pointe, et composé de rinceaux de fleurs et feuillages. Trois réserves quadrilobées renferment des bouquets de fleurs en or.

Mme Malinet.

1842 — Tasse à fond mosaïque rouge à réserves de fleurs.

Mme Fleuriot.

1843 — Deux assiettes décorées de bouquets de fleurs se détachant sur fonds émaillés, l'un rose, l'autre bleu, coupés par un craquelé tracé à la pointe.

M. Michelin.

1844 — Potiches hexagones, pied à jour, fond ornementé de mosaïques en reliefs, avec médaillons réservés, renfermant des fleurs et des paysages; sur les angles des bambous en relief, sur le couvercle le chien de Fo.

M. le duc de Martina.

1845. Pièce ovale de plan, à large ouverture antérieure; elle est réticulée sur toutes les faces et rehaussée d'un décor bleu sous couverte.

M. Michelin.

PORCELAINE VITREUSE

1846 — Coupe à saki, bordure à perles d'émail; au fond une femme assise.

M. A. Jacquemart.

1847 — Tasse à décor intérieur d'or, représentant une grue éployée.

Au même.

1848 — Tasse du Japon, décor en bleu et or représentant le fousi-yama.

Au même.

1849 — Tasse décorée en rouge et or d'un buffle et d'un enfant.

Mme Fleuriot.

1850 — Tasse à bord dentelé et godronné, bordure de mosaïques alternant avec des paysages. Au centre un bouquet.

A la même.

1851 — Tasse et Soucoupe lobées et gaufrées, imitant la fleur d'hibiscus; décor émaillé, composé d'un coq sur un rocher, entouré de branches de tsubacki.

Mme Malinet.

1852 — Tasse à bord lobé, décorée de canards et de plantes aquatiques en or et de rochers émaillés en bleu.

Mme Fleuriot.

1853 — Tasse à bord lobé, décorée de canards dorés alternant avec des fleurs.

A la même.

1854 — Tasse à bords lobés décorée de poissons, oiseaux et plantes aquatiques.

A la même.

PORCELAINE IMPÉRIALE

1855 — Paire de vases, forme balustre carré sur piédouche; celui-ci décoré d'acanthes vertes sur fond noir. Sur la panse et le goulot branches de groseillers au naturel; aussi sur fond noir.

M. Gasnault.

1856 — Pot conique à anse et goulot latéral en S, fond partiel vert d'eau à écailles avec bordures noires; au milieu une zône en réserve avec papillons et insectes; au dessous une bande noire découpée et à fleurons, chargée de rinceaux fleuris; l'anse et le bouton du couvercle en argent.

Mme Fleuriot.

1857 — Grand Plat à pourtour fond vert quadrillé à têtes de clous, réserves à fleurs et papillons, coquilles et palmettes armoriales. Au centre dans un bosquet, une scène représentant le mariage japonais.

A la même.

1858 — Plat dont le marly porte des médaillons remplis de poissons divers, entre sont des oiseaux aquatiques. Au centre, trois hommes vêtus de robes d'apparat, se livrent à un repas officiel, en présence d'un prêtre.

Mme Malinet.

1859 — Assiette décorée au pourtour de riches rinceaux de style Louis XIV; sur la chute une bordure bleue rehaussée d'or, et au centre un bouquet d'iris avec chenilles et papillons.

Mme Fleuriot.

1860 — Bol couvert extérieurement d'un fond noir à bordures et guirlandes d'or; en réserve, deux figures de femmes pinçant une sorte de mandoline et faisant danser des enfants.

Mme Malinet.

1861 — Tasse et Soucoupe fond noir, bordure d'or; sujet de deux Orientaux dont l'un donne du cor et l'autre sonne de la trompette.

M. A. Jacquemart.

1862 — Tasse semblable.

M. Malinet.

1863 — Grande Soucoupe fond jaune à têtes de clous, décorée d'une palmette armoriale lilas avec rehauts d'or.

M. Gasnault.

OHOZAKA

1864 — Tasse couverte, extérieur à fond rouge de fer plein à ornements en or bruni rehaussé de traits à la pointe. Intérieur décoré en or des flots de la mer et de poissons. Au fond un médaillon en bleu sous couverte. Inscription de six caractères.

M. Jubin.

1865 — Soucoupe de même genre à rinceaux d'or sur le fond rouge, et bouquet bleu au centre. Même inscription.

Au même.

1866 — Coupe rectangulaire à bords inclinés. Du même service.

Au même.

YEGO

1867 — Bouteille hexagone décorée de personnages en rouge et or.

M. Marcelin.

1868 — Grand Plat creux, décoré d'un grand paysage en plein.

Au même.

1869 — Plat creux, décoré de jeux d'enfants.

Au même.

1870 — Plat creux, à fond laqué rouge et or, chargé d'un grand médaillon rectangulaire, orné de paons et de fleurs.

Au même.

1871 — Assiette creuse octogone à marly rouge, filigrané d'or. Grand médaillon occupé par une femme dans un paysage.

Au même.

1872 — Assiette creuse à bord lobé, à bordure rouge filigranée d'or, portant des réserves décorées de fleurs et de mosaïque. Au centre deux femmes et un enfant dans un paysage.

Au même.

1873 — Compotier fond rouge et or, chargé de fleurs ornementales. Trois médaillons superposés décorés de personnages.

M. Dutuit.

1874 — Coupe en ancienne porcelaine de Yégo, bordure à médaillons alternativement losangés en vert et à imbrications jaunes. Au centre un personnage assis tenant un pinceau et une branche de pin, il est entouré de fleurs. A l'extérieur de grands rinceaux et sous le pied le caractère bonheur.

M. le duc de Martina.

1875 — Pièce semblable.

M. Delaherche.

1876 — Coupe fond filigrané rouge, décorée de médaillons à fond rouge filigrané d'or, décor d'enfants et fleurs.

M. Marcellin.

1877 — Coupe avec médaillon central où l'on voit une femme à genoux devant une table.

Au même.

1878 — Grande Coupe décorée de médaillons variés de forme et décorés de cœurs, de mosaïques, d'objets sacrés, et de personnages, en rouge et or.

Au même.

1879 — Deux Coupes à bordure mosaïque, médaillon central décoré de jeux d'enfants.

Au même.

1880 — Coupe bordure rouge filigranée d'or; médaillon de fleurs; médaillon central occupé par un paysage.

Au même.

1881 — Grande Coupe couverte à décor mosaïque rayonnant.

Au même.

1882 — Grand Bol, décoré sur fond bleu de fleurs ornementales; à l'intérieur bordure grecque et grand médaillon lobé, renfermant un paysage à sujets de personnages.

Au même.

1883 — Grand Bol campanulé, décoré en rouge et or.

Au même.

1884 — Petite Théière ovoïde, à couvercle plat, décorée de personnages en rouge et or.

Au même.

1885 — Petite Théière conique à fond rouge et or, décorée de médaillons en forme d'éventails à paysages et fleurs en couleur.

Au même.

GRÈS DE SATZOUMA

1886 — Figure de personnage sacré, tenant la pêche de longévité, finement truite. La figure est coloriée et les vêtements ornés de bordures et groupes de nuages en émaux bleu, vert et jaune.

M. le duc de Martina.

1887 — Pou-Taï couché sur un sac et tenant un écran à la main.

M. Laurens.

1888 — Statuette d'empereur assis, vêtu d'une robe verte décorée de dragons en or, et tenant un livre ouvert.

Au même.

1889 — Statuette d'enfant accroupi.

M. Piguet.

1890 — Statuette d'enfant accroupi tenant un petit chien dans ses bras.

Au même.

1891 — Enfant accroupi tenant une grande courge entre ses bras. — Pied en bois de fer.

M. Bigot.

1892 — Statuette d'enfant portant un écran.

M. l'amiral Jaurès.

1893 — Deux Figurines : une femme japonaise et un enfant tenant un rouleau ouvert.

M. Laurens.

1894 — Un Chien de Fo sur un rocher.

Au même.

1895 — Un Chien de Fo sautant d'un rocher fleuri.

Au même.

1896 — Tortue sacrée portant sur le dos un îlot couvert de végétation.

Au même.

1897 — Un Chat auprès d'un rocher fleuri.

Au même.

1898 — Chat sautant d'un rocher fleuri.

M. l'amiral Jaurès.

1899 — Vase bursaire à deux anses formées par des têtes d'éléphants, bordure de dents de loups, décor à personnage.

Au même.

1900 — Deux vases bursaires à ouvertures très-évasées, à anses latérales, décor de pampres.

Au même.

1901 — Vase bursaire à long col, anses contournées, décor de glycine, bordure mosaïque.

Au même.

1902 — Vase bursaire, de chaque côté des têtes de lions supportant des anses simulées; bordure mosaïque. Deux grands médaillons contenant, l'un des personnages, l'autre des fleurs.

Au même.

1903 — Vase lancelle à deux anses formées par des torsades, décor de fleurs et de graminées.

Au même.

1904 — Vase lancelle à deux anses annulaires, décoré de fleurs de pivo'ne et d'aubépine.

Au même.

1905 — Vase à ouverture très-élargie, reposant snr trois pieds; décor de lambrequins et rosaces. Partie supérieure mobile.

Au même.

1906 — Vase de forme sphérique surbaissée ; couvercle plat à bouton, deux petites anses saillantes destinées à porter des anneaux, décor d'armoiries.

Au même.

1907 — Vase lancelle à deux anses latérales saillantes, décor de chrysanthèmes etde graminées.

M. Laurens.

1908 — Deux Vases ovoïdes à col évasé, flanqués de deux anses saillantes portant des anneaux mobiles, décor de chysanthèmes.

M. Marcellin.

1909 — Deux Pi-tongs à bordure de dents de loup, décorés l'un de coqs, l'autre de faisans.

M. Piguet.

1910 — Deux Bouteilles cylindriqnes à col allongé, décor de grues, coqs et bambous.

M. Hirsch.

1911 — Deux Flacons quadrangulaires, arrondis à la partie supérieure, à petits goulots évasés, décorés de branches fleuries, émaillés en bleu et or.

M. La Faulotte.

1912 — Porte-Allumettes hexagone porté par une tortue d'eau, décor de chrysanthèmes.

M. l'amiral Jaurès.

1913 — Deux Porte-Bouquets en forme de vases lancelles à deux petites anses latérales, élevés sur un pied à jour.

M. Desoye.

1914 — Petit Vase de forme sphérique repercé à jour, décoré de paysages en couleur.

M. Poulet.

1915 — Deux grands Cache-Pots coniques à bord plat, décorés de glycines et de bordures mosaïques.

M. Laurens.

1196 — Coupe à piédouche, décorée extérieurement d'emblèmes de longévité, et à l'intérieur d'insignes sacrés.

M. Piguet.

1917 — Coupe de forme surbaissée, à marly plat lobé, décoré de fleurs.

M. Villetard.

1918 — Petit Bol bordé en argent très-finement truité, décoré des branche de bambous émaillées en bleu, vert et or.

M. le duc de Martina.

1919 — Petit Bol hémisphérique décoré de branches de bambou émaillées en vert et rouge et chatironnées d'or.

M. La Faulotte.

1920 — Bol hémisphérique à bordure verte et inscrit du mot longévité.

M. Poulet.

1921 — Petit Bassin rectangulaire à fond arrondi, à fleurs de chrysanthème en noir à l'extérieur et à l'intérieur.

Au même.

1922. — Deux Coquilles recouvertes de laque noir, décorées d'oiseaux en or et couleur ; à l'intérieur décor partiel de laque noir et or sur fond craquelé taché de vert.

Au même.

1923 — Veilleuse sphérique. Partie supérieure à jour, surmontée d'un chien de Fo jouant avec des boules. Elle repose sur une base à trois pieds.

M. l'amiral Jaurès.

1924 — Veilleuse sur trois pieds formés de têtes chimériques. Partie supérieure, percée de rosaces à jour, décor d'oiseaux et de fleurs.

Au même.

1925 — Veilleuse à anses formées par des branchages décorés de glycines.

Au même.

1926 — Veilleuse décorée de chrysanthèmes.

M. B. Jaurès.

1927 — Petite Veilleuse décorée de graminées et d'insectes.

Au même.

1928 — Veilleuse forme losangée ; sur les extrémités deux anses en coquilles. Le récipient est bordé au faîte d'une colerette tombante ; il est surmonté d'un couvercle à chrysanthème percé à jour. Le décor est d'émail vert, rouge et or.

Mme Malinet.

1929 .— Veilleuse sphérique à trois petits pieds formés par des têtes fantastiques et deux petites anses latérales portant un récipient à couvercle; décor émaillé
de fleurs et bandes mosaïque.

M. Marcellin.

1930 — Veilleuse sphérique à deux anses et trois pieds formés par des têtes chimériques. Récipient supérieur à deux anses et couvercle plat, décor et bordure
mosaïque et médaillons de fleurs.

M. Laurens.

1931 — Théière ovoïde de forme élevée, à couvert plat, décoré de personnages.

M. Desoye.

1932 — Théière piriforme à bec formant l'S et anse simple. Elle est richement
décorée en bleu et rouge, rehaussé d'or, de rochers, branches et oiseaux.

Mme Malinet.

1933 — Tasse hémisphérique avec soucoupe en grès truité ventre de biche,
décor de fonds émaillés verts à réserves ornées, en émail bleu et en or, de paysages, d'inscriptions et de fleurettes.

A la même.

1934 — Petite Tasse à thé, décor extérieur rouge, au fond une grue en relief,
émaillée en couleur.

M. Poulet.

1935 — Petite Tasse cylindrique à couvercle fond vert uni à la fleur de chrysanthème rose et blanche.

Au même.

1936 — Lanterne de suspension hexagone à panneaux ajourés, garnie en haut
et en bas d'une couronne découpée, décorée de nuages émaillés en couleur et de
grues dont la tête, le corps et les ailes sont percés à jour.

M. Piguet.

1937 — Ecran debout sur quatre pieds, décor de bordures mosaïques.

M. Dutuit.

1938 — Ecran monté sur quatre pieds, décoré d'un coq et d'un paon.

M. l'amiral Jaurès.

1939 — Ecran rectagulaire, base à quatre pieds, bordure mosaïque, décor de
fleurs et d'oiseaux.

M. Laurens.

1940 — **Grès**. Statuette de mendiant appuyé sur un bâton et portant une
gourde pendue à sa ceinture. Céladon vert d'eau, veiné de bleu.

Mme Riant.

1941 — Statuette de mendiant tenant une gourde et un bâton, émaillé en brun.

M. Burty.

1942 — Chimère mâle, en grès non émaillé, appuyée sur une boule réticulée. La
tête, la boule et la queue sont mobiles. Pied en bois doré et gravé.

Mme Malinet.

1943 — Vase en forme d'urne, fond vert, décor de plantes aquatiques, émaillé
en jaune et violet.

M. Marcellin.

1944 — Vase en forme de tortue à carapace formant couvercle, émaillé en vert,
jaune et violet. *Japon.*

M. l'amiral Jaurès.

1945 — Brûle-parfums en forme de tortue d'eau, couvercle a jour émaillé en
couleurs. *Japon.*

Au même.

1946 — Vase à couvercle, en forme de corbeille à anse supérieure, élevé sur
quatre pieds; décor polycrôme avec parties ajourées. *Japon.*

Au même.

1947 — Boîte à couvercle en forme de canard, émail polychrôme. *Japon.*

M. l'amiral Jaurès.

1948 — Boîte à couvercle en forme de canard mandarin émaillé vert avec parties dorées. *Japon.*

Au même.

1949 — Gand Pi-tong de forme élevée; sur le haut une grecque noire sur fond jaune; même dessin dans le bas. Sur le corps du vase un dragon au milieu des flots. Le tout décoré en émaux jaune, manganèse et vert.

M. le duc de Martina.

1950 — Petite Assiette émaillée vert et brun irrisés, décor gravé. Médaillon central contenant des vases sacrés.

M. le comte de Malherbe.

1951 — **Grès céladonnés**. Théière ovoïde à anse en forme de torsade, couvercle plat à bouton formé par une fleur.

M. Marcellin.

1952 — Cache-Pot représentant un rocher où sont attachés des madrepores et des mollusques. *Japon.*

M. l'amiral Jaurès.

1953 — Tortue émaillée céladon vert d'eau et vert foncé, sur les bords traces de dorure. *Japon.*

Au même.

1954 — Statuette de personnage accroupi à robe et bonnet émaillés en céladon vert d'eau. Moderne.

M. Désoye.

1955 — **Terre de Boccaro**. Chimère sur un socle en bronze doré.

M. Beurdeley.

1956 — Chimère femelle portant son petit sur le dos.

M. Evans.

1957 — Grande Théière hexagone de forme élevée. Décor de médaillons rectangulaires ornés de branches fleuries sur fond ajouré. Boccaro rouge.

M. Dutuit.

1958 — Théière à décor en relief à ramages de feuillages, au milieu se trouve le génie des nélumbos.

M. Riocreux.

1959 — Théière de forme carrée, à anse rectangulaire, décor à jour de fleurs d'aubépine.

M. Burty.

1960 — Chéou-lao, assis sur l'axis. Les vêtements sont émaillés en couleurs.

M. Bigot.

1961 — Théière en terre brune décorée de grues émaillées en couleurs.

M. Burty.

1962 — **Terre de pipe**. Récipient de pipe à opium, émaillé à fond bleu et fleurs polychrômes.

M. le baron de Monville.

1963 — **Faïence**. Bouteille piriforme à léger renflement au bord du goulot, décorée en relief d'un dragon à quatre griffes sur les flots; couverte d'un beau vert chatoyant.

M. Gasnault.

1964 — Cornet en forme de bambou à quatre lobes avec un nœud au milieu et des tiges et feuilles en demi-relief sur les faces; il est émaillé vert avec touches jaunes. Socle en bois sculpté.

Mme Malinet.

BLANCS

1965 — Vase en porcelaine coulée ayant la forme de deux vases carrés engagés par leurs angles; à la base un petit pied ornementé, sur les hanches deux anses en forme d'éléphant et à la base du col un filet en relief. Pied en bois sculpté.

M. le duc de Martina.

1966 — Vase forme balustre à pied élargi et godronné, à deux anses latérales formées par des dragons en relief.

M. l'amiral Coupvent des Bois.

1967 — Deux grands Vases cylindriques, à col légèrement évasé, portant un renflement médian.

M. Baylin de Monbel.

1968 — Bol hémisphérique évasé, décoré de dragons gravés dans la pâte. Daté de Yong-Tching (1723-1736).

M. Gasnault.

1969 — Deux Coupes campanulées, à fond réticulé à jour, chargé de cinq médaillons ornés de personnages en relief et peints à froid.

M. Dutuit.

1970 — Pièce semblable.

Mᵐᵉ Malinet.

1971 — Tasse campanulée, percée à jour d'ornements losangés et de médaillons renfermant des caractères tchouan; culot godronné. Pied en bois sculpté.

A la même.

1972 — **Blanc de Chine**. Divinité bouddhique à dix-huit bras, portant des attributs. Socle en bois sculpté.

M. Gasnault.

1973 — Statuette représentant la déesse Kouan-in (dans une petite vitrine).

M. l'amiral Coupvent des Bois.

1974 — Statuette de la même divinité, plus petite.

Au même.

1975 — Statuette de la même divinité.

M. Michelin.

1976 — Statuette de Pou-taï accroupi et tenant un sceptre.

M. Gasnault.

1977 — Statuette d'ancien empereur debout sur une base cylindrique ornée d'une grecque gravée et d'un nœud d'étoffe en relief.

Au même.

1978 — Statuette de philosophe accroupi et tenant un rouleau dans sa main gauche; à côté de lui, un soulier posé sur un rocher. Pied en bois de fer, représentant un rocher orné de ling-tchy et de fleurs sculptées à jour.

M. l'amiral Coupvent des Bois.

1979 — L'oiseau impérial japonais perché sur un rocher. *Japon.*

Mᵘᵉ Grandjean.

1980 — Dragon très-finement modelé, posé sur un socle en bois de fer. *Japon.*

Mᵐᵉ Malinet.

1981 — Un Kilin.

M. Gasnault.

1982 — Brûle-parfums représentant un cheval couché; sur le dos un couvercle à jour surmonté d'une branche fleurie. *Japon.*

M. l'amiral Jaurès.

1983 — Un canard. *Japon.*

M. l'amiral Jaurès

1984 — Coq et Poule avec crêtes peintes en rouge. Les plumes de la queue du coq sont peintes en noir en dessous. *Japon.*

Au même.

1985 — Ecureuil couché sur des raisins. *Japon.*

Mme Malinet.

1986 — Branche figurative de prunier avec la tige; un oiseau blanc est perché dessus. **Japon.**

A la même.

1987 — Branches de prunier et de narcisses nouées dans une feuille de papier. **Japon.**

A la même.

1988 — Branche de chrysanthème avec ses feuilles et ses boutons; sur une feuille est un insecte; le bas de la branche est entouré d'un morceau de papier noué d'un cordon. *Japon.*

A la même.

1989 — Brûle-parfums octogone, porté sur huit petits pieds. Décoré de trois zones ornementales superposées. A quatre des angles des petites anses; couvercle légèrement bombé percé à jour, décoré d'arabesques en relief. — Plateau à bords droits porté sur huit pieds.

M. Gasnault.

1990 — Vase cylindrique de forme élevée, à gorge rétrécie, s'évasant en collet très-court, têtes de lions latérales. Pied en bois.

M. Michelin.

1991 — Petite Coupe en forme de fleur de lotus.

Mme de Beuzelin.

1992 — Petite Coupe octogone oblongue évasée élevée sur quatre petits pieds, décor d'animaux gravés dans la pâte.

M. Gasnault.

1993 — Petite Coupe à surprise, décorée de fleurs en relief. Au milieu petite figurine debout d'un personnage à longue robe.

Au même.

1994 — Deux petites Coupes ovales évasées à pieds détachés à jour et portant des branches de pêchers en relief.

M. La Faulotte.

1995 — Pot à anse couvert, à col cylindrique cotelé, et à corps sphérique, également cotelé, orné de reliefs à la base et sur ses hanches; le couvercle finement godronné est rattaché à l'anse par une monture européenne en argent ciselé.

M. le duc de Martina.

1996 — Une Théière en forme de fruit orné de son feuillage, sur un plateau hexagone.

M. Riocreux.

1997 — Petite Théière de forme sphérique surbaissée, décor en relief de style persan consistant en rosaces et palmettes.

M. Gasnault.

1998 — Théière hexagone à trois petits pieds et anse supérieure, décorée sur chaque pan de branchages et fleurs en relief.

Au même.

1999 — Tasse décorée de palmettes et rinceaux en relief. Pied en bois de fer.

M. Burty.

2000 — Flacon tabatière forme cylindrique, décor en relief de dragons dans les nuages.

M. Gasnault.

2001 — Un autre de forme orbiculaire, décor en relief de chiens de Fo dans les nuages.

M. Gasnault.

2002 — Un autre de forme orbiculaire, décoré en relief de chiens de Fo jouant avec des boules dans les nuages.

M. l'amiral Coupvent des Bois.

2003 — Un autre ayant la forme de deux carpes accolées. Petit pied en bois de fer.

Mme Malinet.

2004 — Bouteille quadrangulaire à panse surbaissée, avec les angles creusés en rainure ; deux anses en haut du col et une moulure saillante au milieu de la panse. Elle est en pâte de porcelaine, dense, couverte d'un émail blanc laiteux, épais, et est portée sur un pied en bois de fer sculpté.

A la même.

2005 — Vase biforme, sphérique à la base, avec col largement ouvert et un peu évasé, ayant sur les hanches deux têtes de chimères tenant des anneaux fixés. Le fond est un céladon blanchâtre, imitant la couleur de l'œuf d'autruche. Il est craquelé accidentellement et porte sur la panse des fleurs et rinceaux, et sur le col une grecque et des feuilles d'eau. Pied en bois de fer sculpté à cinq pieds et double galerie.

A la même.

2006 — Petite Statuette de la déesse Kouan-in. Pied en soie mandarine dans une boîte vitrée garnie intérieurement de soie cerise et à l'extérieur d'une étoffe décorée de dragons.

M. Gasnault.

2007 — Vase en céladon blanc truité, gravé de bordures portant des fleurons en relief ; le corps gravé des flots de la mer est orné en engobe d'un dragon ailé entouré des nuages et de la foudre. Socle en bois de fer sculpté.

Mme Malinet.

2008 — Cornet à décor en blanc d'engobe représentant un dragon ailé au milieu des flots, un cheval marin et deux coquillages ; sur la base une grecque.

M. Gasnault.

2009 — Petite Bouteille ovoïde allongée, décorée en relief d'un animal chimérique, de rochers et de pins. Céladon blanc craquelé.

Mme Malinet.

2010 — Vase ovoïde à ouverture cylindrique, décoré de dragons en blanc d'engobe.

M. Millet.

2011 — Urne excessivement mince avec ornements finement gravés dans la pâte. La couverte très-vitreuse est truitée.

M. le duc de Martina.

2012 — Gourde orbiculaire, à anses en oreilles de chaque côté du col, et goulot obturbiné. Au centre de chaque face, une rosace ornementale gravée, entourant la figure des deux forces de la nature.

Mme Malinet.

BLEUS TURQUOISES ET VIOLETS

2013 — **Bleu turquoise.** Une chimère assise. Socle en bois de fer sculpté à jour.

M. La Faulotte.

2014 — Vase carré avec base et gorge cylindriques, finement truité. Aux angles des filets en relief.

Mme Malinet.

2015 — Vase bursaire à col évasé, formé d'une feuille de nélumbo repliée, avec les nervures en relief.

Mme Malinet.

2016 — Deux vases quadrangulaires, à col évasé et anses latérales formées par des têtes chimériques, portant des anneaux simulés. Monture en bois de fer sculpté à galerie.

M. La Faulotte.

2017 — Deux vases hexagones à panses renflées et à couvercles, gravés de fleurs et bordure ornementale. Monture en bronze doré.

Au même.

2018 — Vase ovoïde orné de rinceaux gravés, monté en bronze doré.

Au même.

2019 — Urne à quatre pans à panse renflée sur piédouche et à ouverture rectangulaire. Deux petites anses en forme de sceptres supportant des nœuds d'étoffe formant relief tombent le long de la panse.

M. Gasnault.

2020 — Vase bursaire à ouverture légèrement évasée. Anses latérales formées par des têtes de lions.

Au même.

2021 — Vase bursaire à deux petites anses formées par des têtes d'éléphants. Socle en bronze doré.

M. Galichon.

2022 — Vase bursaire décoré de dents de loup et dragons gravés. Socle en bronze doré.

Au même.

2023 — Vase bursaire à deux petites anses formées par des têtes d'éléphants.

M. le docteur Mentzer.

2024 — Gourde orbiculaire à goulot renflé et deux anses contournées.

Mme Furtado.

2025 — Bouteille à quatre lobes, à panse ovoïde et col allongé.

M. Gasnault.

2026 — Bouteille à panse sphérique décorée de fleurs ornementales gravées.

M. Maillet du Boulay.

2027 — Deux bouteilles piriformes à col évasé.

M. Bellenot.

2028 — Petite bouteille piriforme à col cylindrique.

M. B. Jaurès.

2029 — Deux petits pi-tong à jour, formés de branches de pin et de bambous croissant sur des rochers. Pied en bois sculpté à jour.

M. l'amiral Coupvent des Bois.

2030 — Pot à anse couvert dans une cuvette en forme de feuille de nélumbo. Monture en bronze doré. (Style Louis XVI.)

M. La Faulotte.

2031 — Vase en forme de coquille, monté sur un pied en bois de fer.

M. l'amiral Jaurès.

2032 — Plateau en forme de feuille avec son pétiole ; au fond se détache, en demi-relief, un dragon ailé à quatre griffes.

Mme Malinet.

2033 — Pièce semblable.

M. Dutuit.

2034 — Petit plateau en forme de ling-tchy, élevé sur trois petits pieds.

M. Gasnault.

2035 — Plateau demi-circulaire élevé sur trois pieds formés par des têtes chimériques.

M. Gasnault.

2036 — Potiche à goulot cylindrique bordé, court et très-étroit ; décor noir composé d'arabesques et médaillons renfermant des personnages de très-vieux style.

Mme Malinet.

2037 — Vase sphérique à couvercle, bleu turquoise, marbré de noir. Monture en bronze doré.

M. La Faulotte.

2038 — Bouteille en bleu turquoise semé de rinceaux fleuris en noir. Pied en bois sculpté.

M. le duc de Martina.

2039 — **Violets**. Groupe de deux personnages assis côte à côte.

M. La Faulotte.

2040 — Perroquet perché sur un rocher partiellement émaillé en bleu turquoise.

Au même.

2041 — Un vase quadrangulaire, à col évasé, et anses latérales formées par des têtes chimériques portant des anneaux simulés.

Au même.

2042 — Plateau demi-circulaire élevé sur trois pieds formés par des têtes chimériques.

M. Gasnault.

2043 — Bol campanulé très-évasé, pied bois de fer incrusté de filets d'argent.

Mme Malinet.

2044 — Théière en forme de pêche de longévité. Ouverture inférieure.

M. le comte de Butenval.

2045 — Tasse en forme de fleur, avec le pédoncule replié, formant siphon. Au centre, un homme debout. La tasse est en vieux violet et les vêtements de l'homme en bleu turquoise.

Mme Malinet

2046 — Chimère mâle assise, bleu turquoise jaspé de violet. Elle est sur un socle en vieux violet monté de bronze doré.

A la même.

2047 — Chimère formant brûle-parfums, en porcelaine à couverte violette maculée de bleu turquoise.

M. l'amiral Jaurès.

2048 — Urne à ornements archaïques en relief. Elle est teinte en violet avec jaspure de bleu turquoise.

M. le duc de Martina.

2049 — Deux vases ovoïdes à couvercle, en violet marbré de bleu turquoise ; monture à anses en bronze doré.

M. La Faulotte.

2050 — Jatte ornée intérieurement de grandes jaspures turquoise et violet. L'extérieur est entièrement violet et le dessous turquoise.

Mme Malinet.

CÉLADONS

2051 — Potiche à ouverture rétrécie, couverte en bleu de la pierre Mei.

M. Letellier.

2052 — Vase bursaire à anses formées de têtes chimériques. Céladon bleu couleur de la pierre Meï. Pied en bois sculpté.

M{{mc}} Malinet.

2053 — Plateau émaillé en bleu de la pierre Meï ayant la forme d'une pêche de longévité, avec feuillages et fruits et portant sur le bord une chauve-souris en relief.

M. le comte de Malherbe.

2054 — Pou-taï, tenant de la main droite un écran et debout sur le sac de chanvre; tous les nus sont en biscuit; la draperie, laissant voir les mains, la plus grande partie du torse et les pieds, est en céladon vert d'eau, ainsi que le support.

M{{me}} Malinet.

2055 — Pou-taï, tenant de la main droite un écran et dansant sur son outre.

A la même.

2056 — Personnage assis tenant un livre; la tête et les mains sont en biscuit, les vêtements en céladon bleu et blanchâtre. Pied en bois de fer.

M. l'amiral Coupvent des Bois.

2057 — Théière figurative en biscuit brun émaillé en partie d'un beau céladon verdâtre. Elle représente un groupe de rochers chargés de pins, sur un sentier à la base duquel est un pont circulent des personnages qui se rendent au temple. Au sommet un homme s'appuie sur un rocher.

M. le duc de Martina.

2058 — Pièce semblable.

M{{me}} Fleuriot.

2059 — Théière formée d'une tortue d'eau dont la queue renversée forme l'anse. La carapace est émaillée de brun et de bleu.

M. Michelin.

2060 — Gourde à deux renflements avec fruits cucurbitacés en relief. Céladon vert d'eau rehaussé d'un décor archaïque.

M. La Faulotte.

2061 — Vase d'applique en forme de gourde, sur lequel se détache une branche feuillée et chargée d'un jeune fruit. Céladon vert d'eau.

Au même.

2062 — Bouteille à goulot hémisphérique et panse très-basse avec filets en relief. Céladon vert de mer. Socle bois de fer sculpté.

M{{mc}} Malinet.

2063 — Lagène de forme persane à panse surbaissée et goulot renflé au sommet, avec reliefs à la base, au col et près de l'ouverture. Céladon vert clair.

A la même.

2064 — Vase piriforme à ouverture évasée, à anses formées par des dragons. Céladon fleuri gris-verdâtre.

M. Galichon.

2065 — Bouteille en céladon verdâtre gaufré.

M. Millet.

2066 — Potiche à long col cylindrique; elle est décorée en gravure et en relief, de rinceaux, de feuillages et de fleurs. La couverte est un céladon craquelé vert de mer.

M{{mc}} Malinet.

2067 — Coupe en céladon verdâtre sur piédouche, décorée en relief du fong-hoang dans des feuillages.

M. l'amiral Jaurès.

2068 — Cache-pot en céladon verdâtre, double fond, partie intérieure à jour représentant des branchages de pin, de bambou et d'aubépine.

Au même.

2069 — Théière en céladon fleuri en forme de gourde ; les deux panses sont décorées de grecques et de godrons imbriqués ombrés par la couverte. L'anse et le goulot sont des tiges feuillées.

Mme Malinet.

2070 — Petit vase doliiforme à pied et ouverture légèrement évasés, en céladon fleuri craquelé.

M. A. Jacquemart.

2071 — Brûle-parfums en céladon craquelé vert d'eau, à trois pieds et deux anses formées par des dragons en bronze doré.

M. Galichon.

2072 — Petite coupe en forme de coquille; extérieur non émaillé; intérieur craquelé vert d'eau, une crevette à l'intérieur en relief émaillée blanc.

M. l'amiral Jaurès.

2073 — Tasse en céladon fleuri blanc.

M. Gasnault.

2074 — Tasse à bord brun, en céladon blanc couvrant un dessin blanc d'engobe, de grues et fleurs aquatiques.

M. A. Jacquemart.

2075 — Garniture de trois pièces. Vase du milieu monté en bronze avec deux anses formées par des serpents; céladon vert d'eau, décoré de branches d'aubépine en bleu, avec fleurs en céladon blanc et rouge de cuivre sous couverte. Deux vases d'accompagnement de même décor.

M. La Faulotte.

2076 — Vase bursaire de forme légèrement aplatie, à deux anses latérales formées par des têtes de bélier; deux arêtes saillantes. Céladon vert d'eau, décoré de grecques et dents de loup, en bleu sous couverte.

M. Bouvier.

2077 — Deux aspersoirs à trois renflements. Couverte céladon vert d'eau avec réserves décorées de fleurs en bleu.

M. Gasnault.

2078 — Tasse décorée en bleu de poissons et crustacés. Couverte extérieure en céladon vert d'eau gravé de fleurs.

Au même.

2079 — Vase monté sur trois pieds à panse sphérique, à col cylindrique et ouverture très-élargie; couverte céladon verdâtre à trois médaillons de fleurs polychrômes.

M. l'amiral Jaurès.

2080 — Tasse fond vert d'eau à réserves décorées d'objets sacrés en couleurs et rehauts d'or.

M. Gasnault.

2081 — Tasse fond bleu empois, décor de fleurs émaillées en couleurs.

M. A. Jacquemart.

2082 — Pièce semblable.

M. Gasnault.

2083 — Tasse fond bleu empois, décor de fleurs émaillées en bleu.

Au même.

2084 — Coupe obconique, carrée de plan, à deux anses arabesques. Couverte céladon agatisé. Pied en bois de fer.

Mme Malinet.

2085 — Petite bouteille à goulot allongé, fond jaune truité coupé par des anneaux en relief, avec trois zones brun foncé sur la panse. Petit pied en bois de fer.

A la même

CRAQUELÉS

2086 — **Craquelé gris**. Vase piriforme à ouverture très-évasée. Anses formées par des dragons.

Mme de Beuzelin.

2087 — Garniture de trois pièces avec monture ancienne en bronze doré : Un Vase ovoïde à deux petites anses formées de têtes chimériques et col évasé. Deux coupes sphériques à couvercle, élevées sur piédouche.

M. Dutuit.

2088 — Bouteille à deux anses latérales et bande ornementale en relief, en application de terre brune.

M. de Vassoigne.

2089 — Bouteille courte et à col large, avec deux mascarons, un collier supérieur et une bordure grecque au pied, en application de terre ferrugineuse. Pied en bois de fer sculpté.

Mme Malinet.

2090 — Vase lagène, à deux anses formées de têtes de lions, en pâte brune ; fond craquelé gris avec des zônes en terre brune.

A la même.

2091 — Vase lancelle à deux anses formées de têtes chimériques, en pâte noire, trois zônes d'ornements de la même pâte sont sur le bord, à la base du col et sur le pied.

M. La Faulotte.

2092 — Petite potiche montée en fontaine.

Au même.

2093 — Vase doliiforme, daté de Yung-tching (1723-1736), pied en bois de fer.

M. B. Jaurès.

2094 — Petite coupe lenticulaire en craquelé gris avec une zône en terre brune à relief.

M. E. Cornu.

2095 — Deux grands bols campanulés avec leur plateau.

M. B. Jaurès.

2096 — Porte pinceaux à cinq dents.

Au même.

2097 — Deux petits flambeaux.

Au même.

2098 — Assiettes à bord lobés, craquelé gris foncé.

M. le comte de Malherbe.

2099 — Bouteille décorée en bleu d'un rocher avec bambous et chrysanthèmes, datée de Young-tching.

M. Gasnault,

2100 — Deux vases ovoïdes à col renflé, et deux anses latérales imitant le bronze et représentant des têtes chimériques portant des anneaux simulés, décors de chevaux réservés en bleu.

Mme Riant.

2101 — Bouteille ovoïde à col légèrement évasé, décorée en bleu d'une branche d'aubépine portant un oiseau endormi. Pied en bois de fer.

M. B. Jaurès.

2102 — Bol campanulé avec son plateau décoré de fleurs en bleu.

Au même.

2103 — Théière sphérique décorée en émaux de la famille verte. Anse moderne en argent oxydé.

Mme de Beuzelin.

2104 — Vase sphérique percé de trous, décoré en émaux de la famille verte. Monture en bronze doré.

M. La Faulotte.

2105 — Tasse et soucoupe, décor de la famille verte, composé d'une double bordure, de pins, grues et ling-tchi.

Mme Malinet.

2106 — Bol campanulé en craquelé gris, décoré en émaux de la famille verte de rochers, fleurs et oiseaux. Pied bois de fer sculpté.

A la même.

2107 — Plateau carré à coins arrondis, décoré en émaux bruns, jaunes, verts, de prêles, de fougères en crosses et d'un pissenlit avec ses fleurs. Un papillon vole dans le haut. Japon.

A la même.

2108 — Plat décoré de dragons en émaux de la famille verte.

M. Evans.

2109 — Vase forme balustre, décoré de rinceaux fleuris, émaillés en couleur.

M. Ch. Schefer.

2110 — Bouteille décorée d'un semé de fleurs de pêcher en vert d'eau. Pied en bois de fer.

M. B. Jaurès.

2111 — Bouteille ornée des choses honorifiques, émaillées en couleurs de la famille rose. Pied en bois sculpté.

M. G. Brion.

2112 — Vasque en forme de coquillage montée sur quatre pieds, en craquelé gris décoré de langoustes dans les flots, émaillées en couleur. Inscription à l'entour en caractère japonais.

M. l'amiral Jaurès.

2113 — **Céladon craquelé.** Vase carré de plan, à pied légèrement rentré et col un peu conique; trois crêtes dentelées sur les angles, sur les faces, en relief, au-centre, la figure des deux forces de la nature, et au dessous et au-dessus, les Koua de Fou-hi. Pied en bois de fer sculpté.

Mme Malinet.

2114 — Vase à six pans à anses en forme de têtes d'éléphants.

M. A. Jacquemart.

2115 — Bouteille à panse renflée, portant deux petites anses saillantes le long du col.

M. Burty.

2116 — Vase formé de deux vases quadrangulaires accolés avec deux anses saillantes en tête d'éléphant. Pied en bois de fer.

M. B. Jaurès.

2117 — Petite coupe forme de feuille élevée sur trois petits pieds.

Au même.

2118 — Grande bouteille à col allongé avec deux anses saillantes. Pied en bois de fer.

Au même.

2119 — Petite coupe en forme de fruit, élevée sur trois petits pieds.

Au même.

2120 — **Craquelé rouille.** Tasse à six pans, décorée en bleu de signes longévité, en dessous Ouang-yu. Objet précieux.

M. A. Jacquemart.

9

2121 — Truité café. Vase ovoïde allongé à col court et évasé, portant en réserve, sur les deux faces, le caractère *Cheou* en blanc rehaussé de bleu; le même signe de longévité est en bleu sur le col dans des médaillons blancs; d'autres réserves portent des emblèmes et des fleurs.

Mme Malinet.

2122 — Truité chamois. Urne ovoïde, décor imitant le bronze; de chaque côté de la gorge un mufle de lion et anses carrées simulées. Pied en bois de fer à béquilles.

M. Gasnault.

2123 — Craquelé chamois. Bouteille ovoïde à piédouche et col court, décor de fleurs en céladon blanc et bleu. Marqué au Ling-tchy.

Au même.

2124 — Vase bursaire, décoré de trois chèvres en bleu sous couverte avec rehauts de jaune d'ocre.

Au même.

2125 — Bouteille à panse et col cylindriques, décorée en bleu des huit Koua et du signe des deux forces de la nature.

M. le duc de Martina.

2126 — Vase en forme de bouteille à deux anses, à réserves, rehaussé de deux grands caractères Cheou, longévité. Ce mot est répété en caractères antiques dans des petites réserves surmontées de signes honorifiques, et sur le grand caractère lui-même deux grands médaillons renferment le signe bonheur. Monture européenne en bronze doré.

M. le duc de Martina.

2127 — Vase bursaire à deux anses formées de têtes d'éléphants et décoré en bleu d'emblèmes hiératiques; date de Yung-tching 1723-1735. Pied bois de fer.

M. B. Jaurès.

2128 — Petit vase bursaire décoré d'une bande ornementale réservée en bleu. Pied bois de fer.

Au même.

2129 — Petit godet à eau décoré d'arabesques en bleu.

Au même.

2130 — Petit vase bursaire décoré d'une branche de chrysanthème en bleu.

M. l'Amiral Coupvent des Bois.

2131 — Bouteille décorée de branches de pin, de pêcher et d'aubépine, émaillées bleu, vert et or.

M. La Faulotte.

2132 — Craquelé brun. Petite théière brune, avec monture en cuivre, à anse supérieure mobile.

Au même.

2133 — Vase cylindrique, décoré en émaux de couleur; d'un côté un personnage accroupi avec un singe portant une bannière; de l'autre deux personnages.

M. Gasnault.

2134 — Boîte lenticulaire en craquelé noir, surchargé d'un truité café.

M. l'amiral Coupvent des Bois.

2135 — Petit vase bursaire à quatre lobes et deux anses rudimentaires, grand craquelé noir, par-dessus lequel on a fait un craquelé pourpre. Pied en bois sculpté.

Au même.

2136 — Craquelé bleu. Coupe de forme surbaissée à bord rentrant en céladon bleu empois.

M. A. Jacquart.

2137 — Tasse hémisphérique et sa soucoupe, gros bleu.

M. B. Jaurès.

2138 — Petit godet en bleu clair.

M. B. Jaures.

2139 — **Truité pourpre**. Tasse gobelet à quatre pans arrondis; décor trompe-l'œil composé de papiers de diverses couleurs. Pied en bois de fer à jour.

Mᵐᵉ Malinet.

2140 — Bol hémisphérique, décoré en couleurs de rinceaux et inscriptions.

M. Dutuit.

2141 — **Peau de serpent**. Potiche élancée, non couverte, à goulot court et évasé; elle est entièrement revêtue d'un émail jaune finement truité, rempli de noir, dit peau de serpent. Pied en bois sculpté à béquilles.

Mᵐᵉ Malinet.

VERTS

2142 — **Long-thsiouen**. Pou-taï debout portant de la main droite l'outre de chanvre, et tenant de la main gauche un sou-chou posé contre son ventre; il a une longue tuuique avec ceinture.

A la même.

2143 — Chéou-lao, dieu de la longévité, accroupi et tenant le sceptre de la main droite. Vert truité avec tache de rouge.

A la même.

2144 — Bouteille bursaire truitée.

M. le docteur Mentzer.

2145 — Bouteille piriforme fond jaspé à émail truité. Pied en bois.

M. le duc de Martina.

2146 — Vase à corps ovoïde et col évasé à bord rentrant; truité relevé de noir et imitant le galuchat.

M. André.

2147 — **Vert camélia**. Petit Vase ovoïde à ouverture évasée, finement truité.

M. Gasnault.

2148 — Lagène piriforme à goulot très-évasé, très-finement truité; l'intérieur du goulot est noir.

Mᵐᵉ Malinet.

2149 — **Lou**. Vase cylindrique à gorge légèrement rétrécie; il est entièrement couvert d'un fond vert légèrement nuageux. Socle bois de fer.

A la même.

2150 Vase cylindrique coupé par des filets en relief; vers le bout un bec en S s'insère au-dessous d'une plaque découpée en arabesque qui surmonte le cylindre; en arrière deux mascarons percés sont destinés à passer une poignée.

A la même.

2151 — Bol campanulé à bord brun foncé, finement truité. Pied à consoles en bois de fer sculpté.

A la même.

2152 — Bol légèrement évasé, émaillé de vert clair et truité.

M. Michelin.

2153 — Urne émaillée en vert, avec paysage sous couverte en noir.

M. La Faulotte.

PORCELAINE CHAIR DE POULE

2154 — Vase forme balustre à quatre pans à ouverture rectangulaire ; le fond chair de poule, porte des médaillons représentant en relief une divinité accompagnée d'un cerf Anses latérales formées par des dragons. — *Japon.*

M. l'amiral Coupvent des Bois.

2155 — Bol à extérieur chair de poule, avec médaillons, fleurs et papillons en relief, décor de paysages et rehauts bleus. Bordure intérieure imitant en relief une vannerie ; médaillon bleu.

Mme Fleuriot.

2156 — **Peau d'Orange.** — Vase ovoïde très-allongé à gorge rentrante et évasée vers l'ouverture. Couverte épaisse, ivoirée, coupée par la craquelière dite peau d'orange. Socle en bois sculpté à béquilles.

Mme Malinet.

2157 — Théière sphéroïdale décorée en bleu de deux tons de médaillons à deux lobes et à bords saillants portant en relief d'un côté un rocher entouré de fleurs, de l'autre une carpe sortant des flots. Pied en terre émaillée gros bleu.

M. Gasnault.

2158 — Bouteille piriforme à col évasé décorée sur toute sa surface des flots de la mer où nage un dragon à quatre griffes.

Au même.

2159 — Tasse campanulée décorée en bleu sous couverte ; elle a reçu en Europe une surdécoration à baldaquins et personnages en or de relief ciselé.

Mme Malinet.

2160 — **Travail à grains de riz.**—Gobelet couvert, de forme élégante, à double bordure, l'intérieure bleue. l'extérieure rouge. Décor de rinceaux émaillés se terminant par des fleurs cloisonnées percées à jour et remplies en couverte.

A la même.

2161 — Deux Gobelets campanulés à pieds, décorés en bleu rouge et or de fleurs dont le cœur et les cinq pétales sont cloisonnés en couverte.

M. Gasnault.

2162 — Tasse et soucoupe, bouquet chrysanthémo-pœonien ; des fleurs cloisonnées en couverte au pourtour.

M. A. Jacquemart.

2163 — Bol orné de jours cloisonnés en couverte. Décor polychrôme ; marque au cachet de la période Kien-long.

M. Riocreux.

2164 — Petite Tasse et Soucoupe de même nature. Décor bleu.

Au même.

2165 — **Imitation de bronze.** — Urne portant au long du col deux anses formées par des dragons chimériques ; en dessous la marque de Tching-hoa (1575-1587). Pied en bois de fer.

M. B. Jaurés.

2166 — Vase forme balustre à quatre lobes, à deux anses formées par des têtes d'é é hants.

M. le comte de Malherbe.

2167 — Petit vase bursaire de forme aplatie, à deux anses latérales formées par des trompes d'éléphants. Pied en bois de fer.

M. l'amiral Coupvent des Bois.

2168 — Bouteille ovoïde à col évasé, et portant autour du col un dragon en relief, émaillé en brun.

Au même.

2169 — Deux Coupes oblongues à quatre lobes et à quatre petits pieds, datées de la période Young-tching (1723-1735). Pied en bois sculpté à jour.

M. l'amiral Coupvent des Bois.

2170 — Bouteille à bord et filets jaune brun. Décor arabesque en traits d'or Dessous, un cachet gravé et rehaussé d'or. Pied bois de fer sculpté.

Mme Malinet.

2171 — Urne ovoïde à col rétréci, couleur bronze, décorée de médaillons et de bandes imitant l'émail cloisonné fond bleu turquoise jaspé de gros bleu, à ornements dorés de style archaïque. Datée de Kien-long.

M. Baur.

2172 — **Couvertes opaques**. Bouteille aplatie à piédouche garnie de deux anses en têtes chimériques portant des anneaux mobiles. Trempée dans un émail opaque vert pâle, elle est décorée en relief de serpents entrelacés et autres motifs archaïques.

Mme Malinet

2173 — Bouteille à piédouche, portant le long du col deux anses en relief formées par des dragons chimériques; couverte céladon bleu pâle, décorée en relief de fleurs et d'arabesques; sur le col, le signe bonheur. Datée de Kien-long. Pied en vieux laque rouge de Pékin.

M. B. Jaurès.

2174 — Petite Urne sphéroïdale, ornée en relief de groupes de nuages et chauves-souris. Email bleu verdâtre. Pied en bois sculpté à jour.

M. l'amiral Coupvent des Bois.

2175 — Pendeloque en porcelaine à jour émaillée vert pâle.

M. Langevin.

2176 — Plateau fond vert décoré en émail d'un vert plus pâle d'emblèmes honorifiques.

M. Michelin.

2177 — Deux plateaux quadrilobés, porcelaine émaillée bleu verdâtre, décorée en blanc de rinceaux et fleurs et au centre d'une rosace renfermant le Wan-tsé (les dix mille choses); marque de Tao-kouang (1821-1851).

M. l'amiral Coupvent des Bois.

2178 — Potiche à ouverture rétrécie. Couverte gris bleu maculée de rouge de cuivre.

M. Letellier.

2179 — Petit Vase bursaire, aplati sur les faces, avec anses tubulaires. Il est couvert d'un émail bleu pâle taché de rouge de cuivre et finement truité. Pied en bois de fer.

Mme Malinet.

2180 — Coupe de forme surbaissée, à trois pieds; couverte gros bleu, décorée de fleurs en blanc d'engobe.

M. Burty.

2181 — Grand vase turbiné à côtes, émaillé en jaune opaque et décoré de fleurs en relief.

M. Faisant.

2182 — Ting couvert rectangulaire à quatre pieds et deux anses dressées il est décoré en gravure sur fond bleu d'un semé de grecques; des ornements archaïques en relief et dorés saillissent au pourtour. Le couvercle est surmonté d'une chimère.

Mme Malinet.

2183 — Petit Vase lancelle carré de plan, fond bleu jaspé à reliefs dorés.

A la même.

2184 — Petite Urne quadrangulaire couverte azurée, marbrée de rose et de gris; décoration en relief de grecques et dents de loups dorées; sur chaque face deux des huit Koua et le signe des deux forces de la nature. Aux quatre arêtes ailerons saillants formés de dragons fantastiques.

M. Gasnault.

2185 — Vase de même forme et de même décor sur fond vert clair.

Mme Malinet.

ROUGES DE CUIVRE

2186 — **Flambés.** Figurine de guenon assise tenant une pêche de longévité. — Sur un des genoux un petit singe rouge jaspé de violet. — Pied en bois de fer.

M. Gasnault.

2187 — Chimère accroupie, yao-pien rouge de cuivre violacé, socle en bois de forme contournée.

Mme Malinet.

2188 — Vase représentant deux carpes accolées en vieux flambé. Pied bois de fer.

M. l'amiral Jaurès.

2189 — Garniture composée d'un brûle-parfum sphéroïdal avec un dragon en relief, et deux vases coniques à angles coupés; flambé rouge; pieds et couvercles en bois sculpté à jour.

M. l'amiral Coupvent des Bois.

2190 — Urne à quatre pans à ouverture légèrement évasée, à panse renflée, sur piédouche; sur les côtés deux têtes de dragons en relief tenant des anses simulées. — Flambé violet et bleu. — Pied en bois de fer rectangulaire.

M. Gasnault.

2191 — Potiche en yao-pien gris, dégradé et maculé de pourpre. — Décor de chauves-souris en relief.

Au même.

2192 — Vase ovoïde à trois lobes, à petit goulot, flambé rouge.

M. le Dr Mentzer.

2193 — Gourde à trois renflements et col court cylindrique, rouge vif, dit sang de bœuf.

M. Dugléré.

2194 — Grand Vase ovoïde à col évasé, flanqué de deux ailerons découpés à jour, flambé rouge.

M. Baylin de Monbel.

2195 — Urne ovoïde à ouverture cylindrique légèrement évasée et deux anses latérales formées de têtes chimériques. — Flambé rouge jaspé de bleu pâle. — Pied et anneaux mobiles en bronze doré.

M. Galichon.

2196 — Vase à panse ovoïde et col cylindrique, flanqué de tubulures. — Flambé rouge, jaspé de violet.

M. Dutuit.

2197 — Petit Vase forme balustre flambé.

Musée de Limoges.

2198 — Pi-tong en rouge flambé. Pied en bois sculpté.

Mme Rouveyre.

2199 — Bouteille à col allongé. — Flambé rouge et bleu.

M. B. Jaurès.

2200 — Bouteille. Flambé lilas et violet. — Pied en bois de fer.

Au même.

2201 — Bouteille piriforme à col cylindrique et deux anses formées de chauve-souris en relief ; flambé vert olive et rouge jaspé de violet. Pied en bois de fer.

M. l'amiral Coupvent des Bois.

2202 — Bouteille fond rouge de cuivre terreux. Pied en bois sculpté.

Au même.

2203 — Bouteille à goulot renflé et bord rentrant, forme persane. Couverte yao-pien finement flambée ; intérieur du goulot vert. Pied en bois de fer sculpté.

Mme Malinet.

2204 — Bouteille couverte en rouge de cuivre flambé ; le haut est légèrement violacé.

A la même.

2205 — Cornet composé d'un groupe de ling-tchy sur un rocher; couverte yao-pien.

A la même.

2206 — Grand Cornet affectant la forme d'un ling-tchy avec ramifications sur le tronc ; flambé rouge et bleu. Pied en bois de fer sculpté à jour.

M. B. Jaurès.

2027 — Vase figuratif à couverte céladon yao-pien. Il a la forme d'une branche de pêcher chargée de feuilles et de fruits. Deux grosses pêches accolées consti-tuent la panse et posent sur un pied en bois sculpté.

Mme Malinet.

2208 — Vase à quatre pans à piédouche et ouverture rectangulaire ; anses latérales destinées à passer des cordons de suspension. Flambé violet, portant un décor émaillé de fruits et d'insectes.

M. l'Amiral Coupvent des Bois.

2200 — Deux Bouteilles à panse ovoïde et col cylindrique ; flambé rouge.

M. de Sainte-Croix.

2210 — Grande Bouteille rouge haricot. Pied en bois de fer.

M. Brion.

2211 — Vasque conique à bord rentrant et à pieds courts, flambé rouge.

M. Bellenot.

2212 — Coupe basse hexagone à bord rentrant. Intérieur céladonné ; couverte extérieure jaspée ou yao-pien. Pied en bois de fer découpé à jour, figurant un groupe de feuilles.

Mme Malinet.

2213 — Coupe très-surbaissée à bord rentrant, en rouge de cuivre soufflé (haricot) à l'extérieur; à l'intérieur céladon vert pâle craquelé. Pied en bois de fer sculpté.

A la même.

2214 — Compotier en céladon rouge de cuivre (haricot) craquelé ; le dessous et le bord sont devenus vert. Socle bois de fer à console.

A la même.

2215 — Vase lagène à ornements en relief sur le col et à la hanche. Un sujet aussi en relief couvre la panse ; il représente des eaux agitées d'où sortent des tiges de nélumbo, au-dessus desquelles vole un oiseau, les fleurs et boutons sont vei-nés de rouge de cuivre ; les tiges et les feuilles sont en bleu de cobalt de diverses teintes; le fond du vase est un beau rouge de cuivre. Pied en bois de fer sculpté.

A la même.

2216 — **Rouge sous couverte.** — Vase en forme d'urne à col évasé, avec deux filets en relief, l'un à la base du col, l'autre à la naissance du pied. Une couronne de feuilles d'eau, une grecque et une bordure à pendentifs décorent le haut ; sur la panse sont deux fong-hoang éployés entourés de branches de pivoine. Plus bas, des faux godrons ornementés et une grande grecque. Pied en bois de fer sculpté.

A la même.

2217 — Petite Potiche à goulot étroit, fond rouge de cuivre. Sur la panse une partie réservée montre Chéou-Lao dans les nuages, portant la pêche de longévité. Au bas est une frise de rinceaux d'or en relief. Socle en bois de fer.

Mme Malinet.

2218 — Bouteille piriforme à ouverture évasée. — Autour du col une bande ornementale surmontée de feuilles d'eau. — Sur la panse des fong-hoangs, volant dans des branches de pivoine.

M. Galichon.

2219 — Bouteille piriforme décorée de trois animaux chimériques.

M. Gasnault.

2220 — Bouteille à col long et très-étroit ; décor d'animaux chimériques.

Mme Malinet.

2221 — Grosse Potiche à panse renflée décorée en bleu, rouge de cuivre et céladon blanc, de Nelumbos et plantes aquatiques au-dessus desquels volent des grues. — Marque à la feuille. Pied hexagone en bois de fer.

M. Gasnault.

2222 — Bol campanulé, décor de branches de pêcher à fleur, les branchages et les feuilles en bleu, les fleurs en céladon blanc formant relief avec rehauts en rouge de cuivre sous couverte. — Daté de Tching-Hoa (1475-1487).

Au même.

2223 — Gourde à trois renflements à col évasé. — Renflement inférieur en bleu trempé, à trois réserves contenant des fleurs en rouge de cuivre à feuillages bleu. — Renflement médian en céladon gris. — Renflement supérieur décoré de mosaïque en bleu avec trois réserves de fleurs analogues à celles du bas.

Au même.

2224 — Bouteille à panse turbinée et goulot droit ; celui-ci est décoré de branches de pêcher en bleu, rouge de cuivre et blanc sous couverte. La panse est en bleu trempé, gravé de lambrequins et nuages sous émail.

Mme Malinet.

2225 — Un Cornet à panse légèrement renflée et séparée par un filet en relief ; décor sous couverte de rochers, fleurs, dragons, etc., gaufrés, gravés et peints en rouge de cuivre, vert céladonné, bleu lapis, etc. — La marque Tai-Thsing-Khang-Hy nien-Tchy (1662-1723.)

Musée de Limoges.

2226 — Pot couvert à anse, décoré sous couverte de bouquets de fleurs en bleu et rouge de cuivre relevés d'une touche de céladon. Monture en argent.

M. le docteur Piogey.

2227 — Vase rectangulaire à base cylindrique et ouverture ronde rétrécie. — Décor en relief de paysages avec des animaux émaillés en bleu et rouge de cuivre sous couverte sur fond gaufré.

M. Gasnault.

2228 — Gourde de forme aplatie, à col court cylindrique, flanqué de deux anses se rattachant à la panse ; décor composé d'un dragon dans les nuages, en bleu et rouge de cuivre, sous couverte.

M. Millet.

2229 — Assiette à marly bleu fouetté avec fleurs enlevées à la pointe. Au fond les chrysanthèmes et pivoines en rouge de cuivre et bleu. Datée de Tching-Hoa.

Mme Malinet.

2230 — Tasse fond bleu fouetté avec réserves en forme d'éventails superposés et décorée de fleurs en bleu et rouge de cuivre sous couverte.

M. Gasnault.

2231 — Bol hémisphérique en pâte brune, épaisse et lourde ; couverte bleue nuancée de rouge en dedans ; au dehors les deux tons tranchent et se coupent avec une certaine vigueur. Pied en bois sculpté à jour.

Mme Malinet.

BLEUS

2232 — Flambeau d'autel à base hémisphérique, supportant une coupe d'où
s'élève la hampe cylindrique à bobêche; sur celle-ci des fleurs et rinceaux; au-
dessous une bordure dentée et sur la hampe de grands ornements à feuilles; dans
la coupe des rinceaux à fleurs; sur le corps un sujet à personnages chinois entre
deux bandes à palmettes.

M. A. Jacquemart.

2233 — Garniture composée d'une potiche et deux cornets; décorée d'un fond
à rinceaux réservés et de médaillons portant des modèles et des arbres fleuris
avec oiseaux et insectes.

Mme Fleuriot

2234 — Vase cylindrique à ouverture étroite; dans un grand médaillon arabesque un kilin ailé parmi les flots et les nuages; dans un second médaillon un
rocher chargé de deux Fong-hoang. Toute cette décoration est d'un bleu pur sous
un émail double.

M. le duc de Martina.

2235 — Deux Urnes ovoïdes à fond de fleurs et papillons; grands médaillons
blancs décorés en relief du *Fong-hoang* dans un paysage; quatre plus petits sont
décorés de même de fleurs et d'écureuils.

M. Gasnault.

2236 — Vase à panse renflée et col légèrement évasé, porcelaine coquille
d'œuf, décorée du dragon à cinq griffes. Support en bois de fer hexagone à galerie.

M. B. Jaurès.

2237 — Trois Vases cylindriques, camaïeu bleu à sujets mythologiques.

M. le docteur Mentzer.

2238 — Vase quadrangulaire, à couvercle, décoré de sujets historiques.

M. Langevin.

2239 — Vase oviforme allongé, à sujet de figures, représentant l'intérieur d'une
dame assistant à une scène de bayadères.

M. Riocreux.

2240 — Potiche à deux anses, décorée de feuilles d'eau, de bordures arabesques
et de rinceaux fleuris.

M. l'Amiral Coupvent des Bois.

2241 — Gourde à trois renflements, à décor de lambrequins, présentant la tête
aux yeux jaunes et des têtes de lions chimériques.

M. le duc de Martina.

2242 — Gourde orbiculaire aplatie, à col presque cylindrique et anses en forme
de chimères, descendant du col sur la panse; décor composé de rinceaux de style
persan et de bordures arabesques.

Mme Malinet.

2243 — Petite Lagène bulbiforme à panse très-surbaissée; belle porcelaine
décorée de bleu; bordure à dents de loup, feuilles d'eau à la base du col, panse
couverte de rinceaux serrés avec fleurs et feuillages. Datée de Siouen-te (1426
à 1435).

A la même.

2244 — Bouteille piriforme, décor à lambrequins.

M. La Faulotte.

2245 — Bouteille sphérique aplatie à piédouche et anneaux latéraux pour la suspension. Décor bleu composé de bordures losangées, de rinceaux à fleurs et des Kona de Fou-hy; dans le médaillon central, d'un côté un coq et de l'autre un animal debout ressemblant au tapir. Datée de Siouen-te (1426 à 1435). Monture ancienne en argent.

Mme Malinet.

2246 — Deux Bouteilles piriformes, décor à lambrequins.

M. Marcellin.

2247 — Aspersoir décoré de rinceaux et arabesques.

M. Burty.

2248 — Petit Vase cylindrique, décoré d'entrelacs.

M. Devers.

2249 — Petit Vase balustre, à deux renflements.

M. Sauvageot.

2250 — Petit Vase ovoïde, décoré de lambrequins et groupes d'objets sacrés.

Au même.

2251 — Surtout de neuf pièces. Plateau central à huit dents où viennent s'adapter huit plateaux hexagones. Décor de sujets familiers. Le tout porté sur un plateau octogone en bois laqué.

M. Gasnault.

2252 — Plat long octogone, décoré d'une bordure ornementale, et au fond, d'un paysage.

Mme Fleuriot.

2253 — Petit Plat décoré de bouquets de fleurs et d'attributs.

M. Michelin.

2254 — Petit Plat creux décoré de branches de fleurs et fruits de style persan. Daté de Siouen-te.

M. Gasnault.

2255 — Plateau décoré de rinceaux sous le rebord et de fleurs de pêcher à l'intérieur. Deuxième année de la période japonaise Yang-yng. 1653.

M. A. Jacquemart.

2256 — Coupe à pied cylindrique élevé; décor à rinceaux et fleurs sur la bordure et le pied; sur le corps une inscription en mantchou. Période de Kien-long (1736 à 1795).

Au même.

2257 — Compotier en fine porcelaine, décoré d'un paysage avec bambous, roses et chrysanthèmes. Bordure mosaïque.

M. Gasnault.

2258 — Compotier à bordure ajourée, décoré an centre d'un paysage.— *Japon.*

Mme Fleuriot.

2259 — Grand Bol de forme évasée, décoré de scènes expliquées par de nombreuses inscriptions et divisées en huit tableaux.

M. Michelin.

2260 — Bol ombiliqué à bordure de bâtons rompus gravée profondément dans la pâte. Décor intérieur composé d'une couronne de signes sacrés entourant l'ombilic et de quatre divinités portant des fleurs.

M. Gasnault.

2261 — Bol conique gravé intérieurement de deux dragons à quatre griffes entourés de nuages; fond bleu sous couverte mis au tour, ombrant les gravures.

M. A. Jacquemart.

2262 — Bol décoré de rinceaux fleuris portant le Fong-hoang; daté de Yong-tching (1723-1735).

M. Gasnault.

2263 — Bol conique découpé à six lobes; décor composé de bouquets, les uns naturels, les autres ornemanisés. Période Tching-hoa (1465 à 1487).

M. A. Jacquemart

2264 — Petit bol à décor chatironné, composé de plantes aquatiques entre lesquelles sont des grues, dont le corps en relief est peint en hoa-che. Marque de la période Kia-tsing, 1522-1566.

M. le duc de Martina.

2265 — Bol hémisphérique décoré en bleu de médaillons et fleurons de style persan. A l'intérieur décor gaufré en blanc, représentant des grues au milieu de plantes aquatiques. Daté de Siouen-te, 1426-1435.

Au même.

2266 — Deux Bols à fond jaune, décor d'arabesques au milieu desquelles se trouve le signe Fou (bonheur).

M. Laroque.

2267 — Légumière hémisphérique à ailerons à jour. Couvercle légèrement bombé à bouton, décor d'objets sacrés.

M. Gasnault.

2268 — Soupière octogone décorée de paysages et fleurs. Moderne.

M. Marcellin.

2269. — Vase couvert, décor de paysages et personnages en bleu sous couverte. Autour huit figurines groupées par deux et réservés en biscuit. Le couvercle est surmonté d'une chimère de même nature. Socle en bois de fer sculpté à consoles.

Mme Malinet.

2270 — Veilleuse figurative, formée d'un chat couché, avec les yeux percés à jour; tout son corps est strié et maculé de bleu, pour imiter le poil avec ses taches diverses.

A la même.

2271 — Cafetière à bordure arabesque décorée de pêches de longévité à ornements réservés.

Mme Fleuriot.

2272 — Tasse décorée d'arabesques et caractères arabes; en dessous: *Fabriqué pour la salle du Jade extraordinaire.*

M. A. Jacquemart.

2273 — Tasse-Gobelet couverte, avec sa soucoupe; le médaillon principal représente saint Louis avec la reine Blanche; autour, dans des médaillons alternants, des saints chinois et des arbres. En bordure, sur la tasse, l'inscription: **L'empire de la vertu est établi jusqu'au bout de l'univers**.

Mme Malinet.

2274 — Flacon à tabac, forme balustre, décoré d'un paysage.

M. B. Jaurès.

2275 — Flacon à tabac forme balustre, décoré en bleu de grecques et dragons.

Au même.

2276 — Bol à bordure extérieure en bleu sous couverte; au fond des branches de pivoines du même bleu entourées d'une bordure d'or losangée à réserves de modèles. Au dehors une frise de pivoines avec leurs feuilles en relief entoure le vase : elle est rehaussée de touches d'or. Pied en bois de fer sculpté.

Mme Malinet.

2277 — Grand vase ovoïde décoré de papillons avec rehauts de vert et de rouge; pied en bois de fer. Moderne,

M. B. Jaurès.

2278 — **Réticulés**. Bol hémisphérique à double paroi.

M. Gasnault.

2279 — **Deux** Gobelets octogones à double paroi sur piédouche.

Au même.

2280 — Petite Coupe campanulée à double paroi. — Trois Médaillons à bordure rayonnante, encadrant des caractères chinois,

M. Gasnault.

2281 — Deux Coupes ajourées, pour éponge de toilette.

M. Riocreux.

2282 — Tasse octogone, percée alternativement sur chaque pan d'un médaillon à jour et de caractères formant une inscription votive.

M. le docteur Piogey.

2283 — **Bleu du ciel après la pluie.** Vase cylindrique bleu décoré d'un dragon enlevé à la pointe; bleu du ciel après la pluie inscrit de son nom, tiré des paroles de l'empereur Chi-tsong. Pied en bois sculpté.

M. A. Jacquemart.

2284 — **Bleu trempé.** Bouteille cylindrique à col doucement rétréci et chargé d'un renflement brun, décor gravé de bordures et bouquets de grosses pivoines entourés de rinceaux.

Mme Fleuriot.

2285 — Sucrier couvert à deux anses, surmonté d'un chien de Fo. Fond bleu uni à filets blancs avec dessins de fleurs enlevés à la pointe. Socle en bois de fer.

Mme Malinet.

2286 — Petit Vase cylindrique à goulot, décoré en or d'objets sacrés.

M. La Faulotte.

2287 — Buire avec son couvercle monté en bronze doré, décorée en or de branches de pêchers à fleurs.

Musée de Limoges.

2288 — Bol décoré de paysages en or; à l'intérieur décor polychrôme de poissons jouant dans des plantes marines. Pied en bois de fer.

M. B. Jaurès.

2289 — Ecuelle couvercle avec son plateau, décorée de fleurs d'or.

M. Dutuit.

2290 — Petite Gourde rectangulaire de plan, à fond bleu foncé sous couverte; l'ornementation réservée consiste en branchages chargés de gourdes, le tout rehaussé en bleu pâle. Pied en bois sculpté.

Mme Malinet.

2291 — Deux Vases à quatre pans à col évasé; bleu foncé, décoré de paysages et d'inscriptions en or.

M. l'amiral Jaurès.

2292 — Tasse fond gros bleu décorée en plein d'un sujet à personnages en or.

M. Gasnault.

2293 — Vase à forme allongée, fond bleu orné d'un dragon en traits linéaires d'un bleu plus foncé, marque de la période Kia-tsing.

M. Riocreux.

2294 — Vase piriforme à col évasé, fond bleu, décoré en bleu foncé de fleurs de chrysanthème.

M. Galichon.

2295 — Bouteille piriforme, à couverte gros-bleu.

M. G. Brion.

2296 — **Bleu fouetté.** Très-grand Vase de forme cylindrique.

M. le duc de Martina.

2297 — Deux petits Vases cylindriques, montés en bronze doré.

M. La Faulotte.

2298 — Garniture de quatre pièces : Deux vases forme balustre à col cylindrique renflé et deux bouteilles piriformes à col évasé portant un renflement médian, décorés en bleu, de paysages, de fleurs et d'objets sacrés, dans des réserves de formes variées.

M. Bellenot.

2299 — Pot à tabac avec couvercle légèrement bombé, à réserves occupées par des fleurs, des oiseaux et des sujets familiers en camaïeu bleu. Sur le couvercle médaillon renfermant un chien de Fo.

M. le duc de Martina.

2300 — Deux Bouteilles à corps sphéroïdal et col évasé au sommet; réserves ornées en bleu de modèles et bouquets de fleurs.

Mᵐᵉ Fleuriot.

2301 — Compotier à cinq réserves ornées d'animaux sacrés, de bouquets et de femmes faisant une offrande. Cachet bleu.

A la même.

2302 — Coupe couverte à deux anses avec son plateau, à réserves ornées de fleurs en bleu.

A la même.

2303 — Deux grosses Potiches à couvercle, à décor de fleurs et papillons en or.

M. Bellenot.

2304 — Vase cylindrique décoré de fonds partiels en or plein à ornements réservés. Les deux principaux médaillons renferment des bouquets de chysanthèmes et de pivoines; d'autres, circulaires ou en forme de pêches, portent des fleurs de vanille; sur la déclivité les signes honorifiques et sur le col des caractères antiques et le Wan-tse.

M. le duc de Martina.

2305 — Vase cylindrique à col étroit bordé, décoré de fonds partiels d'or avec réserves, et de grands médaillons à bouquets tracés aussi en or.

Mᵐᵉ Malinet.

2306 — Deux Seaux coniques décorés de fleurs en or. — Vieille monture Louis XIV en bronze doré.

M. Dutuit.

2307 — Grand Pi-tong, décoré en or de paysages maritimes avec pagodes, tours, etc. Dans le champ des inscriptions explicatives.

Mᵐᵉ Fleuriot.

2308 — Grosse Potiche en bleu sous couverte mis au tampon; décor en or composé, de bordures, branches fleuries et paysages maritimes.

A la même.

2309 — Vase cylindrique. Sur la panse quatre poissons réservés ont été rehaussés en rouge de fer.

Mᵐᵉ Malinet.

2310 — Compotier à pourtour découpé et godronné, décoré de huit médaillons, deux en bleu fouetté rehaussé d'or, deux autres en rouge de fer à fleurs réservées, deux à modèles de la famille Verte et les deux derniers en bleu sous couverte. Le médaillon central montre les mollusques sacrés voguant parmi les flots de la mer.

M. le duc de Martina.

2311 — Lagène à goulot renflé à déversoir; la panse nankin est ornée de fins godrons en strigiles. Le col porte des fleurs.

Mᵐᵉ Malinet.

2312 — Aspersoir en porcelaine émaillé chamois à sa partie inférieure, zône craquelée faisant saillie. — Partie supérieure décorée en bleu d'emblèmes hiératiques. — Monture persane en argent.

M. Gasnault.

2313 — Deux Aspersoirs à piédouche et corps sphérique en bleu trempé. — Goulot allongé avec renflement à la base en vernis nankin.

Au même.

2314 — Aspersoir à ouverture légèrement évasée, panse couverte en vernis nankin, sauf la partie supérieure occupée par une bande en craquelé gris et une bande ornementale en bleu, juxtaposées. — Goulot à renflement inférieur décoré en bleu de dents de loup et ornements de style persan.

M. Gasnault.

2315 — Pot à anse à panse godronnée couverte en vernis nankin. — Col cylindrique décoré en bleu d'un fonds de bâtons rompus avec réserves; couvercle à paysages. — Monture en cuivre.

Au même.

2316 — Coupe couverte à deux anses, émail jaune nankin avec réserves renfermant des modèles en beau bleu.

Mᵐᵉ Fleuriot.

2317 — **Bleu pressé**. — Bouteille à goulot cylindrique et base carrée; en haut du col deux têtes d'éléphants tenant des anneaux, forment anses; décor de fleurs et oiseau. Pied en bois de fer sculpté.

Mᵐᵉ Malinet.

2318 — Vase-Bouteille à gorge et pied évasés. Il est décoré d'un dragon entouré de nuages.

A la même.

2319 — Petit Vase bursaire décoré d'un rocher et d'un groupe de chrysanthèmes. — Bordure émaillée gros bleu. Pied en bois de fer.

M. Michelin.

SOUFFLÉS ET JASPÉS

2320 — Deux petites Potiches à panse renflée et col évasé, en soufflé rouge à fond bleu pâle; sur les côtés muffles de lions portant des anses simulées. — Datées de **Young-tching** (1723-1735).

M. Gasnault.

2321 — Bouteille à ouverture évasée en soufflé rouge à fond bleu pâle. Pied en bois de fer.

M. B. Jaurès.

2322 — Gourde à col incliné, imitant le fruit naturel avec son pédoncule; ouverture verticalement placée sur la courbure, émail gris-bleu soufflé de rouge. Pied en bois de fer sculpté.

Mᵐᵉ Malinet.

2323 — Boîte carrée, émail soufflé bleu empois.

M. Riocreux.

2324 — Réservoir à eau à l'usage des calligraphes, orné sur l'épaulement d'un dragon en relief; fond bleu imitant le soufflé; ornements en relief sur le pourtour.

Au même.

2325 — Deux Réservoirs à eau, jaspé rouge sur fond bleu, portant un dragon en relief émaillé en noir.

M. B. Jaurès.

2326 — Chimère, couverte bleue jaspée.

M. Evans.

2327 — Pi-tong en forme de tronc de pin chargé d'une branche fond bleu jaspé. — Dans une réserve une inscription tirée de la **Forêt des Bambous**. — En des-ous une inscription indiquant que ce vase a été offert en commémoration de cet ouvrage.

M. Gasnault.

2328 — Deux grands Vases forme balustre, jaspés bleu, violet et vert d'eau.

M. l'amiral Couprent des Bois.

2329 — Urne sur piédouche et à ouverture évasée. — Anses latérales formées par des papillons. — Bleu jaspé de vert d'eau.

M. Gasnault.

2330 — Urne à anses formées par des têtes d'éléphants et cordon saillant à la base du col. — Bleu jaspé de vert d'eau. Pied en bois.

M. Michelin.

2331 — Lagène à panse cylindrique, jaspée de veinules lilas sur un fond pâle leuâtre. Pied en bois de fer à jour.

Mme Malinet.

2332 — Vase carré de plan à base et goulot cylindriques. Angles portant en relief les koua de Fou-hi. Émail bleu épais jaspé de violet. Pied en bois sculpté à jour.

M. Michelin.

2333 — Pièce semblable.

Mme Malinet.

2334 — Petite Bouteille, jaspé bleu sur fond verdâtre. Pied en bois sculpté à jour.

M. l'amiral Coupvent des Bois.

2335 — Petite Bouteille piriforme, jaspée bleu et vert d'eau.

M. La Faulotte.

2336 — Deux Coupes en jaspé vert à intérieur doré.

M. l'amiral Jaures.

2337 — Bouteille à panse sphérique. Email soufflé métallique.

M. Michelin.

2338 — Vase forme balustre, à deux anses latérales formées par des têtes chimériques portant des anneaux simulés. Couverte brune soufflée de jaune imitant le laque aventurine ; en dessous la date de Young-tching, 1723-1735.

M. Baylin de Montbel.

2339 — Petite Potiche non couverte, à bord noir, émaillée verte en dedans et semée extérieurement d'un soufflé rose à taches plus ou moins fines. Pied en bois de fer sculpté et incrusté de filets d'argent.

Mme Malinet.

2340 — Flacon à tabac de même décor.

M. A. Jacquemart.

2341 — Vase quadrangulaire à gorge rétrécie ; il est fond blanc ivoiré flambé de vert et de bleu avec quelques veinules violettes. La couverte est finement craquelée. Pied en bois sculpté.

Mme Malinet.

2342 — Petite Potiche à émail brun jaspé. Pied en bois.

M. Michelin.

2343 — Vase à corps cylindrique, légèrement renflé et côtelé et à col court évasé. — Jaspé brun et gris jaunâtre. — Pied en bronze doré.

M. Delaherche.

NOIRS

2344 — **Noir ou kim.** Vase à corps et col cylindriques, décoré en or d'un grand médaillon renfermant un paysage et d'inscriptions couvrant toute la panse. Sur le col rinceaux à fleurs de chrysanthèmes ornementales.

M. Gasnault.

2345 — Grande bouteille à long col, son décor d'or consiste en bordures, feuilles d'eau et médaillons à modèles. Pied en bois sculpté.

Mme Malinet.

2346 — Tasse gobelet campanulée, avec sa soucoupe ; décor d'or composé de fonds partiels à réserves, et de médaillons de fleurs et vases sacrés.

A la même.

PORCELAINE LAQUÉE

2347 — Tasse, revêtue à l'extérieur de laque rouge ciselé. Chine.

M. Delaherche.

2348 — Tasse à intérieur blanc; l'extérieur est revêtu de laque ciselé rouge du Japon.

Mme Malinet.

2349 — Vase ovoïde à gorge évasée, entièrement couvert de laque noir burgauté; sur la panse un paysage montagneux avec habitations et personnages; autour de la gorge, un site aquatique. Pied en bois de fer.

A la même.

2350 — Plateau en porcelaine laquée fond noir, avec paysage et personnages en burgau.

la même.

2351 — Théière en craquelé, de forme turbinée, à couvercle plat; bec droit et anse en vannerie. Tout le haut, jusqu'à la moitié de la panse, est couvert d'un laque xyloïde sur lequel se détache un paysage en or de relief rehaussé de rouge et d'or plus vif. Japon.

A la même.

2352 — Bouteille à goulot évasé à bec, recouverte de laque aventurine semé de fleurs d'argent et d'or. Japon.

M. Gasnault.

2353 — Théière quadrangulaire conique à goulot rampant et anse en poignée. Elle est en boccaro rouge couvert d'un laque noir à paysage d'or en relief. Le goulot, l'anse et la petite poignée du couvercle sont en or plein.

Mme Malinet.

2354 — Bol campanulé, à bord redressé; craquelé gris fin. L'intérieur est couvert d'un laque noir portant un bouquet d'or jeté irrégulièrement.

A la même.

2355 — Bol en grès truité, à bord infléchi, puis relevé pour former quatre lobes : intérieur en laque rouge avec une branche de prunier en fleurs, en blanc et noir.

A la même.

2356 — Bol en terre laquée, extérieurement rouge et or.

M. Marcellin.

2357 — Tortue en terre émaillée et laquée.

M. Evans.

2358 — Coquille de cythérée en porcelaine de Japon; l'extérieur est entièrement laqué or; l'intérieur laqué noir et or, représente une Japonaise accroupie dans un intérieur.

Mme Malinet.

2359 — Grande jarre ovoïde à couvercle en terre laquée, décor de coqs et fleurs en or sur fond noir.

M. l'amiral Jaurès.

PORCELAINE REVÊTUE D'ÉMAIL CLOISONNÉ

2360 — Tasse en porcelaine blanche, revêtue d'un cloisonné en émail.

M. Delaherche.

2361 — Pièce semblable.

M. de Liesville.

2362 — Trois tasses analogues.

M. Piguet.

2363 — Petite théière à manche allongé pourvu d'un anneau mobile, en grès brun revêtu d'émail cloisonné fond vert, décoré de fleurons et de papillons.

M. Piguet.

DESSINS D'EUROPE

2364 — **Armoiries**. Deux bouteilles à renflement près du goulot ; décor de fins bouquets de l'Inde avec deux écussons de gueules à quatre croix fleuronnées d'argent, au franc quartier d'or chargé d'un lion passant d'azur. — *Chine.*

Mme Fleuriot.

2365 — Petite boîte à thé ovoïde à couvercle, fond d'or clathré, à trois réserves dont deux occupées par des fleurs et la troisième par une armoirie timbrée d'un casque. Porcelaine artistique.

A la même.

2366 — Bol couvert du même service.

M. Gasnault.

2367 — Tasse et soucoupe du même service.

Mme Fleuriot.

2368 — Soucoupe du même service.

M. B. Jaurès.

2369 — Grand plat aux armes de France entourées des cordons du Saint-Esprit et de Saint-Michel et portant le chiffre de Louis XIV. — *Chine.*

Au même.

2370 — Plat octogone décoré de chrysanthèmes sur un fond bleu avec deux réserves occupées par des fleurs et des grues. Au centre médaillon circulaire renfermant une armoirie d'azur à trois corbeaux d'or surmontée d'une banderole portant le nom de Corbeau. Famille Corbeau de Saint-Albin. — *Chine.*

Au même.

2371 — Grand plat en céladon blanc fleuri portant sur le marly une armoirie. — *Chine.*

Au même.

2372 — Plat long à pans coupés : marly imitant la vannerie, décoré de guirlandes de fleurs. Au centre armoirie de mademoiselle de Chateau-Neuf, abbesse de Remiremont. — *Japon.*

Au même.

2373 — Plat décoré sur le marly de fleurs en or, au centre une armoirie avec la devise **non deest spes**. — *Japon.*

Au même.

2374 — Plat octogone décoré en bleu d'une grande fleur de nélumbo portant au centre une double armoirie. — *Japon.*

Au même.

2375 — Plat long à pans coupés, bordure intérieure en bleu sous couverte, un écusson au centre. — *Japon.*

Au même.

2376 — Plat décoré en bleu sous couverte. Au centre une armoirie supportée par un lion et un griffon. — *Japon.*

Au même.

2377 — Plat à bordure mosaïque avec quatre réserves occupées par des fleurs. Double armoirie au centre. Artistique.

Au même.

2378 — Plat long à pans coupés, décoré d'arabesques en bleu. Au centre les armoiries de Portugal. — *Inde.*

Au même.

10

2379 — Grand plat portant sur le marly une guirlande de fleurs. Au centre une double armoirie sous une couronne. — *Compagnie des Indes.*

M. B. Jaurès.

2380 — Plat ovale décoré d'arabesques en bleu, rouge et or. Au centre une armoirie surmontée d'un tortil de baron. — *Inde.*

Au même.

2381 — Plat long à bords dentelés, décoré de fleurs; sur le marly, une armoirie. — *Compagnie des Indes*

Au même.

2382 — Plat décoré en bleu. Au centre une armoirie. — *Inde.*

Au même.

2383 — Plat à six lobes, bordure de guirlandes. Armoirie au centre.

Au même.

2384 — Plat à marly surbaissé et bord relevé; filet bleu rehaussé d'or; bordure rouge à réserves d'or fleuronnées; pendentifs arabesques à fleurs, et fonds bleus alternatifs. Au centre armoirie des La Tremouille, F. chrysanthémo-péonienne.

Mme Malinet.

2385 — Assiette du même service.

M. B. Jaurès.

2386 — Trois plats décorés en encre de Chine et or de bordures et ornements de style Louis XIV et portant au centre une armoirie. — *Compagnie des Indes.*

M. Devers.

2387 — Plateau à quatre lobes du même service.

Au même.

2388 — Deux bols du même service.

Au même.

2389 — Deux salières du même service.

Au même.

2390 — Six assiettes. Au centre une double armoirie surmontée d'un casque à lambrequins et portant un oiseau pour cimier. Bordure mosaïque à réserves de fleurs. Sur le marly reproduction du cimier, paysage et bouquets. Porcelaine impériale.

M. Dutuit.

2391 — Soucoupe du même service.

M. B. Jaurès.

2392 — Deux assiettes décorées de rinceaux rouge et or. Armoirie au centre. — *Chine.*

Au même.

2393 — Assiette à bordure mosaïque brun et or. Au centre une armoirie à l'encre de Chine, au-dessous une banderole portant *concilio et animis*, au dessus Kind-heart. Porcelaine à mandarins.

Au même.

2394 — Assiette à bordures mosaïques en bleu sous couverte. Au centre et sur le marly, armoiries et bouquets émaillées en couleurs. — *Japon.*

Au même.

2395 — Assiette à bords dentelés, légère bordure d'or à dents. Armoirie au centre. — *Japon.*

Au même.

2396 — Assiette décorée d'un paysage en plein. Au centre, médaillon octogone avec armoirie. — *Japon.*

Au même.

2397 — Assiette décorée en encre de Chine et or. Au centre une armoirie entourée de drapeaux. — *Japon.*

Au même.

2398 — Assiette creuse portant sur le marly trois bouquets de cédrat main de Fo alternant avec des paysages, Armoirie entourée de drapeaux au centre. — *Japon.*

Mme Fleuriot.

2399 — Pièce semb'able.

M. B. Jaurès.

2400 — Assiette. Sur le marly, trois bouquets de cédrat Main de Fo alternant avec des paysages. Une double armoirie au centre. — *Japon.*

Au même.

2401 — Assiette. Sur le marly, quatre bouquets émaillés en bleu. Armoirie au centre d'azur au lion rampant d'or entouré d'un orle d'argent chargé de huit étoiles de gueules. — *Japon.*

Au même.

2402 — Assiette décorée de fleurs en or avec feuillage émaillé en vert et en bleu. Au centre une armoirie surmontée d'un casque dont le cimier est formé par un cerf. — *Japon.*

Au même.

2403 — Assiette portant sur le marly une bordure mosaïque rose avec quatre réserves à fleurs, armoirie au centre. — *Japon.*

Au même.

2404 — Assiette richement décorée. Marly mosaïque jaune pai'le avec réserves occupées par des fleurs. Au centre, dans un médaillon, une armoirie avec la devise **tuebor.** — *Japon.*

Au même.

2405 — Assiette émaillée en vert avec palmes rayonnantes en or. Une armoirie d'évêque au centre et des médaillons genre Saxe. — *Inde.*

Au même.

2406 — Assiette à bords dentelés à bor lures concentriques. Au centre une tête de Minerve casquée sur un fond rose. Sur le marly une armoirie. — *Inde.*

Au même.

2407 — Assiette décor de fleurs en bleu sous couverte. Au centre une armoirie émaillée en couleur. *Compagnie des Indes.*

Au même.

2408 — Assiette portant pour toute décoration une armoirie surmontée d'un casque entouré de lambrequins. *Compagnie des Indes.*

Au même.

2409 — Deux assiettes à bords dentelés, décorées de guirlandes de fleurs. Sur le marly une double armoirie. *Compagagnie des Indes.*

Au même.

2410 — Assiette décor cachemire en bleu et or. Au centre une armoirie surmontée de l'aigle à deux têtes.

Au même.

2411 — Assiette décor guirlandes de fleurs sur le marly. Au centre une double armoirie sous une couronne.

Au même.

2412 — Assiette à bords dentelés. Au centre une armoirie avec couronne de comte.

Au même.

2413 — Assiette à bords lobés, décor rocaille. Au centre une armoirie.

Au même.

2414 — Assiette décor encre de Chine et or, style Louis XIV. Armoirie au centre.

Au même.

2415 — Assiette à bords dentelés, décor courant de fleurs, style Louis XIV, armoirie au centre.

M. B. Jaurès.

2416 — Assiette. Décor de style Louis XIV, fond blanc brodé. Au centre une double armoirie.

Au même.

2417 — Assiette Sur le marly une guirlande de fleurs soutenue par une branche de bambou dorée. Au centre une armoirie.

Au même.

2418 — Assiette portant au centre l'armoirie des Provinces-Unies, couronée et soutenue par deux lions ; autour la devise : **Concordia res parvœ crescunt**.

Au même.

2419 — Autre semblable.

Mme Fleuriot.

2420 — Assiette octogone, décor bleu de rinceaux ; armoirie au centre.

M. B. Jaurès.

2421 — Assiette festonnée à reliefs treillissés, le marly, à jour, Sur une réserve du marly, une armoirie fond argent avec ancre de sable coupée par une roue de gueules au moyeu d'or. Au milieu, un chiffre entrelacé formé de fleurs, deux bouquets, un oiseau et un papillon.

Mme Malinet.

2422 — Assiette, décor encre de Chine et or. Au centre les armoiries du marquis Reverhorst.

M. B. Jaurès.

2423 — Assiette. Sur le marly bordure rocaille dorée, au centre l'écu de la famille Reverhorst, à 'entour huit armoiries.

Au même.

2424 — Tasse du même service.

M. Gasnault.

2425 — Autre semblable.

Mme Fleuriot.

2426 — Compotier décoré de fleurs. Au centre attributs pastoraux supportant deux écus d'armoiries. — *Compagnie des Indes.*

M. B. Jaurès.

2427 — Compotier à bords dentelés, bordure formée par un bambou supportant une guirlande de fleurs. Armoirie au centre. — *Compagnie des Indes.*

Au même.

2428 — Compotier décoré de fleurs, armoirie au centre. — *Compagnie des Indes.*

Au même.

2429 — Compotier à bordure dentelée en or, armoirie au centre. — *Japon.*

Au même.

2430 — Compotier à riche décor polychrôme de style Louis XIV, double armoirie au centre avec timbre de marquis. — *Japon.*

Au même.

2431 — Compotier. Sur le bord trois bouquets de fleurs en or. Au centre armoirie à riches lambrequins. — *Japon.*

Au même.

2432 — Compotier décoré en plein d'un paysage aquatique avec barques, fabriques et pont ; au centre, dans un médaillon rond, une armoirie européenne, portant, sur un fond violâtre, trois lévriers d'or courant. Le rebord extérieur est aussi à paysage. — *Chine.*

Mme Malinet.

2433 — Compotier à bordure rocaille en camaïeu rose et or. Armoirie au centre, au-dessous une banderole portant le mot **Domburcq**. — *Japon,*

M. B. Jaurès.

2434 — Tasse du même service.

M. Gasnault.

2435 — Pot à crème du même service.

Mme Fleuriot.

2436 — Bol orné de rinceaux à fleurs émaillées et de deux armoiries d'or à trois croix de gueules au timbre de marquis ; au fond, dans le milieu d'un chrysanthème, la date 1732. — *Japon.*

A la même.

2437 — Bol hémisphérique décoré au pourtour de petits médaillons circulaires en rouge et or, figurant des médailles et des monnaies hollandaises. — 18ᵉ siècle. — *Inde.*

M. le comte de Liesville.

2438 — Bol à bouquets de fleurs émaillées avec deux écussons de gueules chargés d'un dauphin de sinople nageant dans les flots, au chef d'azur portant une étoile d'or entre les lettres W-U. Pour timbre un casque à lambrequins chargé d'un oiseau portant une plume pour cimier. — *Japon.*

Mme Fleuriot.

2439 — Tasse du même service.

M. Gasnault.

2440 — Soucoupe double bordure mosaïque dorée avec quatre bouquets de fleurs et attributs. Armoirie au centre. — *Chine.*

M. B. Jaurès.

2441 — Soucoupe bordure style Louis XIV. Armoirie au centre. — *Chine.*

Au même.

2442 — Soucoupe à bordure dentelée, au centre une armoirie. — *Japon.*

Au même.

2443 — Soucoupe bordure dentelée en or. Armoirie au centre. — *Japon.*

Au même.

2444 — Soucoupe bordure de guirlande de fleurs, au centre une armoirie. — *Inde.*

Au même.

2445 — Soucoupe bordure mosaïque semée de fleurs, double écusson. — *Compagnie des Indes.*

Au même.

2446 — Soucoupe à bordure de fleurs, encre de Chine et or. — Au centre une armoirie. — *Compagnie des Indes.*

Au même.

2447 — Soucoupe bordure rocaille, encre de Chine, double écusson émaillé en couleurs. — *Compagnie des Indes.*

Au même.

2448 — Soucoupe octogone. Marly portant des bouquets de fleurs, au centre une armoirie avec la devise **Sincerity**. — *Compagnie des Indes.*

Au même.

2449 — Soucoupe bordure rocaille. Au centre une armoirie avec banderol portant : **Legrand**. — *Compagnie des Indes.*

Au même.

2450 — Soucoupe bordure guirlande de fleurs. Au centre une armoirie surmontée d'un chiffre. — *Compagnie des Indes.*

Au même.

2451 — Grande Soucoupe, bordure à guirlandes de fleurs. Au centre une armoirie avec banderole portant les noms : W. EVERA. M. H. JOUW. — *Compagnie des Indes.*

M. B. Jaurès

2452 — Soucoupe bordure rocaille, une double armoirie au centre avec banderole portant des initiales. — *Compagnie des Indes.*

Au même.

2453 — Soucoupe bordure de fleurs et raisin, au centre double armoirie surmontée de renommées. — *Compagnie des Indes.*

Au même.

2454 — Soucoupe bordure dentelée en or avec double armoirie entourée d'une guirlande de fleurs, date 1768 en chiffres romains. — *Compagnie des Indes.*

Au même.

2455 — Tasse à bordure de guirlandes. Au centre une armoirie surmontée d'un chiffre. *Compagnie des Indes.*

Mme Fleuriot.

2456 — Tasse à anse décorée d'une double armoirie surmontée d'un casque à lambrequins. *Artistique.*

A la même.

2457 — Tasse armoriée d'Espagne écartelé, décor doré.

M. Devers.

2458 — **Chiffres**. Grand plat; marly émaillé rose à mosaïque pavée, avec quatre réserves à fleurs. Sur la chute du marly, fond bleu losangé aussi à réserves de fleurs, et sur le fond, pendentifs arabesques d'or relevés d'une mosaïque clathrée. Au milieu, un écusson renfermant un chiffre d'or.

Mme Malinet.

2459 — Bol campanulé, fond filigrané d'or à deux réserves occupées par des paysages en camaïeu rose, et deux autres contenant un chiffre enlacé, surmonté d'une couronne avec la devise : **Soli Deo gloria**.

M. Dutuit.

2460 — Bol campanulé, avec écussons ornés d'un chiffre et surmontés d'une couronne de comté.

M. Devers.

2461 — Tasse à fond filigrané d'or à réserves occupées par un chiffre enlacé surmonté d'une couronne.

Mme Fleuriot.

2462 — Soucoupe décorée de bouquets de fleurs d'or. Au centre un écusson renfermant un chiffre.

M. B. Jaurès.

2463 — **Sujets**. Grand plat découpé au pourtour, et entièrement décoré à l'encre de Chine. La bordure arabesque est de style Louis XIV. Au centre est le portrait en pied de Jean de Leyde, tenant l'épée de la main droite et posant la gauche sur un livre, que lui présente avec la couronne un jeune page. Un autre amène un cheval caparaçonné. Au fond les supplices du prophète. Au-dessous est écrit : *Johannes Bulchodi a Leyda.*

Mme Malinet.

2464 — Assiette décor filigrané d'or. Au centre le temple de l'Hyménée surmonté de deux écussons armoriés.

M. B. Jaures.

2465 — Assiette, marly fond rose à mosaïque; réserves à ornements. Au centre un sujet européen; un homme et une femme regardent un coq et un chien qui semblent s'attaquer.

Mme Fleuriot.

2466 — Assiette à décor chrysanthémo-pœonien. Au centre deux personnages européens en costume Louis XIV.

A la même.

2467 — Assiette à bordure rocaille. Au fond sujet de personnages en costume européen du temps de Louis XV et faisant de la musique.

Mme Fleuriot.

2468 — Assiette à marly décoré en rinceaux et fleurs d'émail blanc, avec quatre réserves renfermant des paysages en rose; au centre, un ornement Louis XV entoure le sujet, représentant un berger qui joue du chalumeau devant une femme assise; entre eux, un perroquet posé dans un cerceau suspendu.

Mme Malinet.

2469 — Compotier bordé d'un filet noir. Au fond, dans un paysage, un homme, une bêche à la main, est entre deux femmes dont l'une arrose des fleurs et l'autre tient une corbeille.

A la même.

2470 — Compotier à bordures d'or denté; au pourtour deux chiffres et deux armoiries d'argent au serpent d'immortalité, renfermant un arbre de sinople au tronc d'or; pour timbre un casque à lambrequins ayant le même arbre pour cimier. Médaillon central encre de Chine, représentant un repas dans un intérieur chagré de guirlandes. Pièce de mariage.

Mme Fleuriot.

2471 — Assiette du même service.

M. B. Jaurés.

2472 — Grand bol à fond extérieur filigrané, entourant deux grands médaillons, l'un à sujet chinois, l'autre à sujet européen, genre Watteau. Les petites réserves renferment des oiseaux et des fleurs.

Mme Fleuriot.

2473 — Grand bol à fond mosaïque rouge, noir et or, médaillons à sujets européens; le Départ pour la chasse et le Retour; dans les petites réserves des scènes chinoises. Riche bordure intérieure et médaillon renfermant un cavalier entouré de sa meute.

A la même.

2474 — Bol hémisphérique décoré du sujet de la crucifixion.

M. le comte de Liesville.

2475 — Bol couvert avec sa soucoupe décoré de deux bordures, l'une rose à mosaïque pavée, l'autre d'or à mosaïque clathrée, portant toutes les deux des réserves. Au centre un homme en costume Louis XIV, tenant une corbeille de fleurs, et une femme appuyée sur un rinceau d'or rehaussé de noir.

Mme Malinet.

2476 — Tasse et soucoupe, représentant le Christ en croix, la Vierge et saint Jean.

A la même.

2477 — Tasse et soucoupe représentant en plein le sujet de Léda au bain, d'après le Corrége.

A la même.

2478 — Tasse et soucoupe à filets d'or; sujet plein représentant Don Quichotte et Sancho Pança

A la même.

2479 — Tasse décorée d'un portrait de femme en costume Louis XV, fond de paysage.

M. Gasnault.

2480 — Tasse fond d'or à rinceaux encre de Chine. Deux portraits d'homme et de femme en costume Louis XIV.

Au même.

2481 — Tasse décorée d'un sujet mythologique où l'on voit un char traîné par des lions et monté par quatre personnages.

Mme Fleuriot.

INDE

2482 — Coupe évasée à piédouche entièrement émaillée, en imitation d'émail cloisonné.

Mme la baronne Salomon de Rotschild.

2483 — Coupe couverte en forme de grand sucrier; bordure rouge à fleurs, rinceaux et perles; fond noir semé de rinceaux verts à grosses fleurs.

Mme Fleuriot.

2484 — Théière décorée d'un semis de fleurs vertes et de rinceaux rouges relevés de points noirs. L'anse supérieure est montée en argent.

M. le duc de Martina.

2485 — Brûle-parfums sphérique à couvercle percé de six trous et bouton formé par un groupe de fruits dorés; couverte brun rouge foncé, décor de rosaces et fleurons émaillés en relief blanc et vert. Monture en bronze doré.

M. Gasnault,

2486 — Compotier décoré de cinq zônes concentriques émaillées en bleu et portant des inscriptions arabes en caractères dorés. Entre chaque zône, suite de légers fleurons en carmin. Au centre un carré émaillé en bleu, divisé en seize compartiments égaux et portant des caractères cabalistiques dorés.

Au même.

2487 — Compotier décoré à l'intérieur de filets en émail bleu de relief et de lignes de caractères arabes en or. Au centre un médaillon renfermant trois lignes disposées en cachet. A l'extérieur une autre légende tient lieu de bordure; fond gros bleu semé de croissants et d'étoiles en or, à trois réserves arabesques entourées de filets or, vert et rouge, renfermant des versets du Coran. Sur le rebord du pied une guirlande de fleurettes et feuillages en émaux polychromes.

Au même.

2488 — Pièce analogue.

Mme Malinet.

2489 — Tasse à bordure de rinceaux et fleurettes à l'intérieur, au fond une fleur d'or de style chinois; à l'extérieur fond bleu semé de croissants et d'étoiles en or réservant une bordure et quatre médaillons remplis d'inscriptions arabes en or.

M. A. Jacquemart.

2490 — Deux tasses semblables.

M. Ch. Schefer.

2491 — Une autre.

Mme Malinet.

2492 — Deux compotiers à bordure de fleurettes reliées par une tige feuillée. Fond bleu sous couverte avec trois médaillons réservés à bouquets en or rehaussé de noir. Sur le fond un quadrillé d'or et une fleur au centre.

M. Jacquelet-Bey.

2493 — Deux vases bursaires à pied très-bas et col évasé. Toute la surface ornée d'écailles en relief alternativement coloriées en bleu, en vert et en rouge.

M. Gasnault.

2494 — Aspersoir; panse à côtes séparées par un filet doré. Fleurs et dents de loup dorés.

Au même.

2495 — Aiguière ovoïde à anse contournée décor bleu d'arabesques entourant des masques humains.

Mme de Beuzelin.

2496 — Aiguière à panse sphérique à anse et goulot latéral allongé, col évasé à couvercle bleu légèrement bombé, rosaces en bleu rehaussé d'or.

M. Michelin.

2497 — Aiguière à panse ovoïde et goulot étroit à bec, décor ornemental en bleu. Couvercle et garniture en cuivre ciselé et doré.

Au même.

2498 — Gargoulette formée d'un éléphant ayant un tapis sur le dos, les ornements sont d'un bleu pur fondu dans un émail double.

M. le duc de Martina.

2499 — Gargoulette en forme d'éléphant portant une tour sur son dos ; décor polychrôme.

Mme Rouveyre.

2500 — Vase composé d'un éléphant accroupi et caparaçonné portant un cornet sur le dos, décoré en bleu.

M. Gasnault.

2501 — Petites cafetières à anses et goulots en S, couvercle presque plat à bouton ; céladon bleu relevé d'arabesques et bouquets en or.

Mme Fleuriot.

2502 — Deux cornets cylindriques à ouverture évasée. Décor émaillé bleu et or. Bouquets et corbeilles fleuries. Bordure de pampres.

M. Gasnault.

2503 — Boîte à thé à bordure composée et bouquet émaillé en bleu rehaussé d'or.

M. A. Jacquemart.

2504 — Petite assiette à trois bordures en bleu émaillé et or. Au centre une armoirie.

Au même.

2505 — Tasse et soucoupe à bordure verte et rose ; armoirie dans un médaillon rose. Au centre une tête de Minerve sur fond rose.

Au même.

2506 — Tasse à anse à filets et bordure ; sur la face un encadrement de médaillon à fond d'or avec rinceaux roses. Au centre des fleurs dans un vase.

Au même.

2507 — Plateau lobé à triple bordure d'or. Au centre une armoirie double.

Au même.

2508 — Compotier à bordure émaillée bleue, semée d'étoiles d'or ; fond à compartiments alternés ornés de bouquets. Une rose au centre.

Au même.

2509 — Pièce semblable.

M. Jules Jacquemart.

2510 — Plat ovale décoré sur le marly d'une grande grecque or et vert entourée de fleurs ; plus bas une petite bordure d'or et au centre un bouquet dans un médaillon.

M. A. Jacquemart.

2511 — Grand bol hémisphérique décoré d'emblèmes maçonniques.

M. le comte de Liesville.

2512 — Bol de forme surbaissée à deux anses formées de têtes fantastiques en rouge rehaussé d'or, décor de guirlandes. Une armoirie.

M. Devers.

2513 — Deux grandes urnes de style européen du temps de Louis XVI, à draperie et godrons en gros bleu ; décor de fleurs. Couvercle surmonté d'une pomme de pin.

M. Bellenot.

2514 — Deux pièces analogues décorées en bleu et or.

2515 — **Siam**. Vase couvert entièrement émaillé en couleurs; le fond noir porte des flammes rouges; dans des médaillons rouge de fer, des personnages bonddhiques se dessinent en blanc et jaune; d'autres, à corps d'animaux et nimbés de rouge, alternent avec les médaillons. Bordures diverses à ornements et grecques. *Siam*.

Mme Malinet.

2516 — Deux tasses à décor polychrôme; des divinités bouddhiques se détachent sur un fond d'émail noir, semé de flammules rouges; en haut et en bas de nombreuses bordures.

M. Jules Jacquemart.

2517 — Deux pièces analogues.

M. Dutuit.

2518 — **Cochinchine**. Petite tasse forme calice, émail colorié, teinte café au lait, décor bleu sous le vernis.

M. Riocreux.

PERSE

2519 — **Porcelaine émail**. Coupe avec ombilic entouré d'arabesques bleues rehaussées de noir, et bordure ornementée en jours cloisonnés par la couverte.

Mme Bury-Palliser.

2520 — **Porcelaine tendre.** Bouteille piriforme à col mince, décorée de rinceaux arabesques à reflets métalliques sur fond bleu.

M. Méchin.

2521 — Bouteille décorée de bordures, cyprès et plantes diverses en émail brun à reflets métalliques.

M. Ch. Schefer.

2522 — Porte-bouquets à cinq tubulures, décoré de fleurs en émail brun à reflets métalliques.

M. Deck.

2523 — Tasse; décors de fleurs et bouquets en métal auréo-cuivreux.

M. A. Jacquemart.

2524 — Petite bouteille piriforme, portant un renflement au col; décorée en bleu-foncé de fleurs et personnages.

M. Charles Schefer.

2525 — Bouteille piriforme; décor bleu de fleurs et d'oiseaux cerné de manganèse. (Marque Kien-long, 1736-1795).

Musée de Limoges.

2526 — Pièce analogue.

M. le baron Charles Davillier.

2527 — Tasse orbiculaire à piédouche et goulot à bec; décor bleu de fleurs et d'oiseaux.

Au même.

2528 — Porte-bouquets à cinq tubulures entourant le col; décor bleu de fleurs et d'oiseaux.

M. Reiber.

2529 — Vase quadrangulaire à petit goulot cylindrique, décoré en bleu et violet de manganèse. Sur une face un personnage assis, de l'autre côté personnages à cheval. Sur les deux autres, décor de fleurs ornementales.

M. Gasnault.

2530 — Vase de même forme à pans coupés; décor de personnages et de fleurs en bleu tendre délimité en noir.

M. le baron Charles Davillier.

2531 — Petite potiche à col très-court; décor en bleu d'arbustes sur lesquels se détache en blanc un axis.

M. Michelin.

2532 — Bouteille sur piédouche à panse sphérique et col allongé décoré en bleu de bandes ornementales inclinées sur un fond blanc gravé sous couverte de bâtons rompus.

M. Gasnault.

2533 — Bol décoré en bleu foncé de fleurs et personnages.

Au même.

2534 — Petit plateau rectangulaire, décoré en bleu d'une bordure mosaïque et de fleurons arabesques entourés d'une ornementation en traits gravés dans la pâte.

Musée de Limoges.

2535 — Plat décoré en bleu d'un grand médaillon à bordure rayonnante contenant un kilin sur un rocher et des grues.

M. le docteur Mandl.

2536 — Plat à décor intérieur en bleu noirci, composé d'une bordure et de cinq médaillons remplis d'inscriptions; bord extérieur finement gravé des flots de la mer; en-dessous le mien-hao à six caractères (mal tracés) de Siouen-te (1426 à 1435).

M. A. Jacquemart.

2537 — Petite tasse à double fond à extérieur réticulé à jour représentant des fleurs.

M. Gasnault.

2538 — Pièce semblable.

M. de Sénevas.

2539 — Bouteille en porcelaine d'aspect tendre, décorée en bleu et violet de manganèse de fonds partiels et bordure ornementale d'une très-fine exécution; deux médaillons sur le corps du vase renferment des paysages exécutés en bleu avec rehauts de manganèse et de jaune vif. Pied en bois sculpté.

M. le duc de Martina.

2540 — **Porcelaine dure**. Bouteille ou surahé à corps sphéroïdal et goulot cylindrique; sur le col des feuilles d'eau; plus bas des outres suspendues et au-dessous une bordure d'œillets d'Inde et rinceaux; sur la déclivité de la panse une bande à quatre réserves renfermant des vers persans faisant allusion à l'usage de la bouteille et contenant son nom; sur le corps quatre médaillons à dragons séparés par des bâtons rompus gravés dans l'émail.

M. A. Jacquemart.

2541 — Bouteille de même forme et décor analogue portant sur la panse une large bande de bâtons rompus gravés, interrompus par quatre médaillons occupés par l'inscription persane : *Bois du vin ! On ne se sépare pas de ses amis sans souffrance; donne-moi la surahé.*

M. Michelin.

2542 — Pièce semblable.

M. Gasnault.

2543 — Grande gourde à couvercle en dôme, décor en camaïeu bleu, composé d'une bordure intérieure à faux godrons, et sur le corps, parmi des nuages, d'animaux sacrés portant les Koua de Fou-hi. Sur l'étranglement des médaillons renfermant des grues. Sur le second renflement des Fong-hoang entourés de nuages, de bouquets de fleurs et de signes honorifiques.

M. le duc de Martina.

2544 — Vase lancelle, décor à lambrequins, pendentifs et feuilles d'eau en beau bleu foncé; socle en bronze.

M. Galichon.

2545 — Deux bouteilles à vin ou surahé, à médaillons en relief, alternés sur la panse ; chacun d'eux porte une décoration en bleu composée d'imbrications, de fonds étoilés et de bouquets de fleurs ; au-dessus une bande fond bleu à mosaïque, relevée de rosaces et sur le col des suspensions.

M. le duc de Martina.

2546 — Deux bouteilles analogues.

M. Jules Jacquemart.

2547 — Bouteille piriforme à col évasé, décorée en bleu d'un dragon au milieu des nuages.

M. Gasnault.

2548 — Aiguière piriforme à anse élevée et bec allongé. Renflement au bord du col. Décor bleu de fong-hoangs et autres oiseaux, relevé de pierreries incrustées et serties d'or. Couvercle bombé monté en bronze doré.

M. Charles Schefer.

2549 — Deux aiguières piriformes à anse mince et bec allongé. Renflement au bord du col, décor bleu. Sur chaque côté de la panse grand médaillon lobé renfermant une armoirie surmontée d'un casque à lambrequin. Bouchon et bec en métal.

Au même.

2550 — Aiguière à ablutions à anse et bec allongé, et col évasé portant un renflement médian, avec un bassin muni d'un plateau à jour. Décor bleu de palmes et dents de loup.

Au même.

2551 — Pièce analogue décorée de rinceaux fleuris en bleu pâle.

Musée de Limoges.

2552 — Aiguière piriforme à ouverture évasée et bec allongé. Anse élevée portant une saillie ayant servi à rattacher un couvercle. Décor bleu. Sur chaque côté de la panse, médaillon lobé renfermant des fleurs.

Au même.

2553 — Aiguière en forme de gourde à goulot élégant sortant d'une tête chimérique ; sur le premier renflement des médaillons en relief portant des paysages chinois alternant avec des ornements ; sur le second renflement qui est à six lobes, des arabesques et des pendentifs descendant du col qui, divisé en six lobes, forme une fleur.

M. le duc de Martina.

2554 — Aiguière hexagone aplatie, avec couvercle, anse, et bec en S. Décor bleu composé de fleurs et rinceaux ; au milieu une palme fond bleu avec bouquet de nélumbos en réserve. Quelques touches de couleur paraissent avoir été ajoutées après coup.

Mme Malinet.

2555 — Aiguière en forme de bouteille à quatre lobes, dont le goulot est formé par la tête et le col d'un fong-hoang. Décor bleu composé d'un fond mosaïque et de médaillons à bouquets de fleurs.

M. le duc de Martina.

2556 — Vase en forme de bouteille à long goulot en S. Le corps présente en relief la forme d'un nélumbo, dont chaque pétale porte un bouquet de fleurs. Au-dessus un rinceau fleuri et sur le col des bouquets de pêchers et de nélumbos. Décor exécuté en bleu sous couverte.

Au même.

2557 — Pièce semblable.

M. Michelin.

2558 — Deux aiguières quadrilobées portant sur la panse une palme en relief. Décor bleu consistant en fleurs et rinceaux.

Mme Rouveyre.

2559 — Bouteille piriforme à col long et renflé au sommet, décorée en bleu d'arbustes, de fruits et d'animaux.

M. Michelin.

2560 — Gargoulette décorée en bleu tendre de frises dans le goût sino-persan et de personnages chinois.

Au même.

2561 — Petite cafetière à couvercle plat décorée en bleu d'un fond simulant le craquelé et portant des médaillons en forme de palmes ornés de rinceaux réservés en blanc.

M. le baron de Monville.

2562 — Petite cafetière décorée de médaillons bleu foncé en forme de palme ornés de rinceaux réservés en blanc.

Mme Fleuriot.

2563 — Grand bol hémisphérique décoré de six médaillons renfermant des dragons en bleu sur un fond de bâtons rompus gravés dans la pâte. Au fond des grues.

M. Gasnault.

2564 — Grand bol hémisphérique décoré au bleu. Six médaillons ronds formés de dragons dans les nuages. Bordure de pampres où courent des écureuils. Au fond le Kilin. En dessous l'inscription : *Vase à l'usage des gens riches et nobles.*

Au même.

2565 — Grand bol campanulé, décoré en bleu pâle de chiens de Fo et de chevaux marins, alternant avec des buissons fleuris ; bordure décorée de chevaux marins sur les flots, réservés en blanc sur fond bleu. En dessous la même inscription que la pièce précédente.

M. Ch. Schefer.

2566 — Grand bol campanulé, décoré en bleu d'entrelacs à fleurs ornementales. Daté de Kia-thsing.

Au même.

2567 — Bol et son plateau à bords dentelés, décorés en bleu de chrysanthèmes ornementales.

M. Gasnault.

2568 — Grand plat creux à marly étroit et bord dentelé. Au centre un vase de fleurs. Autour huit médaillons rectangulaires occupés par des fleurs et séparés par des bordures ornées de rinceaux.

Au même.

2569 — Plat creux à bords dentelés. Large bordure gaufrée de losanges. Au centre *chien de Fo* dans un paysage.

Au même.

2570 — Plat à bords lobés et marly godronné décoré de médaillons renfermant des fleurs et des fruits. Au centre des fleurs et des oiseaux.

M. Sauvageot.

2571 — Petite théière ovoïde entièrement émaillée en gros bleu, sauf le bouton du couvercle réservé en blanc ; décor représentant les flots de la mer, chargés d'un semé de fleurs de pêcher.

M. Gasnault.

2572 — Petite aiguière à couvercle, en gros bleu trempé portant une palme en relief sur la panse.

M. le comte de Butenval.

2573 — Aspersoir en bleu fouetté, décoré de fleurs en or ; monture en ivoire doré.

Au même.

2574 — Pièce analogue.

M. Jacquelet-Bey.

2575 — Aspersoir ; couverte bleu noirâtre, décor de fleurs en or.

Au même.

2576 — Buire à panse teintée d'un céladon vert pâle. Décor bleu formé de riches arabesques répandues sur le pied, l'anse et le goulet. Autour du col, tous les emblèmes de la longévité. Nien-hao de Siouen-te (1426 à 1435). Pied en bois sculpté.

Mme Malinet.

2577 — Bol fond vert pâle ; à l'intérieur une bordure à rinceaux, une chrysanthème et des arabesques bleus sous couverte. A l'extérieur des fleurs palmées forment une bordure à rinceaux. Pied en bois de fer.

A la même.

2578 — Bol recouvert extérieurement d'un vernis nankin. A l'intérieur, décor bleu de palmes et rinceaux. Marque au Ling-tchy.

M. Gasnault.

2579 — Bouteille piriforme à couverte brun feuille morte, décorée en blanc d'engobe de vases contenant des arbustes.

Au même.

2580 — Bouteille analogue, portant un renflement à la partie supérieure du goulot, décor de vases contenant des chrysanthèmes.

Au même.

2581 — Bouteille analogue à goulot renflé, décorée de raies de cœur à pendeloques de perles et de vases d'où sortent des bouquets de fleurs.

M. A. Jacquemart.

2582 — Théière légèrement cotelée à anse supérieure; porcelaine brune décorée en engobe blanche de raies de cœur à pendeloques de perles et de vases d'où sortent des bouquets de fleurs ; l'intérieur émaillé blanc.

Au même.

2583 — Récipient de narghilé à couverte brune, avec quatre médaillons en forme de palme et deux bandes réservées et décorées de fleurs ornementales. Médaillons de même forme et bordure de rinceaux émaillés sur le fond en couleur.

M. Dutuit.

2584 — Bouteille octogone en céladon chamois, décoré de fleurs en blanc d'engobe. Monture à couvercle en dôme en métal argenté et ciselé.

M. Ch. Schefer.

2585 — Bol hémisphérique légèrement côtelé, recouvert en céladon vert d'eau à trois réserves occupées par des fleurs émaillées en bleu et or.

M. Jacquelet-Bey.

2586 — Vase à panse sphérique et ouverture offrant l'apparence d'un *Nelumbo*; — sur la panse quatre petites anses torses dressées. — Décor de fleurs et fruits en rouge de cuivre sans couverte.

M. Gasnault.

2587 — Bouteille à panse sphérique en porcelaine blanche. — Monture à couvercle en dôme, en métal argenté et ciselé.

M. Ch. Schefer.

2588 — Tasse à zone ajourée, composée de rinceaux fleuris gravés dans l'émail, bordure grecque et base à godrons.

M. A. Jacquemart.

2589 — Compotier fond vert à bordure arabesque; sur le fond quatre fleurons de style persan.

Mme Fleuriot.

2590 — Compotier à bordure verte et décor de palmes, formant rosace.

M. A. Jacquemart.

2591 — Bassin à bordure et milieu fond vert uni avec palmes jaunes ornementées; ceinture fond jaune à rinceaux portant de grosses chrysanthèmes; entre cette ceinture et le médaillon médian, une petite bande ornementale; le tout de pur style persan.

Mme Malinet.

2592 — Biberon ou gargoulette à décor de la famille Verte, composé de bordures à rinceaux et fleurons, et de grands rinceaux feuillés terminés par des tulipes ornementales.

M. A. Jacquemart.

2593 — Biberon à anse supérieure fixe accolée sur deux oreilles, goulot droit sur la hanche du va-e. Décor de la famille Verte.

Mme Fleuriot.

2594 — Grand flambeau d'autel, en forme de bouteille renflée au goulot. Sur le corps des dragons à cinq griffes entourés de rinceaux fleuris, de nuages et de tonnerres. Sur le col des pendentifs contenant les pièces honorifiques et sur le renflement des feuilles d'eau. Le bord supérieur porte une inscription de la période Wan-Li.

M. le duc de Martina.

2595 — Pièce de même décor et de même forme décorée de fleurs et d'oiseaux en bleu sous couverte et émaux de la famille Verte.

Mme Rouveyre.

2596 — Grande gourde à base presque carrée, à angles arrondis, portant, entre deux bordures, des sujets familiers chinois. Sur le dessus un fond rouge détache de grands rinceaux fleuris, sur la partie rétrécie, des animaux chimériques sont entourés de flots et de nuages. Sur le second renflement sont quatre médaillons à sujets entourés d'un fond clair; sur le col des feuilles d'eau. Le dessous de la pièce est émaillé en vert. Pied en bois.

M. le duc de Martina.

2597 — Vase lagène à fond couvert d'écailles striées, sur lequel se détachent des bouquets de gentiane, de pivoines, de chrysanthèmes et de pêchers en émaux de la famille Verte.

Au même.

2598 — Grande bouteille à deux anses formées de têtes chimériques; elle est à double paroi, celle de dessus percée à jour; le corps du vase représente un fong hoang, parmi les nuages; à la base du col des pendentifs décorés d'arabesques. Le tout est décoré en émaux vifs de fonds divers, de bouquets de fleurs et fruits et de caractères antiques. Pied en bois.

Au même.

2599 — Potiche turbinée à émail craquelé, décor de la famille Verte; au dessous du col une large bordure à médaillons de fleurs coupés par des galons à imbrications; sur le corps du vase trois médaillons renfermant des bouquets de fleurs. Ils sont encadrés de filets rouges, verts et jaunes entre lesquels sont des bandes à fond d'écailles. Plus bas une bordure arabesque.

Au même.

2600 — Potiche à panse renflée et ouverture cylindrique. Décor en émaux de la famille Verte de chevaux marins courant sur les flots. — A la partie supérieure deux dragons sur un fond filigrané rouge.

M. Gasnault.

2601 — Vase cylindrique à col légèrement rétréci; sur celui-ci, entre des bordures ornementales, des fleurons persans sur fond strié rouge; au dessous deux réserves fond blanc avec des sortes de dragons entourés de rinceaux verts et d'autres rinceaux terminés par de grosses chrysanthèmes; le fond du vase est quadrillé en rouge de fer et porte des signes honorifiques; vers la base, des godrons déssinés en émaux vert, rouge, jaune.

M. le duc de Martina.

2602 — Vase cylindrique à col légèrement évasé, fond à imbrications de rouge de fer, coupé par des bordures arabesques et, au milieu, par une série de médaillons renfermant des bouquets.

Mme Fleuriot.

2603 — Urne à fond quadrillé rouge de fer sur lequel se détachent des groupes de pêches, de grenades et autres fruits; autour du col une petite bordure à feuillages. Pied en bois sculpté à jour.

M. le duc de Martina.

2604 — Vase cylindrique à col court légèrement évasé; il est couvert d'un fond imbriqué rouge de fer, et décoré en émaux de la famille Verte, d'un fong-hoang sur un rocher et de branches et bouquets de pêchers à fleurs.

Mme Malinet.

2605 — Potiche ovoïde à fond mosaïque losangé en rouge de fer, avec quatre médaillons en réserve ornés de fleurs.

A la même.

2606 — Deux urnes à transporter l'eau, décor de famille Verte à fonds losangés et médaillons à fleurs.

Mme Fleuriot.

2607 — Potiches couvertes à fond rouge losangé; décor de la famille verte avec rochers, flots et semé de signes honorifiques chinois.

A la même.

2608 — Deux autres à fond losangé rouge avec réserves encadrées renfermant des bouquets de la familles Verte.

A la même.

2609 — Aiguière en forme de bouteille, à quatre lobes, dont le goulot est formé par la tête et le col d'un fong-hoang; riche décor de la famille Verte, composé de fonds mosaïque et de médaillons à bouquet de fleurs.

M. le duc de Martina.

2610 — Pièce semblable.

M. La Faulotte.

2611 — Aspersoir à piédouche, panse sphérique et col allongé, portant un renflement à la base. Décor d'objets sacrés et de plumes de paon. — Famille Verte.

Au même.

2612 — Deux arpersoirs; sur le panse des médaillons à fonds rouge et vert, fleurettes sur le col.

Mme Fleuriot.

2613 — Deux cafetières à couvercle en dôme; décor de bouquet de la famille verte.

A la même.

2614 — Cafetière à bordures arabesques et fond vert piqueté, chargé de deux palmes ornementales.

A la même.

2615 — Grand compotier à bordure pailletée en rouge de fer, chargée de fleurs et rinceaux. Plus bas des dentelures en rouge de fer se détachant sur un ornement fretté rouge, vert et jaune; au centre le fond est à imbrications rouges sur lesquelles se détachent des pivoines, des chrysanthèmes et des hibiscus.

M. le duc de Martina.

2616 — Compotier à bordure de rinceaux et fleurs, fonds partiels à étoiles rouges; médaillon cen ral encadré d'ornements rouge, vert et jaune pâle. Il est à fond étoilé et porte des fleurs de pêchers, nélumbos et pivoines.

Au même.

2617 — Compotier à bordure de bâtons rompus, fond vert rehaussé de rouge; des fleurs de pêcher isolées se détachent de distance en distance; au centre, de grands rinceaux de style persan sont soutenus par trois génies imités de ceux de la Chine.

Au même.

2618 — Deux compotiers à fond vert semé de rinceaux avec pivoines et fleurettes. Montés sur fond de chêne.

M. Jacquelet-Bey.

2619 — Bol conique, forme persane fond nankin. Bordure intérieure représentant, dans les flots de la mer, des mollusques et des animaux fantastisques. A l'extérieur bordure à grecque, flammules autour du pied et entre les deux, trois dragons à quatre griffes; le tout exécuté avec les émaux de la famille Verte. Nien-hao de Siouen-té (1426 à 1435). Pied à consoles en bois de fer.

Mme Malinet.

2620 — Deux grosses potiches à couvercle bombé surmonté d'une chimère, décor polychrôme de fleurs et de rinceaux à grandes feuilles entourant un cartouche surmonté d'une couronne présentant une armoirie européenne.

M. Faisant.

2621 — Deux boîtes à thé carrées à décor de la famille Rose composé de bouquets rigides dans des corbeilles.

Mme Fleuriot.

FAIENCES

2622 — Couvercle de vase, formé par une tête de cynocéphale coiffé de bandelettes; émail blanc décoré en violet de manganèse. — *Egypte.*

M. le comte de Liesville.

2623 — Dix-sept fragments d'architecture en terre émaillée en couleur. — *Inde.*

M. Dugléré.

2624 — Lampe de mosquée en faïence; fond vert décoré de rinceaux enlevés à la pointe et d'inscriptions réservées en blanc; sur la panse trois attaches de suspension saillantes.

M. Ch. Schefer.

2625 — Fragment de la frise de la mosquée Ebn-Touloun (au Caire), portant en relief une grande inscription en caractères cufiques émaillés en bleu et se détachant sur un fond brun à reflets métalliques, orné de rinceaux et d'oiseaux réservés en blanc. — Au dessus frise de rinceaux et d'oiseaux en relief. Les têtes des oiseaux ont été martelées.

M. Meymar.

2626 — Fragments de la même frise.

M. Collinot.

2627 — Carreau émaillé en forme d'étoile à huit pointes décoré d'arabesques réservées en blanc sur un fond brun à reflets métaliques; au pourtour une inscription.

Au même.

2628 — Autre carreau de décor analogue en forme de croix, à branches terminées en pointe.

Au même.

2629 — Carreau forme d'étoile, inscription arabe.

M. le baron Ch. Davillier.

2630 — Grand plat à bordure bleue. — Au dessous seconde bordure, composée d'une suite de médaillons de forme allongée en vert olive décoré d'ornements enlevés à la pointe, encadrant une grande rosace composée de médaillons décorés en bleu alternant avec des bouquets de fleurs en rouge changeant, à feuillage vert olive.

M. le docteur Mandl.

2631 — Brosse pour le massage après le bain décorée de rinceaux bleus et de fleurettes rouges à feuillage vert olive.

Au même.

2632 — Gargoulette à panse sphérique décorée d'ornements losangés en bleu, rouge et vert olive.

M. Millet.

2633 — Deux plaques de revêtement fond bleu décorées en relief de fleurs avec un cavalier portant un faucon.

M. Meymar.

2634 — Deux plaques analogues.

M. le baron Ch. Davillier.

2635 — Une autre.

M. Dutuit.

2636 — Deux plaques de revêtement à fond bleu, décorées en relief, l'une d'un cavalier, l'autre d'un mollah en prière.

M. Méchin.

2637 — Quatre carreaux émaillés, décorés de palmes et arabesques, en vert jaune et bleu de deux tons.

M. Collinot.

2638 — Cadre contenant six carreaux décorés de palmes et rinceaux en bleu de deux tons.

M. Meymar.

2639 — Un autre contenant quatre carreaux analogues.

Au même.

2640 — Huit cadres de carreaux et fragments d'architecture en terre cuite à reliefs émaillés en couleurs.

M. Parvillée.

2641 — Quatre cadres de carreaux décorés d'émaux en reliefs.

Au même.

2642 — Dix-sept cadres renfermant des carreaux émaillés en couleurs sous couverte.

Au même.

2643 — Trois carreaux de revêtement dans un cadre, décorés en bleu d'arabesques.

Au même.

2644 — Carreau émaillé fond vert, décoré de rinceaux et palmes en gros bleu et jaune.

M. Collinot.

2645 — Trois carreaux émaillés fond jaune, à décor d'arabesques en bleu, noir et vert.

Au même.

2646 — Fragment de carreau émaillé fond gros bleu, décoré d'une branche de feuillage. — Peinture fondue sous glaçure.

M. Parvillée.

2647 — Carreau décoré d'arabesques et de rinceaux à larges feuilles, en émaux de couleurs fondues, délimités en noir.

Au même.

2648 — Carreau hexagone emaillé en gros vert et décoré de rosaces en or.

Au même.

2649 — Carreau émaillé gros vert. (Kutaya moderne.)

Au même.

2650 — Un autre fond blanc décoré de rinceaux fleuris en rouge et vert. (Kutaya moderne.)

Au même.

2651 — Carreau hexagone, émaillé bleu, à décor d'entre'acs réservés en blanc.

M. Larroque.

2652 — Carreau décoré d'un vase contenant des tulipes, œillets d'Inde et œillet en bleu, rouge et vert.

MM. Savoye et Cᵉ

2653 — Carreau décoré de rosaces jacinthes et tulipes.

MM. Savoye et C⁰.

2654 — Quatre carreaux décorés de palmes entrecroisées eu bleu de deux tons.

Aux mêmes.

2655 — Deux autres décorés de rosaces, jacinthes, tulipes et œillets d'Inde, en bleu de deux tons et vert.

Aux mêmes.

2656 — Deux carreaux pour frise ou encadrement à décor courant d'œillets, alternant avec des rosaces réservées en blanc sur fond bleu, et rehaussées de vert et de rouge.

Aux mêmes.

2657 — Deux autres. — Décor courant de fleurs ornementales et rosaces, réservé en blanc sur fond bleu avec rehauts en bleu de deux tons.

Aux mêmes.

2658 — Deux carreaux en terre cuite décorés d'arabesques en relief avec encadrement émaillé bleu turquoise.

M. Collinot.

2659 — Fragment de corniche en terre émaillée bleu turquoise et gros bleu à décor mosaïque avec parties enlevées dans l'émail.

Au même.

2660 — Deux fragments de construction émaillés bleu turquoise.

M. Parvillée.

2661 — Un autre émaillé blanc.

Au même.

2662 — Coupe hémisphérique à piédouche, décorée de rinceaux fleuris émaillés en vert.

M. Ch. Schefer.

2663 — Coupe hémisphérique à piédouche, décorée de lambrequins.

M. Larroque.

2664 — Petite coupe basse à piédouche, décor polychrôme à rosace sur fond filigrané.

MM. Coulombel frères et C⁰.

2665 — Pot à anse, piriforme, à col évasé, décoré de tulipes et de jacinthes.

M. E. Valpinçon.

2666 — Un autre, décoré de rinceaux sur fond vert.

M. Barre.

2667 — Un autre, décoré de bandes inclinées, alternativement bleues, blanches et vertes.

Au même.

2668 — Un autre, décoré de tulipes et petites fleurs bleues.

M. Ch. Schefer.

2669 — Un autre, décoré de tulipes et animaux.

Au même.

2670 — Un autre, fond vert à écailles portant des médaillons lobés rouges et bleus à écailles.

Au même.

2671 — Un autre fond gros bleu, décoré de tulipes réservées en blanc, et de feuilles de trèfle en bleu pâle.

Au même.

2672 — Un autre fond bleu à fleurs ornementales réservées en blanc et rouge avec feuillage vert.

Au même.

2673 — Un autre fond bleu décoré de rinceaux fleuris réservés en blanc rehaussé de vert.

M. Meymar.

2674 — Deux vases cylindriques à anse latérale, décorés de tulipes.

M. Ch. Schefer.

2675 — Un autre décoré de vaisseaux.

M. Lequeu.

2676 — Un autre décoré de fleurettes à cœur bleu sur fond rouge.

Au même.

2677 — Un autre décor polychrôme de tulipes, œillets et jacinthes.

M. de Sénevas.

2678 — Un autre décoré de tulipes et d'œillets rouges.

M. B. Jaurès.

2679 — Deux autres décorés d'œillets.

Au même.

2680 — Un autre décoré d'un semis de fleurons symétriques.

Au même.

2681 — Un autre décoré de palmes et de tulipes.

Au même.

2682 — Pot à anse à décor polychrôme d'œillets, tulipes et feuillages.

MM. Coulombel frères et C°.

2683 — Un autre fond blanc à ornements bleus et verts.

M. Maillet du Boulay.

2684 — Buire piriforme à col conique, décorée de rinceaux en noir et bleu sur fond vert.

M. Lequeu.

2685 — Bouteille piriforme, fond gros bleu, décorée de médaillons en bleu turquoise et de fleurs réservées en blanc. Monture à couvercle bombé en métal argenté et gravé. Au sommet une perle de corail.

M. Ch. Schefer.

2686 — Bouteille fond vert, décorée d'animaux. Au bord du col renflement en gros bleu.

Au même.

2687 — Bouteille à bouchon en cuivre. Décor de palmes et de rinceaux.

Au même.

2688 — Bouteille piriforme, décorée de fleurs polychrômes.

M. Meymar.

2689 — Bouteille à fleurs et palmes rouges et bleues entre lesquelles passent des tiges d'œillets d'Inde et de tulipes. La garniture du col et du couvercle accompagnée de son attache en cuivre ciselé et repoussé.

M. Patrice Salin.

2690 — Petit plateau bordure verte et bleue à amandes blanches ; au centre un personnage, coiffé de plumes, revêtu d'un costume bleu, avec double ceinture blanche et portant un calumet à sa bouche. Jacinthes et œillets d'Inde sur les côtés.

Au même.

2691 — Plat à décor rehaussé d'or ; au centre un personnage tenant une pipe de la main gauche ; autour, des branches de roses.

M. le docteur Mandl.

2692 — Un autre, décoré en plein d'un bateau à voiles déployées.

Au même.

2693 — Un autre, décoré d'œillets d'Inde et de deux palmes.

M. le Dr Mandl.

2694 — Un autre, à bordure et médaillon central filigranés décorés de palmes et rinceaux.

Au même.

2695 — Un autre, décoré d'une rosace à rayons alternativement blancs, rouges et verts.

Au même.

2696 — Un autre, à médaillon central entouré d'une bordure à lambrequin bleue. Décoré de fleurs réservées et rehaussées de rouge et de bleu sur fond vert.

Au même.

2697 — Un autre, à médaillon central décoré de fleurs réservées et rehaussées de vert et de rouge sur fond bleu, entouré d'une bordure verte à lambrequins.

Au même.

2698 — Un autre, au centre une palme à trois branches.

Au même.

2699 — Un autre, décoré d'une palme; au revers, marque de fabrique, représentant un rhinocéros.

Au même.

2700 — Un autre, à médaillon central entouré d'une bordure à lambrequin bleue et rouge et décoré sur un fond vert de palmes entrecroisées rehaussées de rouge; au milieu, un double triangle à fond bleu.

Au même.

2701 — Un autre, à fond d'écailles vertes, orné de cinq rosaces.

Au même.

2702 — Un autre, à décor de roses et de jacinthe.

Au même.

2703 — Un autre, décoré de palmes et rosaces.

Au même.

2704 — Un autre, à décor quadrillé.

Au même.

2705 — Grand plat; au fond grand médaillon décoré d'un oiseau et de fleurs sur fond bleu turquoise. Sur le marly bordure ornementale.

M. le comte de Nieuwerkerke.

2706 — Plat fond vert à écaille, chargé de palmettes bordées de bleu et décorées de rouge; sur la chute bande réservée en blanc et portant une guirlande de fleurettes.

M. Dutuit.

2707 — Un autre, fond blanc, à ornements bleus et verts.

M. Maillet du Boulay.

2708 — Un autre, fond gros bleu à quatre médaillons réservés en bleu, alternant avec un ornement à trois lobes, émaillé en vert et violet de manganèse.

M. Galichon.

2709 — Petit plat décoré en camaïeu bleu de la fabrique impériale de Naïn.

M. A. Jacquemart.

2710 — Plat décoré de deux palmes et cinq œillets symétriquement disposés.

M. le baron de Théis.

2711 — Un autre, fond filigrané plein, portant une rosace de quatre arabesques bleues rehaussées de fleurons blancs et rouges; dans les intervalles quatre œillets d'Inde avec leurs tiges et leurs feuilles.

M. Patrice Salin.

2712 — Un autre à rosace centrale bleue à cœur rouge avec palmes vertes, petites tulipes et œillets d'Inde bleu et rouge se détachant sur le bleu ; première bordure filigranée où se détache une chaîne bleue sur fond blanc ; bordure générale filigranée à palmes vertes et bleues.

M. Patvice Salin.

2713 — Un autre bordure filigranée ; grande tige de jacinthe accompagnée de branches à fleurs rouges.

Au même.

2714 — Un autre à décor plein ; au centre, vase rouge portant des œillets d'Inde ; sur les côtes, branches de jacinthes, d'œillets d'Inde ; bordure filigranée.

Au même.

2715 — Un autre décoré d'un cyprès central vert accompagné de branches de jacinthe et d'œillets d'Inde ; bordure filigranée.

Au même.

2716 — Un autre à rosace brune et blanche ; décor rayonnant du même ton ; bordure filigranée.

Au même.

2717 — Grand plat à décor bleu ; tige d'œillets d'Inde avec accompagnement de grosses fleurs bleues à réserves blanches ; bordure courante bleue avec des blancs en réserve.

Au même.

2718 — Plat à bordure filigranée et médaillon central fond rouge portant une arabesque réservée, rehaussée de quatre palmettes vertes ; bordure dentelée verte.

Au même.

2719 — Un autre à bordure de demi-rosace et amandes formant zig-zag ; décor plein composé de zônes dentelées alternées blanches, rouges et vertes.

Au même.

2720 — Un autre à bordure filigranée, décor plein composé de séries de coquilles alternées blanches, vertes et rouges.

Au même.

2721 — Petit plat à bordure filigranée, fond plein représentant une mer hérissée de rochers, où naviguent cinq barques à voiles.

Au même.

2722 — Plat décoré de fonds partiels imbriqués et de palmes. Sur le marly décor filigrané.

M. de Sénevas.

2723 — Un autre à marly étroit, décoré d'une torsade. Au centre grand médaillon entouré de lambrequins et décoré de fleurs ornementales et d'un oiseau sur fond rouge.

M. Larroque.

2724 — Grand plat décoré en réserve sur fond bleu, de palmes et de grenades, en blanc et bleu. Décor intérieur de fleurs et feuillages bleus.

M. B. Jaurès.

2725 — Un autre décoré d'un grand médaillon rouge avec fleuron symétrique en réserve.

Au même.

2726 — Plat décoré d'une aiguière dorée au milieu d'une couronne d'œillets.

Au même.

2727 — Un autre décoré de tulipes et œillets dorés.

Au même.

2728 — Un autre à décor symétrique d'œillets et de jacinthes.

Au même.

2729 — Un autre décoré d'un cyprès et d'œillets. Décor symétrique.

M. B. Jaurès.

2730 — Un autre décoré de fleurs rouges.

Au même.

2731 — Grand plat à décor symétrique d'œillet et d'une palme bleue au centre.

Au même.

2732 — Plat décoré d'œillets et de jacinthes.

Au même.

2733 — Un autre décoré de lis bleus.

Au même.

2734 — Petit plat à décor de palmes et œillets dorés.

Au même.

2735 — Plat décoré de palmes et d'œillets.

Au même.

2736 — Petit plat à décor symétrique de tulipes et œillets.

Au même.

2737 — Plat décoré d'œillets et de fleurs.

Au même.

2738 — Un autre décoré d'une rosace formée de quatre bouquets et fleurons.

Au même.

2739 — Grand plat creux décoré symétriquement de fleurs et de palmes bleues de trois tons turquoise et violets.

Au même.

2740 — Plat décoré d'une grande palme et de tiges d'œillets.

Au même.

2741 — Petit plat décoré d'un bouquet symétrique d'œillets.

Au même.

2742 — Plat décoré d'une grande palme entourée de deux tiges de jacinthes.

Au même.

2743 — Un autre décoré d'une palme, d'un bouquet de tulipes et d'œillets sur fond bleu entouré de feuillages sur fond vert.

Au même.

2744 — Un autre décoré d'un bouquet de tulipes et d'œillets.

Au même.

2745 — Un autre décoré au centre d'un médaillon formé d'un feuillage en réserve réchampi de rouge sur fond bleu entouré par une arcature trilobée.

Au même.

2746 — Un autre décoré en bleu d'un cyprès entre deux tiges de fleurs dans une guirlande.

Au même.

2747 — Un autre fond gros bleu, décor rayonnant de tulipes en bleu turquoise et de renoncules.

M. Ch. Schefer.

2748 — Un autre fond bleu; décor symétrique de rinceaux et fleurs ornementales.

Au même.

2749 — Un autre, bordure filigranée; décor de fleurs ornementales et de rinceaux sur fond bleu turquoise.

Au même.

2750 — Un autre, bordure filigranée bleu; décor symétrique de tulipes et d'œillets d'Inde.

Au même.

2751 — Un autre, bordure filigranée gros bleu; décor de fonds partiels imbriqués en bleu et vert.

M. Ch. Schefer.

2752 — Un autre, décoré de jacinthes, de tulipes et de narcisses en bleu de deux tons et vert pâle.

Au même.

2753 — Un autre, bordure filigranée bleue, au fond des jacinthes et des roses.

Au même.

2754 — Un autre. décoré de tulipes, de roses et jacinthes en couleur avec rehauts d'or.

Au même.

2755 — Un autre, fond imbriqué gros bleu, à trois réserves en forme de palmes alternant avec des fleurs ornementales émaillées en brun et bleu turquoise.

Au même.

2756 — Un autre, décoré de fleurs ornementales en bleu de deux tons et vert pâle.

Au même.

2757 — Un autre, décoré de grandes fleurs ornementales en bleu et vert clair.

Au même.

2758 — Un autre, décoré en bleu de deux tons; bordure imbriquée; au fond des grappes de raisin.

Au même.

2759 — Un autre, fond bleu décoré de fleurs ornementales réservées en blanc et rehaussées de bleu turquoise.

Au même.

2760 — Un autre, fond gros bleu, portant sur le marly des fleurs à feuillages, réservées en blanc; au fond des œillets d'Inde et des tulipes.

Au même.

2761 — Un autre, bordure filigranée bleue; au fond médaillon circulaire ornemental, à fond rouge bordé de lambrequins.

Au même.

2762 — Un autre, bordure filigranée, décor symétrique de tulipes et d'œillets.

Au même.

2763 — Un autre à bordure filigranée; au fond, médaillon à bords dentelés, décoré de deux animaux fantastiques sur fond vert.

M. Lequeu.

2764 — Un autre à bordure filigranée; médaillon central, fond bleu turquoise, décoré de navires.

Au même.

2765 — Petit plat décoré de quatre médaillons en forme de palmes, alternant avec des bouquets d'œillets.

Au même.

2766 — Un autre à décor symétrique de bouquets et de rinceaux.

Au même.

2767 — Plateau à trois tulipes rouges sortant d'un vase, accompagné de deux palmes bleues, chargées d'œillets d'Inde blancs et de deux tulipes retombant vers le bas.

M. Patrice Salin.

2768 — Quarante-quatre Plats (1).

M. Schefer.

2769 — Douze autres.

M. Lequeu.

---

(1) On a cru devoir réunir collectivement sous ce n° et sous les deux suivants, des pièces dont les analogues se trouvent mentionnés dans les n°⁵ précédents et dont la description ne serait qu'une redite inutile et fastidieuse

2770 — Quinze autres.

MM. Coulombel frères et Ce.

2771 — Très-grand Vase de pharmacie, à inscription Neskhi (Asie-Mineure).

M. le baron Charles Davillier.

2772 — Bol campanulé à fond godronné, et large bordure à décor bleu mosaïque avec six médaillons cloisonnés à jour.

M. Gasnault.

2773 — Bol à couvercle; décor bleu, médaillons de fleurs ornementales, bordures mosaïques.

Au même.

2774 — Bol décoré en bleu de fleurs ornementales.

MM. Coulombel frères et Ce.

2775 — Bouteille piriforme; fond blanc, décoré de rinceaux et fleurs en bleu.

M. Meymar.

2776 — Deux petits Vases ovoïdes à couvercle bombé; fond godronné décoré de palmettes et rosaces en bleu, sur la gorge des écailles en bleu.

M. Gasnault.

2777 — Deux petites Tasses; décor bleu de branchages.

M. Devers.

2778 — Bouteille de forme aplatie à côtes. Col mince flanqué de deux anses se rattachant à la panse. Emaillée en céladon gris, décoré de fleurettes en blanc.

M. Meymar.

2779 — Vase balustre de forme aplatie, à quatre lobes, émaillé vert olive; sur les deux faces, médaillon émaillé brun, orné d'un vase contenant des fleurs en relief et réservées en blanc.

Au même.

2780 — Aiguière à panse sphérique, à côtes alternativement émaillées en vert et en bleu, à fleurs en relief; anse, goulot et col à couvercle en cuivre gravé.

Au même.

2781 — Aiguière garnie en cuivre, à ornements repoussés et gravés. La panse à godrons alternés bleu tendre et jaune. La partie jaune a été découpée et remplacée par des lobes en cuivre émaillé de blanc. L'émail adhère par la cuisson à la faïence.

Musée de Limoges.

2782 — Bouteille bleu empois à panse sphérique, à côtes et goulot court évasé.

M. Meymar.

2783 — Gargoulette fond beu empois, décorée de fleurs et palmettes émaillées en blanc et jaune.

Au même.

2784 — Grand Vase de forme sphérique à col court; bleu turquoise décoré en noir.

M. Deck.

2785 — Aiguière bleu empois à panse sphérique et col évasé. Long goulot droit latéral.

M. Gasnault.

2786 — Aiguière bleu lapis clair, à anse et à goulot avec renflement médian cannelé. Ornements d'or, sur la panse, oiseaux et fleurs. Ornements d'or en compartiments au col.

M. Patrice Salin.

2787 — Plateau d'encrier rectangulaire à marly; fond bleu à ornements en or.

M. Meymar.

2788 — Grande Coupe à piédouche émaillée bleu empois, décorée de six médaillons à jour émaillés en blanc. Frise courante de fleurons en bleu turquoise.

M. Meymar.

2789 — Deux bouteilles de forme aplatie à goulot court, émaillées de vert, à décor en relief: sur l'une, un dragon au milieu de branchages; sur l'autre, un homme et une femme en costume persan.

M. Gasnault.

2790 — Gourde à panse aplatie et col allongé, pourvue d'un renflement à l'ouverture; émaillée vert, décorée de sujets en relief.

M. Meymar.

2791 — Deux Plaques décorées de frises à fleurs, surmontées de deux demi-masques de femmes.

M. le comte de Liesville.

2792 — Grosse Potiche ovoïde, décorée de bandes inclinées, alternativement bleues et blanches, ornées de fleurs et rinceaux en carmin et vert.

M. Crampon.

2793 — Bouteille piriforme décorée d'un fond bleu à médaillons réservés occupés par des fleurs en carmin et vert. Monture en cuivre ciselé.

M. Eugène Cornu.

2794 — **Faïence de Kutaïa**. Aspersoir piriforme, à col allongé, portant un léger renflement à la base; décoré de bandes à fleurs, alternant avec des bandes à fond d'écaille, portant un médaillon losangé.

M. E. Valpinçon.

2795 — Un autre; sur la panse, quatre bandes bleues à écailles tracées en noir, alternant avec des bandes décorées de rosaces et palmettes polychrômes.

M. Gasnault.

2796 — Théière piriforme à anse en S; décor de palmes et de fleurs ornementales.

M. E. Valpinçon.

2797 — Petite Cafetière à anse et couvercle en dôme dit Marabout; décor polychrôme de palmes.

M. Delange.

2798 — Deux Tasses trembleuses, en forme de gobelet, décorées de palmes alternant avec des bouquets de fleurs.

M. E. Valpinçon.

2799 — Deux autres, décorées d'aiguières alternant avec des bouquets de fleurs.

Au même.

2800 — Une Tasse et une Soucoupe, décor polychrôme.

M. Millet.

2801 — Sept petits carreaux mauresques ou Azulejos provenant de la Casa de los Leones, une des plus anciennes maisons arabes de Tolède, démolie en 1868. (Présumés être du xiiie siècle.)

M. le baron Charles Davillier.

2802 — Deux Cadres contenant des Azulejos mauresques (xve siècle).

Au même.

2803 — Azulejo mauresque aux armes et à la devise de Boabdil (xve siècle). Provient de l'Alhambra.

Au même.

2804 — Sept Fragments. Bordures et Carreaux.

M. Basilewski.

2805 — Aljofaina de la fabrique de Malaga; décor bleu et doré.

M. le baron Gustave de Rotschild.

2806 — Très-grande buire à anse décorée en bleu, avec reflets métalliques. Malaga. (xv° siècle.)

M. le baron Charles Davillier.

2807 — Deux Vases hispano-mauresques à quatre anses, frises découpées et décor doré avec inscriptions.

M. le baron Gustave de Rotschild.

2808 — Deux Vases à quatre anses; décor à reflets métalliques cuivreux. (Fin du xv° siècle.)

M. Basilewski.

2809 — Hanap à piédouche et bec droit, à reflets métalliques, orné d'une arabesque à losanges en relief.

M. le comte de Nieuwerkerke.

2810 — Vase à piédouche et à deux anses en forme d'ailes, à dessins auréo-cuivreux. Majorque.

M. le baron Alphonse de Rotschild.

2811 — Vase de pharmacie, caractères coufiques.

M. le baron Charles Davillier.

2812 — Grand Plat ; décor plein bord godronné ; au centre, un écusson portant un aigle aux ailes éployées tournée à senestre.

M. Patrice Salin.

2813 — Bassin d'aiguière à reflets métalliques (fin du xv° siècle).

M. Basilewski.

2814 — Plat à reflets métalliques rehaussé d'ornements bleus (xvi° siècle).

Au même.

2815 — Grand Plat à ombilic et marly godronnés, dans un cadre en bois noir et or.

Mᵐᵉ Furtado.

2816 — Plat à reflets métalliques.

M. Eugène Cornu.

2817 — Plat portant au centre un V allongé, monogramme d'Isabelle-la-Catholique.

M. le docteur Mandl.

2818 — Plat arabe.

Au même.

2819 — Plat à ombilic ; décor arabesque en relief, en bleu et brun à reflets métalliques.

M. le baron de Théis.

2820 — Plat à bordure godronnée et double inscription circulaire ; au centre un écusson. Reflets métalliques.

Au même.

2821 — Plat à ombilic, décor rayonnant, à reflets métalliques et rehauts de bleu.

M. Larroque.

2822 — Coupe à couvercle fond bleu, décor à reflets métalliques. Calata-Gironne (Sicile). (xvi° siècle.)

M. Basilewski.

2823 — Cornet de même fabrique.

Au même.

2824 — Deux grands Vases semi-ovoïdes à pédouche, décorés de rinceaux à reflets métalliques sur fond bleu. Même fabrique.

M. Guillain.

2825 — Plat à reflets métalliques dorés. Imbrications. Au centre, une armoirie.

M. Basilewski.

2826 — Plat à reflets métalliques cuivreux. Au centre, un aigle (xvie siècle).

M. Basilewski

2827 — Plat creux à marly, décor arabesque en bleu et brun pâle, à reflets métalliques.

M. le comte de Nieuwerkerke.

2828 — Grand bassin conique, à marly plat, décoré d'arabesques en bleu et reflets métalliques.

M. le comte de Liesville.

2829 — Bassin à bord plat; décor à reflets métalliques, rehaussé de bleu. Au centre, ombilic portant le monogramme du Christ.

M. Galichon.

2830 — Plat à reflets métalliques avec rehaut de bleu. Au centre, un écu fleurdelisé, portant le mot : *Maria.*

Au même.

2831 — Plat à reflets métalliques et rehaut de bleu. Sur le marly, des feuillages formant relief. Au centre, ombilic godronné.

Au même.

2832 — Vase cylindrique décoré de rinceaux fleuris en bleu et brun pâle.

MM. Savoye et Ce.

2833 — Plaque rectangulaire décorée de la Sainte-Face, couronnée d'épines, nimbée en relief, entourée d'une inscription. Décorée en bleu et reflets métalliques.

M. le comte de Liesville.

2834 — Bénitier portant le Christ en croix et les saintes femmes. (Fabrique de Manissès).

Mme Rouveyre.

2835 — Plaque votive rectangulaire avec bordure à relief, portant des têtes en réserve sur fond d'or. Au centre, l'inscription *Ave Maria* en relief sur fond blanc fleuronné. (Fabrique de Manissès).

M. Patrice Salin.

2836 — Coupe à piédouche, reflets métalliques. Fabrique italienne de Deruta.

M. Basilewski.

2837 — Plateau imitation persane, tulipes et œillets; faïence italienne, commencement du xviie siècle. Fabrique de Chandiana.

Au même.

2838 — Plat italien; décor arabesque *sopra bianco.*

M. le baron de Théis.

2839 — Petit Vase à panse renflée, à couvercle plat surmonté d'un bouton. Terre rouge, décor de palmettes et dents de loup, en or et émail blanc. *Turquie.*

M. Gasnault.

2840 — Poudrière cylindrique légèrement renflée. Terre rouge entièrement dorée. Décor en relief de nervures et facettes. *Turquie.*

Au même.

2841 — Flacon à couvercle surmonté d'un bouton en forme de pomme de pin. Terre rouge entièrement dorée. Décor en relief de nervures et godrons. *Turquie.*

Au même.

2842 — Petit bol en terre rouge, entièrement doré à l'extérieur. Décor en relief de dents de loups et roseaux. *Turquie.*

Au même.

2843 — Deux urnes en terre cuite de forme sphérique surbaissée, à couvercles, posées sur une base à six pieds; décor d'arabesques en reliefs. *Siam.*

M. de Gréhan.

2844 — Ecritoire en forme de mosquée (Caaba) ; faïence ancienne du Maroc.

M. A. Jacquemart.

2845 — Pièce analogue.

M. le docteur Coqueret.

2846 — Candélabre israélite en terre peinte.

M. Corplet.

VERRERIES

2847 — Coupe sphéroïdale en verre à deux couches, la supérieure rouge, l'intérieure blanc de jade ; les ornements réservés à la meule. Travail chinois, daté de Kien-long (1736 à 1795).

M. le baron Alphonse de Rothschild.

2848 — Coupe en verre opaque jaune de cire, de la période Kien-long.

M. Riocreux.

2849 — Flacon ovoïde en verre, imitation de pierre dure rouge, veiné de jaune; monture en argent, en partie dorée et portant à la base et au col du vase des inscriptions gravées.

M. Gasnault.

2850 — Flacon tabatière ovoïde en verre incolore décoré en relief de dragons dans des feuillages avec bordures de grecques en verre rouge. Bouchon en verre imitant le jade vert.

Au même.

2851 — Flacon tabatière de forme allongée et portant en fin relief des animaux chimériques. Le bouton en jade impérial est monté en or.

M. le duc de Martina.

2852 — Flacon tabatière avec son couvercle en verre imitant l'émeraude. Sur une des faces est la copie d'une pièce de cinq francs à l'effigie de Louis XVIII roi de France et sur l'autre les armes d'Espagne également copiées sur une pièce de monna e. Travail chinois.

Au même.

2853 — Deux flacons ovoïdes en verre blanc opaque à reliefs rouges, représentant des fleurs et des insectes.

M. de Vassoigne.

2854 — Petit flacon en verre blanc, opaque, à reliefs rouges représentant des personnages.

Au même.

2855 — Vase en verre blanc et bleu gravé en relief.

M. Evans.

2856 — Petite lanterne en verre à deux couches, l'une blanche, l'autre bleue et gravée en relief.

Au même.

2857 — Coupe en verre, de forme sphérique surbaissée, à piédouche élevé, décorée en émaux de différentes couleurs et dorures. Au pourtour une inscription interrompue par quatre médaillons circulaires renfermant des aigles héraldiques. Perse, xiiie siècle.

M. Ch. Schefer.

2858 — Grand vase en verre incolore, piriforme à col évasé. Deux anses latérales travaillées à la pince. Sur la panse médaillons de fleurs ornementales émaillées. Autour du col inscriptions en émaux de couleur.

Au même.

2859 — Grande bouteille à piédouche, panse surbaissée et col long avec bague en relief. Elle est décorée d'entrelacs en émail bleu d'oiseaux chimériques, d'inscriptions, d'arabesques, le tout rehaussé d'or. Perse.

M. le baron Alphonse de Rotschild.

2860 — Bouteille élégante en verre décoré de dorures et d'ornements émaillés.

M. le baron Gustave de Rotschild.

2861 — Lampe à piédouche ornée d'inscriptions sur fond bleu émaillé, et de médaillons portant un mulet chargé sur une fasce rouge.

Au même.

2862 — Lampe sans pied à riche décor émaillé et fleurs de lis rouge sur fond émaillé blanc.

Au même.

2863 — Lampe à décor émaillé, du XIII° siècle.

M. le comte de Nieuwerkerke.

2864 — Lampe élevée sur piédouche et décorée de fleurs émaillées. (Sultan Kélaoun, XIV° siècle.)

M. Charles Schefer.

2865 — Lampe ornée d'inscriptions émaillées en bleu. (XIV° siècle.)

Au même.

2866 — Lampe à décor émaillé, bordures rouge de fer et fins rinceaux ; sur l'évasement une inscription émaillée en bleu ; d'autres, au trait, occupent des médaillons entourés d'arabesques sur la panse.

M. Albert Goupil.

2867 — Lampe à décor émaillé d'ornements et d'inscriptions.

M. Carrand fils.

2868 — Lampe à décor émaillé d'inscriptions et d'arabesques. XIV° siècle.

M. Basilewski.

2869 — Buire à panse sphérique sur piédouche et à long col à annellures horizontales, évasé en forme de cornet. Petite anse anguleuse et long bec mince terminé par un ourlet à deux ailerons. Décor de roses peintes à froid.

M. Gasnault.

2870 — Buire en verre verdâtre, à col cylindrique et ouverture très-évasée. Très-petite anse et long bec terminé par un ourlet à deux ailerons.

Au même.

2871 — Deux petites buires, en vert verdâtre, à col évasé. La panse est gaudronnée ; goulot élancé. Travail à la pince au goulot et à l'anse.

M. Patrice Salin.

2872 — Bouteille à long col infléchi, ouverture évasé et terminée par un bec ; verre bleu.

M. Gasnault.

2873 — Trois aspersoirs à panse sphérique sur piédouche, goulot très-mince et allongé portant à la base deux renflements cannelés ; il y en a un vert, un bleu et un noir ; deux des trois sont pourvus de longues épingles à têtes plates formant bouchons.

Au même.

2874 — Vase à corps sphérique et col annelé, légèrement évasé ; verre bleu.

M. Michelin.

2875 — Deux bouteilles, de forme aplatie, recouvertes en bronze découpé à jour. Travail vénitien.

M. Evans.

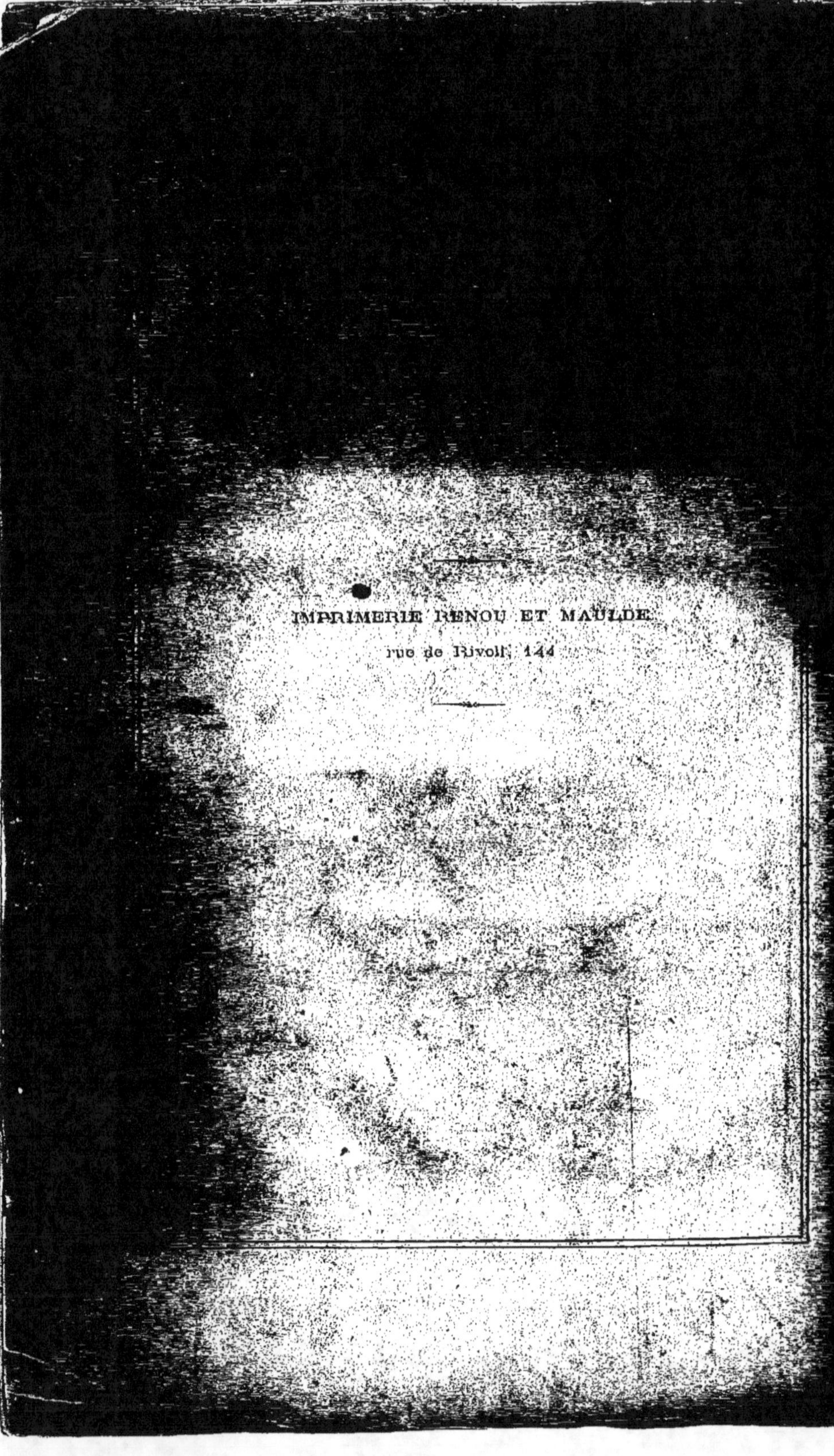

IMPRIMERIE RENOU ET MAULDE
rue de Rivoli, 144